推薦序　日本職棒迷的書架上，不可或缺的書

李承曄
日本職棒球評

我想，只要是對於日本職棒的歷史有任何一絲興趣的讀者和球迷朋友，本書是絕對必須收藏的作品。

大約十年前認識建偉時，他仍是研究生，聽說他的研究主題是日本棒球的歷史，而且預計寫的論文是二次大戰前的歷史，我第一個反應是超級驚訝。畢竟研究棒球自傳入日本到發展初期，必須考量日本國內的政治、社會、經濟、文化等領域變動的時空背景，更遑論之後受到戰爭的嚴重影響，研究這個主題絕對不容易。很高興後來看到建偉順利取得學位，而且將碩士論文改寫成適合普羅大眾閱讀的書籍《野球場就是戰場！——美國陰影下的日本職棒發展1934-1949》，得以幫助更多人了解日本棒球在草創期的故事。

聽到建偉即將出版第二本書，也就是本書《日本職業棒球史・昭和篇》，我不僅為他感到高興，也相信可以造福更多讀者和球迷朋友。

雖然書名是昭和篇，不過為了把來龍去脈講清楚，本書從大正時代誕生的兩支職棒球隊「日本運動協會」（芝浦協會、寶塚協會）和「天勝野球團」的興衰故事就開始介紹。對於讀者建立「日本職棒」發展的概念，非常重要。沒有這兩支球隊的失敗，或許就沒有後來「大日本東京野球俱樂部」（讀賣巨人隊前身）和日本職棒的成功發展。

以我的個人經驗，撰寫日本棒球早期歷史方面的文章，特別是第二次世界大戰前的故事，無論是職業或業餘棒球，不少讀者和球迷朋友在閱讀時會遇到瓶頸。畢竟探討的人物、公司、球隊等主體，距離現代太久遠，而且常有錯綜複雜的關係，容易造成混亂、難以理解。然而閱讀本書時，我相信應該不會出現太多此類困擾。因為建偉用說故事的方式，深入淺出地介紹，並補充了許多當時大環境的背景要素，讓讀者可以看到更廣的面向，能夠將每個環節串聯起來。

至於兩聯盟分立前後的混亂狀況，到影響現今甚大的制度，以及各年代的的強權球隊或重大事件，本書皆有所著墨。對於想要更了解每個專題的讀者和球迷朋友來說，本書將會是能連結到更多資料的橋樑。例如日本的棒球雜誌社（ＢＢＭ社）出版的主題專冊、網路上的文字或影片資源。我也希望每位讀者和球迷朋友都能透過本書的引導，發現更多日職歷史的樂趣。

自一九二六年十二月二十五日開始至一九八九年一月七日結束的昭和時代，對於日本職

導言

一九五九年六月二十五日這天的晚上，在如今已經是東京巨蛋飯店的後樂園球場，正舉辦日本職業棒球（Nippon Professional Baseball，ＮＰＢ）的比賽。這一場比賽除了有長年獨占後樂園球場的日本電視台（Nippon Television Network Corporation，ＮＴＶ）現場轉播外，也罕見地開放日本放送協會（Nippon Hōsō Kyōkai，ＮＨＫ）進行實況轉播。何以當天作為日本公共電視台的ＮＨＫ，能夠進駐後樂園球場進行職棒的轉播，最主要的原因就是昭和天皇（1901-1989）親臨球場，觀看生平第一場、同時也是唯一一場的「職棒」比賽。提及昭和天皇在觀賞這一場比賽前，曾有數次到棒球場觀看球賽的經驗，但是「職棒」卻還是第一遭。二〇二四年，是日本職棒創立第九十週年，在這九十年的時間裡，日本職棒經歷昭和、平成與令和三個階段，其中所涉及時間最長、故事最多以及最具時代感的莫過於昭和時期。筆者會特別舉出昭和天皇首次觀看職棒比賽的這一段歷史作為本書的起頭，在於這一場「天覽試合」之後，棒球可說成為日本代表性的「國民娛樂」（national pastime）。

棒球在日本發展成職業運動之前，已經出現有一甲子的時間。棒球從海外傳進到日本最早可追溯到一八七二年，也就是日本明治維新之後，由來自海外的受雇教師，在學校以遊戲的形式，讓日本學生接觸棒球。一八七八年，從美國回到日本的留學生平岡熈（1856-1934），成立日本第一支俱樂部形式的球隊——新橋運動家俱樂部，宣示日本棒球的新發展。但此時棒球仍是屬於上層社會的運動，還無法普及於一般社會大眾，就連有創立球隊的學校，也是集中在私立學校而非公立學校，可說棒球在黎明期的發展可看作一種「時髦」的遊戲，並非是人人都可以接觸。直到一八九〇年代，舊制第一高等學校（一高，今東京大學教養學部）的崛起，棒球運動才開始在公立學校流行開來，也讓參與棒球運動的人口增加。在這裡還要特別說明日本最初傳入「棒球」一詞，是以片假名的「ベースボール」（baseball）表示，而在一八九六年由一高學生所發行校內特刊《校友會雜誌》中使用「野球」一詞，以及隔年《野球》一書的出版，致使日語「野球」一詞開始在國內被廣泛地接受。

來到二十世紀，日本棒球開始有兩項發展的特色，一是日本棒球出現國際化的現象，二是國內陸續舉辦大型全國性的賽事。就第一項特色來說，又有雙向的路線，即是棒球知識與技術的輸入與輸出。以輸入來說，在一九〇五年，早稻田大學棒球部接受美國史丹佛大學（Stanford University）邀請前往美國，在將近兩個月的時間裡，不僅與當地球隊進行有二十六場的交流賽，最重要是透過與棒球文化上的母國進行知識與技術上的學習。有了早稻田大學的赴美壯舉，成功開啟日後日美兩國精彩的棒球文化交流。而在輸出方面，日本在十九、二十世紀之交，接連取得臺灣、朝鮮、中國南滿洲等殖民地、占領地，日本政府不僅在當地進行政治、經濟的擴張，同時也輸入日本文化，而棒球也在這一系列的擴張過程中，進入到東亞各地；而以第二項特色來說，隨著日本國內教育的普及，棒球人口得以獲得增長，同時加上交通網絡日漸發達，校際間的比賽也更加便利，於是就出現有大阪朝日新聞與大阪每日新聞兩家報社，分別在一九一五年、一九二四年，各自主辦「全國中等學校優勝棒球大會」（今日俗稱「夏季甲子園」）與「全國中等學校選拔棒球大會」（今日俗稱「春季甲子園」）兩場大型全國性的學生盃賽。緊接在這兩項賽事之後，是一九二七年開始，以社會人企業為主體的「全國都市對抗棒球大會」。而且從上述大會的推廣，也回應第一項日本將棒球輸出海外的成功，因為參與這些大會的球隊除了日本內地的球隊，同時也包含海外殖民地的球隊，並且都曾獲得不錯的成績。如臺灣讀者耳熟能詳的嘉義農林，就曾在一九三一年的夏季甲子園中獲得準優勝（亞軍），而第一回都市對抗棒球大會的優勝（冠軍）隊，則是來自滿洲大連市的滿洲俱樂部。隨著棒球成為一項全國性的運動後，在這個基礎上，就有部分球界人士開始思考並萌生出棒球是否能作為「職業運動」的想法。

現在通說日本職棒的起源是在一九三四年，但早在一九二〇年，就出現有標榜以「職業」為導向的「日本運動協會」這一支球隊的創立。日本運動協會的創始人，是三位畢業於早大棒球部的校友，而且他們都曾是一九〇五年早大遠征美國的成員，三人當中的河野安通志（1884-1946），在美國接觸到美國職棒大聯盟（Major League Baseball，ＭＬＢ）後，就對其產生嚮往，並認為日本棒球要有更好的未來，就需像美國一樣發展出自己的職棒才行。只可惜日本運動協會成立不到三年，就因為天災因素而解散。雖然後來在關西的實業家小林一三（1873-1957）接手，更名為「寶塚運動協會」使球隊得以延續，但在一九二九年卻因經濟因素也難逃解散的命運。接著一九三一年、一九三四年，讀賣新聞社長正力松太郎（1885-1969）兩度邀請大聯盟選拔隊到日本，進行全國巡迴的日美交流賽，讓日本球迷體驗何謂世界棒球最高殿堂的實力。在這兩次的交流賽中，日本球界人士深感日美兩國棒球之間的巨大差距，認為唯有發展職棒，才有可能縮短、甚至追上美國棒球，於是身為主辦方的讀賣新聞便在一九三四年交流賽結束後，以當年日本代表隊成員作為班底，成立「大日本東京棒球俱樂部」，以自家媒體宣傳職棒時代的到來，這也就是何以日本職棒的元年為一九三四年。在正力松太郎的邀請下，之後更有三家報刊與三家鐵道公司加入，一同響應籌組職棒聯盟，並在一九三六年正式展開職棒賽季。

《日本職業棒球史・昭和篇》（以下稱本書），將從日本誕生第一支職棒隊談起，到一九八九年一月昭和天皇的逝世這一段期間，職棒發展過程的歷史。只是在讀者閱讀本書之前，筆者要先向各位說聲抱歉。首先，本書所採用的寫作手法，雖然是按照時間順序來描述昭和時期日本職棒的歷史，不過相信讀者在看過內文後，會發現許多的內容又不完全照著時間順序來寫。因為按照一年接著一年寫，就會變成編年體的形式，不僅單調，更重要是很多事件的發展脈絡與影響是無法串連起來；再者，書中所述時間橫跨七十年，加上章節編排的關係，可能有不少讀者想要知道的人物或者事件是無法寫進到書中。一來是筆者能力有限，二來也是職棒有太多的歷史可以述說，這並不是光憑一本書就能夠全部呈現出來，因此在選材上，筆者也必然得做出主觀上的取捨。至於筆者所選取的歷史事件，或者是對個別人物、球團的撰寫，基本是參照坊間所出版聯盟官方書籍或者個人研究書籍中，較多被留意的面向來選為書中的內容。如一九五九年的「天覽試合」，或是一九六九年所爆發的「黑霧事件」這類影響職棒重大的歷史。

至於在本書的寫作架構中，可說是一次大膽的嘗試。筆者過去翻閱日本所出版有關「職棒」「昭和史」為題的相關書籍，大都是以編年史的方式，又或是以專題形式（如澤宮優《ニックネームで振り返る野球昭和史》或二宮清純《プロ野球「衝撃の昭和史」》）呈現。「專題」的形式可以對某位球星或者事件有「微觀」且「細膩」的描寫，但很難以「宏觀」視野來表現職棒歷史的演進。因此本書的架構，比較是貼近於近年來由棒球雜誌社（ベースボール・マガジン社）所編輯「職棒球團劇場系列」（プロ野球 球団ドラマシリーズ）的寫作形式。按照該系列已出版的書籍來看，主要是由一位作者負責一個球團，內容也多半是各個作者在過

去所發表的文章，加以整理、擴寫而成。這套叢書最大的特色，就在於能將各球團所發生的大事，配合時序進行描述，使讀者明瞭各球團的歷史變遷。而本書同樣是採取此種方式，只是會以「職棒聯盟」作為主體，因此所涵蓋的範圍會更加廣泛，雖然缺點是很多事件的細節，恐怕無法表達得非常清楚，但應當能使讀者對於日本職棒歷史的發展輪廓，能有初步的認識。

在導論的最後，還需簡單說明一下本書在名詞上的使用。首先是本書行文以及附表上所使用的隊名縮寫，會以表格方式在下一頁另外呈現，以利讀者在閱讀內文時，能先清楚知道各個隊名縮寫所指稱的球隊。再來是日本職棒的總冠軍賽，如果按日文直接翻譯是「日本系列賽」（Nippon Series），但為突顯其特殊性，本書一律以「日本一」來表示。另外在書中還會看到讀賣新聞與《讀賣新聞》的出現，前者指的是公司名稱，後者則專指報紙，其他報社也是相同的表達形式。而在書中所出現的外國人名，如果是有在日職出場過的選手，則會加入在日職的登錄名，方便讀者進行核對。

隊名縮寫表

一、昭和期十二支主要球團

球隊系統（一九八八年球季）	歷代隊名	本書縮寫
巨人	東京巨人軍、讀賣巨人軍	巨人
阪神	大阪虎	大阪
	阪神軍、阪神虎	阪神
中日	名古屋軍、名古屋龍	名古屋
	產業軍	產業
	中部日本軍、中部日本龍、中日龍	中日
大洋	大洋鯨、橫濱大洋鯨	大洋
	大洋松竹知更鳥	洋松
廣島	廣島鯉魚、廣島東洋鯉魚	廣島
養樂多	國鐵燕子	國鐵
	產經燕子、產經原子小金剛	產經
	原子小金剛	原子
	養樂多原子小金剛、養樂多燕子 東京養樂多燕子	養樂多
阪急	阪急軍、阪急熊、阪急勇士	阪急
南海	南海軍、南海鷹	南海
	近畿日本軍	近畿
	近畿巨輪	巨輪
火腿	參議員	參議員
	東急飛行者	東急
	東映飛行者	東映
	急映飛行者	急映
	日拓房屋飛行者	日拓
	日本火腿鬥士	火腿
羅德	每日獵戶座	每日
	每日大映獵戶座	大每
	東京獵戶座	東京
	羅德獵戶座	羅德
西武	西鐵快艇、西鐵獅	西鐵
	太平洋俱樂部獅	太平洋
	皇冠打火機獅	皇冠
	西武獅	西武
近鐵	近鐵珍珠、近鐵猛牛	近鐵

二、消失球隊

球隊系統（最後隊名）	歷代隊名	本書縮寫
戰前		
金鯱	名古屋金鯱軍	金鯱
翼軍	東京參議員	參議員
	翼軍	翼軍
西鐵	大洋	大洋
	西鐵	西鐵
大和軍	後樂園鷲、鷲、黑鷲軍	鷲
	大和軍	大和
戰後		
松竹知更鳥	大東京軍	大東京
	獅王軍	獅王
	朝日軍	朝日
	太平	太平
	太陽知更鳥	太陽
	松竹知更鳥	松竹
	大洋松竹知更鳥	洋松
大映聯合	金星	金星
	金星星	金星星
	大映星、大映聯合	大映
西日本海盜	西日本海盜	西日本
高橋聯合	高橋聯合	高橋
	蜻蜓聯合	蜻蜓

目次

下篇——走向國民運動（1959-1988）

-1958

上篇

職業棒球的草創

1920

第一幕——邁向「職業」的道路

大正期的半職業球隊

在目前日本所公認日本職棒開始以前，曾有三支介於「職棒／業餘」之間的球隊出現，分別是日本運動協會、天勝棒球團與寶塚運動協會。這三支球隊分別來自於關東與關西，彼此之間既有對抗的關係，同時也有繼承的關係。雖說三支球隊最後因個別因素都難逃解散的命運，不過其「職業」思想的種子有被傳承下來，而在一九三〇年代開花結果。

日本運動協會

一九二〇年，日本球界所公認國內第一個職業棒球隊——日本運動協會，誕生於東京的芝浦，因此也被稱作芝浦運動協會。日本運動協會創辦人主要是來自於早稻田大學棒球部的校友，即河野安通志、橋戶信（1879-1936）、押川清（1881-1944）三人，以橋戶信為社長，河野、押川二人則為專務。該球隊創隊理念，便是希望棒球運動能在國內達到更深一層的發展，即是邁向「職業」球隊的經營模式。而河野安通志等三人之所以有創立職棒隊的構想，則是受到早稻田大學棒球部創始部長安部磯雄（1865-1949）的影響。安部磯雄不僅是過去河野安通志、橋戶信、押川清在就讀早大期間的棒球部部長與學校老師，同時也是日本國內提倡透過運動培養人格的代表人物。在明治末期曾轟動一時的「棒球毒害論」中，安部磯雄率先跳出來捍衛學生棒球，認為棒球並不如同支持「棒球毒害論」者所言是會導致學生品行、課業等不良影響，反倒是能藉由參與棒球活動，培育注意力、判斷力與自我犧牲的「武士道」精神。為更加使這樣的棒球精神能普及於社會，河野等人便成立日本運動協會，要將此精神從學生界擴展至成人界。

棒球毒害論

《東京朝日新聞》在一九一一年八月二十九日至九月二十二日期間，刊登與連載以「棒球及其毒害」為題的論說，大力抨擊棒球對學生以至於對整個社會的負面影響，而反對方《讀賣新聞》則是在九月十六日舉辦「棒球問題大演說會」予以反擊。雖說「棒球毒害論」曾轟動一時，但進入大正時代，學生球隊不減反增，更重要是在一九一五年由《大阪朝日新聞》舉辦「全國中等學校優勝棒球大會」後，「棒球毒害論」也就逐漸消失。

但有別於學生棒球講究是「精神」導向，日本運動協會則融入「商業」經營的要素在裡面。至於協會的事業範圍，基本涵蓋對運動競技的一切項目：動場競技場的設計工事，以及附帶工事監督修繕承包等一切事務；各種運動體育用品的製造販賣所附帶的一切業務。其中在第二點對運動場的設計工事上，一九二一年春季完成芝浦運動場的修築，使協會有了運作球隊、培訓球員的基礎，這也是橋戶信他們去美國後，仿效大聯盟的球隊「主場」制度而來。在球員組成上，球隊初期一共招募有十四名練習生，年齡介於十七歲到二十三歲之間，除有剛畢業的學生外，有部分球員則是來自銀行業或者教師等的社會人士。在球隊管理上，協會要求練習生們一律統一生活，且嚴格規範球員生活禮儀，不能飲酒、抽菸，就是要豎立作為職業棒球球員應當要有的典範。在平日裡，練習生們都是早上讀書，還另外學習有「記帳」、「英語」、「數學」、「漢文」等科目，下午則是以室外練習為主。有趣的是，協會為了節省資金，還特別仰賴有專業能力背景的練習生充當授課老師。在經過一段時間的訓練後，尚未在國內有正式比賽經驗的日本運動協會，於一九二二年六月二十一日這天，踏上前往朝鮮、中國滿洲的海外遠征之旅。

身穿球衣上印有「N・A・A」（Nippon Athletic Association）三個英文字母的日本運動協會球員們，在六月二十四日至七月十九日之間，與朝鮮、滿洲的日本人俱樂部比賽，取得十二勝五敗的成績。這樣的表現，也讓河野等人認為球隊已慢慢有「職業」的樣貌。回到日本後，日本運動協會持續進行苦練，接著在九月一日與早大舉辦協會在國內的第一場比賽。儘管最終日本運動協會在十局的苦戰中以零比一輸球，但其球技與奮鬥精神也獲得早大的認同，更加提升日本運動協會的自信。有了海外遠征以及與大學強權比賽的經驗後，日本運動協會便開始規劃地方性的巡迴比賽，後來是以東京、大阪兩地為主，對手則是有東京的早大、慶應大學、稻門俱樂部（早大OB所組成），以及大阪的大每棒球團與鑽石俱樂部等隊。

但是當日本運動協會在一九二三年正要起步時，卻遭逢近代日本最大天災之一的關東大地震（九月一日），強烈地震造成東京巨大的損害，也使得原本作為訓練場地的芝浦運動場，先後被關東戒嚴司令部與內務省強行指定為震災復興的資源集散地而強制徵收，迫使球隊相關活動只能停擺。經協會高層討論後，決議先讓球員們回到各自的家鄉，沒有選擇回去的人則留在專務押川的宅邸，等待日後協會的動作。兩個月後，球員們在仙台重新集合，並與仙台鐵道局的球隊進行練習賽，為球隊復出做準備，到了十二月球員們回到東京後，則暫時租借早大的戶塚球場來練習。只是隨著時間一天一天過去，芝浦運動場仍舊在內務省的控管下，回歸協會看似是遙遙無期。於是協會高層最後不得不做出殘酷的決定，一九二四年一月二十三日，協會正式對外發布沉重的解散消息，不過正當球員們都收拾行李並且踏上回鄉的路上時，很快就聽到一則好消息。來自關西的企業家小林一三伸出援手挽救日本運動協會，願意延續球隊的生命，不過條件是需將球隊移往關西發展。因此接下來的日本運動協會就按照小林一三的要求，移往大阪的寶塚，球隊便改名為寶塚運動協會，得以繼續運作。而在對寶塚運動協會的介紹前，不妨先認識與日本運動協會在同時期出現的一支特殊球隊——天勝棒球團。

天勝棒球團

天勝棒球團，乃是以二十世紀初、日本著名女性魔術師松旭齋天勝（1886-1944）的「天勝」為名而成立的球隊，創辦人則為該魔術團體天勝一座的經理，同時也是松旭齋天勝的丈夫野呂辰之助（1877-1926）。

雖然不清楚野呂辰之助是否熱愛棒球，不過有鑒於當時東京有許多藝人或表演者之間盛行創立棒球隊，於是野呂辰之助也跟上這一波潮流，在一九二一年二月組建天勝棒球團。天勝棒球團與日本運動協會在球員招募上並不相同，日本運動協會的球員原則上是公開招募，因此球員們來自於全國各地。而天勝棒球團比較像是透過認識的友人相互邀請，且成員們多為日後所謂東京六大學出身的球員，其中最著名者屬球隊教練、過去慶大王牌投手，日後為社會人棒球發展盡力的小野三千麿（1897-1956）。作為天勝一座底下的棒球團，雖說也是統一住宿於天勝在日本橋的屋敷，但卻不像日本運動協會一樣有會安排球員進行課業上的學習，而僅只著重在球技的提升。至於天勝棒球團最為特別的地方，則是球隊的一切行動都與巡迴魔術表演同步。白天先由球員們與當地的球隊進行交手，到了晚上在由表演團隊進行魔術的推廣。

一九二二年，成軍不久的天勝棒球團即在日本各地開始展開比賽，接著在一九二三年與日本運動協會相同，也遠赴到朝鮮及滿洲。四月時，天勝棒球團隨同表演團隊前往海外展開為期三個月的遠征，取得二十一勝一敗的佳績，唯一的一場敗戰是輸給在朝鮮的大邱聯軍。接著在六月二十一日準備返回日本前，與第二年來到海外的日本運動協會在當時朝鮮的京城碰頭，於是雙方就在龍山滿鐵球場舉行日本棒球史上首場職棒隊之間的比賽。兩隊此次交手各取得一勝一敗，於是決議最終戰在東京碰頭，待日本運動協會回到東京後，雙方就約定在八月三十日這天，以芝浦球場作為決勝戰的場地。這一場另類的「日本一」爭奪戰，在新聞報導下，使得芝浦球場出現難得滿場的盛況。最終比賽結果，是由東道主日本運動協會以五比一獲得勝利。天勝棒球團雖然輸了比賽，但也激起領隊野呂的好勝心。野呂想到天勝一座即將要前往美國公演，於是就考慮在美國期間，安排與美國當地球隊進行比賽，以提升球隊的實力，日後再向日本運動協會發起挑戰。只不過在九月一日，正當天勝一座在淺草進行公演之際，東京遭逢強震的侵襲，天勝一座在日本橋的總部遭到損毀，表演用的服裝與道具則全部深埋於屋瓦底下。看著所居之處遭受破壞，且對未來的生活感到絕望，於是天勝棒球團的球員們陸續地選擇離開。如同日本棒球協會一樣，天勝棒球團也抵擋不住地震所帶來的傷害，雖說不久後天勝一座還是如期前往美國公演，但此時已經沒有棒球團的身影了。

隨著日本運動協會與天勝棒球團的消失，也讓東京地區對於拓展職棒的想法沉寂下來。當東京再次出現有發展職棒的構想時，已經是日本年號從大正進入到昭和。

寶塚運動協會

當日本運動協會面臨即將可能解散的命運時，專務押川清特地找上在關西已經頗具盛名的企業家小林一三，是否有意願接手日本運動協會。此刻的小林一三，正準備透過他的阪急電鐵營造一個大型的都市開發計畫，在其鐵路沿線有著動物園、遊樂園、溫泉等娛樂設施，還有著名的寶塚歌唱隊（即日後的寶塚歌劇團），以及在一九二二年建成的寶塚大型運動場。有著雄厚發展潛力與對職棒有著高度期許的小林一三，便接受押川清的提案，同意承接日本運動協會。一九二四年二月，河野安通志便聯繫返鄉的隊員們，重新集合好後一同踏上前往關西的旅途。

在此簡單說明這時期關西棒球的情形，或許就可以明瞭小林一三何以願意接納日本運動協會的到來。此刻的關西地區，除了有先前提到像是大每棒球團與鑽石俱樂部等球隊外，還有同樣具有堅強實力的第三高等學校（三高，日後被併入京都大學）、京都大學，當然更重要是還有日後被稱為高校棒球代名詞的「甲子園」的出現。關西出現如此的棒球盛況，主要奠基於教育的普及與私鐵的開發，尤其僅關西一帶，就有著小林一三的阪急電鐵、阪神電鐵、兵庫電氣軌道（現山陽電鐵）、京阪電鐵等陸續開業，使得交通更加便捷，而且由鐵道公司所經營的大型棒球場的出現（如阪神電鐵在一九二四年所興建的甲子園球場），更有利於球賽的安排，無異助長棒球運動的風氣。有了這樣的基礎，也讓小林一三本人願意嘗試培育一支職棒隊，開關西地區的先河。

一九二四年三月三十日，是新生的寶塚運動協會第一場比賽，面對的對手是關西大學，寶塚運動協會終場就以四比一獲勝，算是有了好的開始。五月，寶塚運動協會回到東京，與稻門俱樂部在戶塚球場交手，而過去支持日本運動協會的球迷聽聞有這一場比賽，也紛紛進場為球員打氣，球員們對球迷的支持也非常感激。七月，則是前往中國東北，並且擊敗當時業餘球界公認最強的大連滿鐵俱樂部。十一月，則再次去到東京，此刻的對手則為早大、慶大、立教大學、法政大學、明治大學等五大學院，同樣都有取得不錯的成績。一九二五年六月，寶塚運動協會再次前進中國，而這次最特別的經驗，便是挑戰駐紮在中國天津的美軍第十五聯隊。在寶塚運動協會之前，早大、慶大，甚至是實業界數一數二的大每棒球團，都曾挑戰過美軍第十五聯隊，但都敗下陣來。號稱當時「遠東最強球隊」的美軍第十五聯隊，陣中是有著大聯盟經歷的球員，其整體實力可想而知。但寶塚運動協會卻扭轉過去日本球隊都輸球的命運，竟然在二連戰中，以十四比零、十四比二獲得壓倒性的勝利，讓當地的日本人住民興奮不已。

挾帶著對美球隊勝利之勢而回到日本的寶塚運動協會，在之後國內的比賽都展現出「職業」球隊的氣魄，能與之抗衡的似乎只剩下幾支俱樂部球隊，其中又以擁有多所名校大學出身選手為班底的大每棒球團，最能抗衡寶塚運動協會。故寶塚與大每兩隊在接下來的幾年可說以宿敵相稱，並約定一年三場的對戰。看似球隊一切事務都步上軌道，但在一九二七年後，寶塚運動協會自身的問題加上外在環境的變化，使得寶塚運動協會出現經營上的危機。首先是球隊內部的投手群相繼離開，頭號先發投手山本榮一郎（1902-1979）因個人生涯規劃退團，另外兩位投手則分別因受傷與服兵役而離開球隊，頓時球隊人力短缺。再者是球界從一九二七年開始有「全國都市對抗棒球大會」的出現，加上先前就已經開辦的春、夏季甲子園，學生與社會人棒球的對抗賽，沖淡一般大眾對「職業」棒球的關注。至於作為壓垮寶塚運動協會的最後一根稻草，應是宿敵大每棒球團在一九二九年三月宣布解散，種種不利的因素，似乎也讓小林一三失去經營的信心，最終在同年的七月三十一日，阪急正式宣布解散寶塚運動協會。在球員安排上，因球員們過去在日本運動協會與寶塚運動協會期間都有學習「記帳」的技能，因此阪急就安排球員們到旗下的公司擔任一般上班族，而沒有留下的人，有些則前往朝鮮或者滿洲的實業團，繼續他們的棒球人生。而一路陪伴在球員身旁的總教練河野安通志，則放棄小林一三給予的寶塚音樂學校校長一職，選擇回到母校早大棒球部擔任總務（與管理財務不同，是擁有球隊最高的行政權）。不過河野回到早大後，其職權與業務干涉到當時早大總教練的市岡忠男

表1-1｜芝浦・寶塚運動協會歷年成績

時間	球隊	場次	勝場	敗場	和局	勝率
1922	芝浦	33	19	12	2	0.576
1923		60	41	12	7	0.683
1924	寶塚	76	57	17	2	0.750
1925		75	60	14	1	0.800
1926		54	37	16	1	0.685
1927		52	37	15	0	0.711
1928		67	38	28	1	0.567
1929		35	27	8	0	0.771
		452	316	122	14	0.699

（1891-1964），導致雙方產生不合。一九三〇年八月，市岡憤而離開早大，投入到東京一家報社擔任運動部部長，為其棒球人生開創另一個高峰。

繼東京的日本運動協會後，關西也嘗試引進「職業」棒球的思潮，可惜面臨的都是棒球能否作為一種「職業」的質疑，尤其過去日本人所講求棒球是培養「精神」、「人格」而非具有「商業」的價值觀，很難動搖。還有說法就是不論日本運動協會或者寶塚運動協會，都是屬於單打獨鬥的模式，在沒有其它有共同信念的球隊一同努力下，也確實難以像「甲子園」或者「都市對抗棒球大會」一樣被社會大眾所關注。或許筆者在此還可以多提出一點，就是「宣傳」力道的不足。暫且先不論當時一般大眾對棒球的傳統看法，日本運動協會或者寶塚運動協會在推廣「職

表1-2｜日本運動協會、天勝棒球團、寶塚運動協會三球團簡易年表

時間	事件
1920	日本首支職業棒球隊「日本運動協會」的誕生
1921	天勝棒球團成立，並遠征滿洲、朝鮮
1922	日本運動協會舉行首次比賽、遠征滿洲 日本運動協會與天勝棒球團在京城（按：首爾）首次對戰
1923	9月1日發生關東大地震
1924	日本運動協會與天勝棒球團相繼解散 創立寶塚運動協會
1929	寶塚運動協會解散

業」棒球時，並非有像「甲子園」背後有新聞媒體協助宣傳，這就使「職業」棒球的概念難以被普及，這或許也就導致球迷自身也分不出「職業／實業」或「職業／業餘」之間的差異，而企業本身也沒有意願嘗試，自然就以失敗收場。

而從之後的歷史來看，職棒能否在推廣上獲得成功，就當時環境而論還是須由新聞媒體業來主導。就如同由朝日新聞所主辦的甲子園一樣，倘若不是新聞媒體在背後推波助瀾，就不會受到如此關注。對此職棒要能在社會上被認同，應當要有的宣傳還是不可或缺，而最後搶得先機並承攬這項重責大任的人物，便是讀賣新聞的社長——正力松太郎。

讀賣新聞的宣傳

談到日本職業棒球的起源，不可不提到正力松太郎與他的讀賣新聞。正力松太郎憑藉他的才能，不僅在其任內擴展讀賣新聞的事業版圖，更在他的主導下，讀賣新聞接連籌辦兩次的日美棒球對抗賽，逐步讓球迷感受到「職業」棒球的魅力，最終促成日本棒球聯盟的成立，使日本棒球邁向全新的里程，正力松太郎也因此被尊稱為「日本職棒之父」。

正力松太郎的改革

正力松太郎在入主讀賣新聞以前，是東京警視廳的警務部部長，其地位僅次於警視廳的總監與副總監。原以為仕途應當會一切順利的正力松太郎，卻在一九二三年年底迎來人生的重大轉折點。

一九二三年十二月二十七日，還在從關東大地震中進行震災復原的東京，遭逢一場重大的政治事件。當時作為攝政宮的皇太子裕仁親王（即日後的昭和天皇），乘坐汽車從皇宮出發，準備前往國會殿堂參加第四十八屆帝國議會的開院儀式，但正當汽車行駛到虎門的時候，卻突然有人持槍狙擊座車，雖說皇太子無事，但還是造成車上一人受到輕傷，所幸沒有大礙，嫌犯難波大助（1899-1924）則是立即被逮捕。事後時任內閣總理大臣的山本權兵衛（1852-1933）向皇太子辭職，於一九二四年元月辭去官位。而在維安上出現漏洞的警視廳也同樣面臨到懲處，其中警視廳長下臺，另外擔任警務部部長的正力松太郎也遭到免職處分。儘管後來因皇太子結婚之故，取消對正力松太郎的免職處分，但在正力松太郎短暫的失業期間，財政界人士就找上他，希望能借助正力的長才，重整讀賣新聞這一家報社。

在財政界人士的盛情邀約下，正力松太郎決定接受好意，成為讀賣新聞新任社長。但要買下當時的讀賣新聞，正力松太郎個人至少要準備有十萬日幣，相當於現在幣值三億，這對過去擔任公務員的正力松太郎來說，實在是不小的金額，於是正力松太郎拜訪內務大臣後藤新平（1857-1929）尋求幫助，就是那位曾經來到臺灣擔任民政長官及第一任南滿鐵路總裁的政治家。正力松太郎與後藤新平見面後，就希望後藤新平能夠借貸他十萬日幣，以便取得讀賣新聞的經營權。後藤新平深知經營報社非常具有難度，但是他還是深信以正力松太郎的能力必定可以成功，還承諾即使最後經營不善，也無須償還借金。在得到後藤新平的十萬日幣後，再加上友人協助募集到足夠的資金，正力松太郎成功取得讀賣新聞的經營權。

正力松太郎接手的讀賣新聞，剛經歷本部因大地震的摧殘而毀損，且每月至少有一萬日幣的赤字。因此要改善報社的處境，最快的方式，就是要想辦法讓報刊可以吸引更多讀者購買、閱讀。正力松太郎獨具慧眼，憑藉他在擔任警察時所培養的社會觀察力，清楚知道一般大眾喜歡什麼或討厭什麼。於是從正力松太郎接手的一九二四年開始，就陸續新增不少特殊的主題或版面來吸引讀者，如設立「讀賣收音機版」，可以讓讀者每天清楚知道收音機節目的時序，這也就是節目表的先驅。再來就是增添娛樂活動的版面，譬如有圍棋欄、日本將棋欄、麻將欄、賽馬預測欄、撞球欄等，讓有興趣的讀者可以每天關注到自己喜愛娛樂的新聞。而對報刊版面改革的這一招確實也奏效，成功讓《讀賣新聞》的銷售量從正力松太郎接手時的一日約五萬份，到一九三一年時一日至少有二十萬份了，一舉躍身為東京的三大報之一。

當然報紙的發行量是愈多愈好，於是正力松太郎決定嘗試導入「棒球」這項最多人關注的室外運動的報導，來添增報紙的精采度。不過當時日本國內最多人觀看的棒球新聞是學生棒球，而且相關新聞又已經被幾家大型報社所壟斷。正力松太郎認為如果《讀賣新聞》要能與眾不同，則鎖定的棒球主題就不行與其他報社相同，所以他最後選擇要以「職棒」作為宣傳的主題。為何正力松太郎做出如此的決定，這與他和一位新聞記者的企劃會談有關，而這一場會談也大大影響日後日本棒球發展的走向。

交流賽的籌備工作

一九二九年八月，正力松太郎與《報知新聞》的評論委員池田林儀（1892-1966）進行談話，當池田林儀提出他的企劃時，就問正力松太郎是否有興趣邀請Babe Ruth（1895-1948）來日本進行比賽。一開始正力松太郎聽到「Babe Ruth」的名字時，其實也不知道是誰，而是池田林儀跟他說明「Babe Ruth」是紐約洋基隊（New York Yankees）的強打者，且單季擊出前人未到的六十支全壘打，是美國職棒最有人氣的球員。如果能邀請他到日本，勢必會造成轟動，連帶也能刺激報紙的銷量。池田林儀還特別說道他曾經向報知新聞、朝日新聞、每日新聞等大報社提出這一項企畫，但對方都因邀請價碼過於昂貴而婉拒。正力松太郎在聽了池田的講解後，似乎對這一項企畫很感興趣，於是就問邀請價碼有多高，池田林儀回說「二十五萬日幣」。正力松太郎沉思一會後，便決定冒險接手這個企劃。很快池田林儀就立刻發電報給遠在紐約的Babe Ruth，告訴他讀賣新聞想要邀請他到日本。不久，Babe Ruth的祕書就回覆電報給池田林儀，告知Babe Ruth本人因為在賽季結束後預計要出演一部電影，只能婉拒邀請。得知消息後的正力松太郎雖然覺得可惜，但並未因此打消他邀請大聯盟球星來日的構想。從一九三〇年初，正力松太郎就正式率領讀賣新聞來籌備這項大型企畫。

首先，正力松太郎想到如果純粹以讀賣新聞邀請Babe Ruth等大聯盟球星來日，勢必會花費大筆資金，這對公司來說開銷過於龐大。於是就希望透過鐵道省新成立的觀光局，以「觀光」名義來協助辦理這項企畫，只可惜踢到鐵板。雖然觀光局長是正力松太郎在東京帝國大學的同學，但當計畫上呈到鐵道大臣時就被擋了下來。主要原因，是鐵道省奉行濱口雄幸（1870-1931）內閣財政緊縮的政策，對於需另外耗費國庫的計畫顯得非常消極。觀光局不行，正力松太郎在聽取對該企劃有著極大興趣的東京六大學聯盟理事長蘆田公平（1894-1940）建議後，改詢問外務省，以「日美親善」作為企劃的主軸，結果就獲得外相幣原喜重郎（1872-1951）的同意，允諾部分支出由外務省來負擔。資金的問題解決後，讀賣新聞便投入企劃的籌備工作。

緊接著，讀賣新聞聘請前早大總教練市岡忠男來報社擔任運動部部長，全權負責企劃案的一切運作。在前一小節提到，市岡忠男在與河野安通志發生衝突後，便離開早大投入到報社工作，而這間報社就是讀賣新聞。市岡忠男成為企劃案的對內負責人，而對外聯繫美方的負責人，則是找來長年居住在美國的鈴木惣太郎（1890-1982）。在此要簡單介紹一下鈴木惣太郎，畢竟如果沒有他的努力，估計就不會有兩次日美交流賽的成形。本身是從事經貿的鈴木惣太郎，在進入讀賣新聞之前有一段時間長居在紐約，他就是在這時培養出對職業運動的喜好。鈴木惣太郎所身處一九二〇年代的美國，正好是大聯盟掀起由Babe Ruth所開啟的「全壘打狂熱」風潮，因Babe Ruth所在的洋基隊就是位於紐約，使得鈴木惣太郎是實實在在地體驗到大聯盟的魅力。對於大聯盟的喜愛，後來竟也讓鈴木惣太郎認真投入到對美國棒球的研究，甚至在一九二九年還自行出版發售《美國棒球》一書。有了這樣的背景，在鈴木惣太郎回到日本後，讀賣新聞就立刻找上他，一同加入企畫籌備的團隊。

在籌備工作上，對外主要是與美國方面進行球員與行程的安排，對內則是要如何透過宣傳，讓日本大眾知道讀賣新聞舉辦這項活動的意義，這方面可從報上專欄來說。當一九三一年讀賣新聞內部確定得到大聯盟派出代表隊來日的承諾後，就先由市岡忠男打頭陣，在《讀賣新聞》的「讀賣少年講座」專欄上，連載「少年棒球談話」，從五月十七日開始到八月二日，共有九回，主要講述從棒球規則到一支球隊的建立、培育，這可完全看成是市岡忠男個人的經驗談，但更重要是讓一般讀者先有對棒球的基本概念。在第九回連載前一日的八月一日，《讀賣新聞》正式對外宣告「這個秋天，我社邀請的世界最強球隊成行！」，當中更介紹五位已確定入選的球員，包含當時大聯盟最負盛名的左投手Lefty Grove（1900-1975）、以及與Babe Ruth齊名的洋基隊友「鐵馬」Lou Gehrig（1903-1941）。為能讓日本大眾認識何謂美國棒球與大聯盟，從八月三日開始就換成由鈴木惣太郎連載「美國棒球史」的專欄，到十月七日止，共連載高達五十五回。內容從介紹棒球如何在美國出現，如何成為美國的國民運動，以及大聯盟到一九三〇年為止各階段的重要歷史事件，可說極其精彩。而在十月十九日這天，讀賣新聞在銀座松屋八樓，還特別舉辦一場美國棒球史的展覽會，讓參觀者能透過大量的照片與文字介紹一覽整個美國棒球史的發展過程。此外，報社還另外請人製作〈日美棒球進行曲〉與〈日美大棒球戰應援歌〉兩首曲子，透過收音機傳遞給大眾。從上述一系列的宣傳動作，或許就能強烈感受到讀賣新聞是卯足全力，要將這場盛會辦到完美。

讀賣新聞雖然在這次交流賽已獲得外務部的支援，但為拓展「職業」棒球的風氣，還主動找上關西的朝日新聞、每日新聞，甚至是擁有甲子園球場的阪神電鐵，希望能透過他們協助宣傳與租用場地，讓此交流賽也能在關西地區舉行。後來朝日、每日兩大報社因競爭關係最後並未參與，反而是阪神電鐵願意協助支付美國隊的出場費用與提供甲子園球場，這也讓交流賽不只有侷限在關東地區而已。

球員的招募與美國隊的到訪

要能與大聯盟球星對抗，日本代表隊的球員選拔自然不能馬虎。考量到要以最高規格來尋找日本代表隊的球員，以當時棒球界的認知，首選自然就是東京六大學的球員。於是讀賣新聞在一九三一年初，就嘗試性的在自家報刊上以「投票」方式，讓讀者投出心目中最有人氣的球員。經由統計，得票最高者為早大ＯＢ的知名捕手久慈次郎（1898-1939），而投手則為現役早大王牌投手的伊達正男（1911-1992）。依照此標準作為參考，由當時東京六大學棒球聯盟會長安部磯雄為首的選拔委員會，在十月最後遴選出二十七名東京六大學出身的球員，當中現役二十一位，OB六位。入選者之中，不乏日後成為進入日本職棒界發展的選手或教練，較為知名者如苅田久德（1910-2001、山下實（1907-1995）、水原茂（1909-1982）、三原脩（1911-1984）、若林忠志（1908-1965）等人。但要先說明，雖然組成全日本明星隊，但並不是所有場次都是由這一支明星隊出賽，讀賣新聞另有安排東京五大學（不含東大）的現役球員、單所大學的現役加OB，以及幾支業餘球隊來迎戰美國代表隊。

十月十五日，美國代表隊搭乘日本的「龍田丸號」從舊金山出發，經過兩週的航行，於二十九日抵達日本的橫濱港。當天到港的迎賓者，包含安部磯雄、慶大棒球部的總教練腰本壽（1894-1935），讀賣新聞則派出編輯部長與市岡忠男出席，另由曾在一九二九年帶領明大棒球部環球一周的松本瀧藏（1901-1958）擔任翻譯。接著就由日方帶著美國隊一行人從橫濱搭乘鐵道局所特別安排的「歡迎列車」，前往東京銀座，在此之前讀賣新聞就已經打了廣告，因此當美國隊一行人抵達東京車站時，東京車站外早已擠滿人潮。日本民眾高舉「歡迎」的牌子，展現無比的熱情給來自這群遠方的客人，讓投手Lefty Grove不經也留下對日本群眾留下「驚嘆」與「親切」的強烈印象。而這一天除了是美國隊到訪日本首日，同時也是東京市獲得舉辦一九四〇年第十二屆奧林匹克運動會（Olympic Games）的決議日。

美國隊抵達日本後，有將近一週的時間等待對抗賽的到來，而在這等待的期間內，讀賣新聞為美國隊安排不少的行程，讓後者體驗日本在地的民俗文化。在這些行程中，如有參拜明治神宮、到日光觀看楓葉，品嘗日本美食，欣賞日本傳統舞蹈與歌舞伎表演，再來就是到東京六大學聯盟的學校進行巡迴的技術指導。因《讀賣新聞》事先在報刊公布美國隊的巡迴行程，所以球迷都早早到現場等候，期望能在賽前一睹美國隊的球技。美國隊到各球場除了是為比賽進行準備，同時也指導六大學球員的技術以及觀念。就技術層面來說，當然六大學的球員無法與大聯盟的球員相提並論，但還是有部分球員的身手獲得大聯盟球員的讚賞，尤其特別提到早大的伊達正男投手，其球威與曲球非常有品質，特別是他的曲球，還是美國隊所要留意的。

這就是大聯盟的實力！

美國隊從十月二十九日到日本後，經過約一週時間的等待，在十一月七日這天的明治神宮球場，正式揭開「日美交流賽」的序幕。

對於這場極具歷史意義的比賽，讀賣新聞特別邀請到日本文部大臣田中隆三（1864-1940）擔任開球嘉賓，而捕手則是由當時美國駐日大使William Forbes（1870-1959）所擔綱。對日美雙方而言，這次交流賽不僅僅只是運動場上的寒暄，而是具「日美親善」這層重大的意義。

此次近三週的交流賽一共安排有十七場，地點分別有東京、仙台、前橋、松本、靜岡、名古屋、大阪、橫濱等地的球場。翻開雙方的對戰成績，是由美國隊取得全勝，日本則慘遭全敗，如果更仔細地看，會發現每場的比分落差都很大。尤其是日本以全明星隊出賽時，有五場比賽比數差距高達十分，明顯表達出雙方實力的落差。而在這十七場比賽中，特別要提到十一月八日這場由早大對抗美國隊的比賽，雖說這場比賽早大只輸三分，但從比賽內容中可以觀察到美國隊深不可測的實力。

這一場作為一九三一年日美交流賽的代表戰，由賽前美國隊球員所讚賞的伊達正男擔任早大的先發投手、第四棒。比賽開打後，早大靠著伊達正男的好投，只讓美國隊在第四局得到一分，不過早大打者也同時受到美國隊投手的壓制，使雙方在第六局結束時是一比一的平手局面。到了七局上，早大靠著兩支長打外加美國隊投手保送以及捕手的漏球，一舉攻得四分，此刻比分是五比一。但是到了下半局風雲變色，前六局只失一分的伊達正男在這局掉了兩分，且未解決任何打者情況下就被換去一壘，後援投手上來也壓不住美國隊攻勢，一舉掉了七分，第七局結束時已變成五比八的落後。早大原本想趁著第七局的氣勢，在第八局一舉逆轉比分，可是很快他們的希望就消失了，因為美國隊派出本場第三任投手，也是這次代表隊的王牌Lefty Grove上場。Grove的實力在當時堪稱是大聯盟第一的左投，從一九二五年登上大聯盟，到一九三一年的當下，連續七個球季是美國聯盟（American League）的三振王。而這一季更以三十一勝、防禦率二點零六、一百七十五次三振贏得投手部門的「三冠王」，無疑是這次交流賽最受注目的投手。被《讀賣新聞》喻為「世界第一投手」的Grove，一上場後就展現無與倫比的宰制力，面對三名打者，他只用十球就投出三次三振，結束第八局日本隊的攻擊。九局上半美國隊沒有得分，九局下半則繼續由Grove把關最後一局，並展現他身為大聯盟最強左投的實力，僅用十一球便也投出三次三振，完美結束兩局的投球，最終美國隊以八比五獲得勝利。

這場美國隊精彩的逆轉比賽，可說是讓日本球迷徹底感受到大聯盟有別於日本棒球的實力。而Grove兩局的投球內容，讓早大的打者們深刻體驗到雙方彼此之間的差距，被三振的早大球員事後回想起對決那一剎那，都認為Grove球速快如煙霧一樣，使他們都無法清楚看見球體，也就無法確實掌握進球的位置，只能眼睜睜看著白球進到捕手手套。Grove的速球，就被媒體形容為「煙球」，這可說是對Grove球速的推崇。交流賽最後的結果是美國隊十七戰全勝，充分展現大聯盟「世界第一」的水準，而Grove在總計八場出賽中，一共取得六勝，並在三十八局裡投出五十五次的三振，防禦率是完美的「零」，毫無掩飾其「三冠王」的身手。

美國隊經歷在日本一個月的密集行程後，於十二月三日在神戶乘船離開日本，而此次交流賽的所有過程，不論是對球員個人，或是參與的企業，皆帶來不小的影響。以個人來說，此次入選全日本代表隊的游擊手苅田久德，從過去開始打球以來，都認為內野是以游擊手為中心的

表1-3｜1931年日美交流賽對戰成績表

日期	日本	比數	美國	球場
11/7	立教大學	0-7	全美國	神宮
11/8	早稻田大學	5-8	全美國	神宮
11/9	明治大學	0-4	全美國	神宮
11/10	全明星大學	2-13	全美國	仙台
11/12	全日本	1-14	全美國	前橋
11/14	全日本	3-6	全美國	神宮
11/15	全日本	0-11	全美國	神宮
11/17	全日本	0-15	全美國	松本
11/18	慶應大學	0-2	全美國	神宮
11/19	法政大學	1-8	全美國	靜岡草薙
11/21	全慶大	1-5	全美國	鳴海
11/22	全早大	0-10	全美國	甲子園
11/23	全慶大	0-8	全美國	甲子園
11/24	八幡製鐵	8-17	全美國	下關長府
11/26	關西大學	2-7	全美國	甲子園
11/29	全橫濱	2-3	全美國	橫濱
11/30	橫濱高商	5-11	全美國	橫濱

思考，不過在交流賽中看著美國隊二壘手Francis Frisch（1898-1973）作為內野的領袖，其輕快的步伐與果斷的守備，使苅田久德改變自身的想法，從此之後守備位置也從原來的游擊改成二壘。經由學習與不間斷地訓練，苅田久德的二壘守備功力愈趨成熟，更成為職棒早期最為知名的二壘

手，而有「前無苅田，後無苅田」的美名。就企業來說，讀賣新聞憑藉這次交流賽的成功，不僅讓報刊的發行量上升，與美國隊的關係更加友好，進而促成三年後的第二次日美交流賽。另外受益於這次交流賽的阪神電鐵與新愛知新聞社，也認為「職業棒球」是未來球界的趨勢，因此在正力松太郎有意成立職棒聯盟時，兩個企業先後響應其號召，分別以球團名稱「大阪虎」、「名古屋軍」參加，可說這次的日美交流賽是推動兩家公司組織職棒球隊的遠因。

Babe Ruth與「世界最強無敵軍」的到來

正力松太郎與讀賣新聞在經過兩年的籌備下，成功在一九三一年舉辦日美交流賽，但對正力松太郎而言卻還是有著遺憾，就是沒有邀請到Babe Ruth來到日本。同一時刻，交流賽的成功也讓職棒的觀念更加普及，使得在部分棒球界的人士心中，也逐步催生出再次組織職業球隊的想法。一九三二年，文部省發布《棒球統制令》，嚴格限制學生參與任何有「商業」性質的比賽，正好就給正力松太郎一個適當的時機，利於他推動第二次的日美交流賽。最終也靠著第二次交流賽的成功，在一九三四年十二月順勢成立「大日本東京棒球俱樂部」，正式揭開職業棒球時代的到來。

《棒球統制令》的出現

就在日本球迷首次體會到大聯盟選手的實力，以及高中與大學棒球邁入全盛時期的同時，在一九三二年四月一日，負責處理文化、教育、學術的文部省頒布一道訓令，其訓令的主要用意，是嚴格禁止學生球隊參加具有商業性質的比賽，這無疑是給予正在興盛的學生棒球界，投下一顆震撼彈。此訓令第四號，便是日本棒球界著名的《棒球統制令》。

在文部省看來，隨著學生棒球的興盛，使學生開始有了「明星」化的跡象，學生如同商品一般，學校們為增加校隊的競爭力與賺取門票收入，以及提高學校的知名度，造成彼此之間相互挖角球技優異的學生事件頻繁發生。而學校也趁社會大眾深陷在學生棒球的熱潮下，時常安排球隊到全國各地進行交流比賽，校與校之間的競賽頻繁，有時在一年之內還會出席超過一百場以上的比賽，對球員體能上的負擔程度是非常龐大。當學生投入過多時間在參與球賽上，相對地就會導致課業方面的重視程度跟著下滑。而到外地比賽結束後的球員們，也時常受到當地學校後援會的款待，無形中，使得棒球的信念，開始從原來重視「精神」層面轉向「物質」層面的發展。喜愛打球固然是好事，但卻不能夠將學業晾在一旁，尤其過度走向「商業化」更是不被允許。加上當時日本國內已經要準備進入戰爭的階段，為了使全體國民（尤其是在學學生）的精神理念能與國家思想同步，並使身體更佳健全發展，政府有必要介入教育體系，藉由運動來灌輸國家的思想。

簡單就以《棒球統制令》中幾條相關規定來看，如成立學生聯盟的經營規劃、每年度的經營與會計事務、門票的徵收與收支報告，都需要告知文部省，等同於過去學校原先可以自治的地方都受到嚴格限制。而對學生來說，他們只能參與校隊，而無法接觸校外的俱樂部球隊，明顯就是要限制學生打球的自由，並且將學生與商業之間的聯繫加以斬斷，以便達到「淨化」的結果。在文部省頒布《棒球統制令》後的九月，就發生有橫濱高商的三名學生與前訪日本交流的黑人聯盟球隊進行比賽，因來訪的黑人聯盟球隊被文部省認定為「職業」球隊，因此這三名橫濱高商的學生是嚴重違反《棒球統制令》中規定不得與職業選手比賽，最後文部省懲處學生在一年內禁止參加任何比賽，展現「淨化」球界的決心。

得知《棒球統制令》對於學生球界種種限制後的正力松太郎，清楚知道要像第一次交流賽選拔各大學現役著名選手所組成明星隊，已經是不可能。但他並沒有氣餒，反而更加快速地推動第二次日美交流賽。同時，為「響應」《棒球統制令》對於「職業／業餘」的嚴格劃分，正力松太郎也積極開始籌備與推動職業棒球隊的成立，且打算以這支球隊作為班底，組織日本明星隊參加第二次的交流賽。有別於上次是以學生、社會人為主的聯軍，這次決定要以構想中的職業球隊來對上大聯盟明星隊。

O'Doul的助攻

為能實現Babe Ruth訪日的夢想，正力松太郎在一九三二年初就開始積極推動第二次日美交流賽的籌備工作，而與美方接洽的重責大任，自然又落在鈴木惣太郎的身上。只是有別於第一次交流賽時，主要為鈴木惣太郎個人負責與美方進行接洽，這一次則有Lefty O'Doul（1897-1969）從旁協助。

O'Doul在一九三一年作為美國代表隊其中一員來到日本後，就深深喜愛上這個國家。他待在日本的這一段期間，充分體會到日本風情，而且也在交流賽的過程中，深刻瞭解到棒球在日本所受到的重視。在回到美國前，O'Doul留下「我還會再來日本，也想在這打球」的訊息。這樣一位如此「親日」的美國人，自然會引起正力松太郎的注意。而O'Doul隨美國隊離開日本前，也與鈴木惣太郎成為好友，即使在O'Doul回到美國持續他的大聯盟生涯，雙方仍舊透過書信往返述說彼此身邊的棒球故事，這個過程可說是毫不間斷。

一九三三年，一直是美方負責人的Herbert H・Hunter（1895-1970），有意主導第二次日美交流賽，但在理念上卻與正力松太郎有所衝突，主要在於Hunter希望日本的球隊仍舊是以現役六大學的明星球員作為主體，但這就明顯與文部省去年才頒布的《棒球統制令》有所牴觸。為了爭奪這次交流賽的主導權，正力松太郎私下就以鈴木惣太郎與O'Doul這一條線聯繫大聯盟。雙方在明爭暗鬥一段時間後，最後由正力松太郎勝出，因此也就由讀賣新聞成為唯一窗口，取得與大聯盟的交涉權。O'Doul在這一段鬥爭過程中投入不少心力，也讓正力松太郎看在眼裡，於是在一九三三年秋季時與O'Doul正式簽約，使其成為交流賽的籌備委員之一。同年十二月二十三日，讀賣新聞獲得大聯盟允諾，確定將在隔年再次選出明星隊到日本，並在英國律師的作證下訂立契約。簽約完後的O'Doul在隔年回到美國，除了擔任球員外，另一個身分便是讀賣新聞的海外顧問。

以社會人為班底的日本全明星隊

在讀賣新聞簽訂契約後不久的一九三四年一月一日，就在自家報刊上提前預告了秋季將再次邀請大聯盟明星隊訪日的訊息。鈴木惣太郎與O'Doul在外奔波交流賽事宜的同時，另一方面，讀賣新聞則開始思考這次交流賽要如何籌組日本全明星隊的陣容。

《棒球統制令》限制了學生球員參與具有商業性質的比賽，這也使得這次日本全明星隊的組成，勢必得捨棄在大學活躍的明星球員。於是在市岡忠男等人討論下，認為這次的人員選拔估計會以社會人為主體，既然是社會人，不如就順勢組成讀賣新聞自己的球隊，並以這支球隊為基礎，在參加完日美交流賽後，就直接以「職業」隊的形式運作。眾人協議後，就告知正力松太郎籌組職業隊。在正力松太郎及其友人的資助下，六月九日，讀賣新聞在日本工業俱樂部召開「職業棒球團發起人會」，十一日就在銀座菊正大樓四樓設立「株式會社大日本東京棒球俱樂部創立事務所」，並在八月時將球隊名稱取名為「大日本東京棒球俱樂部」。待籌備工作就位後，緊接著就是球員的招募。

基本上，招募的球員除了是作為大日本東京棒球俱樂部的成員外，也是同年底日美交流賽的班底，因此球員的程度以及名聲，在國內都要是「頂尖」的。為了不讓球員選拔與一般球迷的認知落差太大，因此讀賣新聞優先選拔的，仍是以有參加第一次日美交流賽的球員為主。身為選拔委員會的主要負責人市岡忠男，首先找上的是過去早大時期的子弟兵三原脩。透過市岡忠男遊說，三原脩在六月六日同意加入大日本東京棒球俱樂部，成為隊史簽約的第一人。緊接著在第九天與第十天後，分別與苅田久德與日本職棒第一位的打擊三冠王中島治康（1909-1987）先後簽約。但必須說，讀賣新聞深知大部分的人對於將棒球作為職業仍有所擔憂，所以在選拔上會尊重選手的意願，可以是加入職業隊為前提，或者是純粹參加交流賽，兩者同時進行徵選。除了讀賣新聞親自徵人外，也有不少人是看到報紙後毛遂自薦，譬如曾經參加過日本運動協會的山本榮一郎，還有來自夏威夷的日裔美籍選手堀尾文人（1907-1949，又稱Jimmy堀尾）。

經歷約四個月的時間，由市岡忠男、淺沼譽夫（1891-1944）負責國內，三宅大輔（1893-1978）負責海外的徵選下，在十月五日、十四日兩天，於《讀賣新聞》上刊出這次入選交流賽的名單。細看名單有不少人都是曾經參加第一次交流賽的六大學明星，如伊達正男、久慈次郎等人，另外還找來非日本內地的球員助陣，除了前面提到的堀尾文人外，便是來自朝鮮全明星

表1-4｜讀賣新聞社主辦第二次日美交流賽的日本隊名單

以加入職棒為前提	只參加交流賽
投手	
澤村榮治、青柴憲一、Victor Starffin	伊達正男、武田可一、淺倉長、濱崎真二
捕手	
久慈次郎、倉信雄	井野川利春、伊原德榮
内野手	
三原脩、水原茂、苅田久德、永澤富士雄、江口行雄、津田四郎、山城健三、新富卯三郎	村井竹之助、牧野元信、富勇時夫、山下實
外野手	
二出川延明、中島治康、矢島粂安、夫馬勇、山本榮一郎、堀尾文人	杉田屋守、李榮敏

隊的李榮敏（1905-1954）。不過在這兩份名單中值得注意的，是有兩名中等學校背景的選手在裡面，一位是來自京都商業的澤村榮治（1917-1944），一位則是來自北海道旭川中學，有著明顯外國人臉孔的Victor Starffin（スタルヒン，1916-1957）。受制於《棒球統制令》的緣故，因此這兩位尚有學籍的小球員，最後都在沒有畢業情況下，便提早離開學校。

Babe Ruth的承諾

現在先將時間往前拉回到一九三四年七月十八日，這天《讀賣新聞》在早報上刊有「全國棒球球迷期望的Babe

Ruth要來了！」的標語，清楚表明這一次的交流賽，日本球迷將可以一睹Babe Ruth的風采。而在兩天後，鈴木惣太郎就開始連載「棒球王Babe Ruth」的專欄，向讀者述說這位偉大球員的故事。不過事實上，直到該專欄連載結束時的八月，Babe Ruth都還沒有答應前往日本。到了九月十五日，鈴木惣太郎再次搭乘前往美洲的輪船，經由加拿大的溫哥華、蒙特婁再到紐約，此時已經是九月二十八日的夜晚。對鈴木惣太郎而言，此趟行程的最終目標，就是要徵得Babe Ruth同意，願意前來日本參加交流賽。

抵達紐約的鈴木惣太郎很快就與O’Doul會合，準備在數日後前去與Babe Ruth見面。O’Doul一九三四年球季為紐約巨人隊（New York Giants，現在的舊金山巨人隊）球員，因此他大部分的時間都待在紐約，也較能掌握同在紐約球隊的Babe Ruth動向。O’Doul告知鈴木惣太郎，在十月一日的早上，Ruth將有一個私人的理髮行程，這是唯一可私下見面的時候，不要錯過這個難得的機會。到了當天，鈴木惣太郎與O’Doul便前往理髮廳，開門進去後，正坐在椅子上理髮的Ruth透過鏡子很熱情地向二人說聲「Hello」。不過等到Ruth理完頭髮，將椅子轉向二人時，表情就忽然變得嚴肅，似乎清楚知道來者的意圖。Ruth看向鈴木惣太郎，並慎重地告訴他自己是不會去日本的。

儘管鈴木惣太郎與O’Doul費盡口舌，以及Ruth的祕書也一同幫忙協調，但都撼動不了Ruth的決定。而在Ruth即將離開理髮廳時，鈴木惣太郎急忙從手提袋中拿出一張印有Ruth畫像的海報，並講述日本球迷多期望他能親臨日本。Ruth從鈴木惣太郎手中接過海報並端詳一會後，整個人大笑起來，瞬間臉上充滿喜悅，與剛才簡直判若兩人。「我會去日本！」，這是Ruth離開理髮廳前留給鈴木惣太郎的承諾，任務完成後，鈴木惣太郎總算能放下心中的一塊大石頭。在與Ruth交涉前的兩個夜晚，鈴木惣太郎都緊張到失眠，到了十月一日這天交涉成功的晚上，才得以輕鬆入睡。至於這一張令Ruth喜悅的海報，是讀賣新聞特別為這次交流賽宣傳而製作的，想不到最後就是靠著這張海報讓Ruth回心轉意。如讀者有興趣，不妨前去位於東京巨蛋的棒球殿堂博物館內，觀看這一張改變日本棒球歷史的重要文物。

當Ruth同意以選手身分前往日本後，也正式宣告美國隊的成形。此次團長是由生涯在大聯盟執掌兵符長達五十年，累積高達三千七百三十一場勝利的Connie Mack（1862-1956）領軍，助理教練則由O'Doul擔任。隊員部分則是以Ruth為首，還有其同隊好友，並曾在一九三一年參加交流賽、一九三四年為美國聯盟打擊三冠王的Lou Gehrig，以及當時堪稱大聯盟最強右打的Jimmy Foxx（1907-1967）等球星，這之中共有七人在日後入選大聯盟的名人堂，陣容可說是極其豪華。在獲得Ruth的允諾後，鈴木惣太郎立即發電報回日本告知這個好消息，自己則留在美國處理剩下的事務，確保一切流程都沒有差錯。十月二十日，鈴木惣太郎與美國隊一行人，在溫哥華乘坐豪華郵輪「日本皇后號」（*Empress of Japan*），前往日本，準備展開一場驚天動地的旅程。

「世界最強無敵軍」的到來

十一月二日早上，航行太平洋十來天的「日本皇后號」，平安抵達橫濱港，此刻在港口處早已擠滿群眾，想要在第一時間目睹Babe Ruth的容貌。原本「日本皇后號」應該預計是四日才會抵到橫濱，但按《讀賣新聞》的說法，是為了能讓日本球迷儘快看到美國隊，才特別加快速度，結果就打破當時從夏威夷檀香山到橫濱的最短時間。雖然這樣的說法是否屬實尚且不予評論，但已經先為這次交流賽創造出了話題。

如同第一次交流賽，美國隊下船後就感受到日本球迷的熱情。接著一行人遵循著上次讀賣新聞在交流賽的安排，一樣是從橫濱搭乘電車到東京車站，不過這次社長正力松太郎親自帶領公司職員，以及日本代表隊成員到現場迎接。走出東京車站後，映入美國隊眼簾的是大群等待遊行車隊的人潮，一句句「萬歲！萬歲！」此起彼落，不絕於耳。而站在遊行轎車上的Babe Ruth面帶微笑，一手持著象徵美國的「星條旗」，另一手則持著象徵日本的「日之丸旗」，向群眾不斷揮舞，直到抵達下榻的帝國飯店。

與第一次交流賽不同，這次美國隊的到訪行程非常緊湊，十一月二日抵達日本，十一月四日就立刻要打交流賽，因此讀賣新聞就未給美國隊安排長途旅行，而是都在東京近郊的活動。

表1-5｜11月2日、3日美國隊行程表

11月2日	
0800	抵達橫濱港外海
0930	登上四號碼頭
1320	歡迎列車從碼頭發車
1412	抵達東京車站，並乘坐汽車到銀座的帝國飯店
1700	日比谷音樂堂歡迎會
1930	東京中央放送局
2000	正力社長的歡迎宴（芝紅葉館）
11月3日	
0900	從帝國飯店出發，先後至宮城與明治神宮進行參拜
1100	青山南町大隈侯爵宅邸日美選手聯歡園遊會
1400	搭乘從上野出發的京城電車，前往谷津球場進行團隊首次練習，傍晚回去帝國飯店

慣例的歡迎會與參拜明治神宮外，唯一的練球機會就是在千葉的谷津球場。因為美國隊的到來，據《讀賣新聞》的報導，現場聚集將近有兩萬人，焦點自然是放在Ruth的身上。而Ruth也沒有讓前來觀看的球迷失望，在與日本隊的練習賽中，就打出一支深遠的全壘打，立刻就讓球迷感受到「全壘打王」的魅力。

征服全日本的美國隊

十一月四日，睽違三年的日美交流賽再次於神宮球場揭開序幕，此次交流賽加上兩場日美混和的紅白對抗賽，一共舉行十八場的比賽。較上次不同，這一次的比賽地點可說是涵蓋全日本，最北到北海道的函館，最南則是到九州的小倉。首戰的比賽地點是在神宮球場，但日本方面卻是以社會人球隊的東京俱樂部出賽，而非全日本明星隊。之所以選擇讓東京俱樂部作為第一場日本方的代表，主要是基於神宮球場是當時社會人球界的代表性球場，為表達對業餘球界的感謝之意，讓已發展的都市對抗棒球大會的強權東京俱樂部（一九三〇、一九三一、一九三三年冠軍）來出場。

日美交流賽的首戰，美國隊就展現壓倒性的實力，以十七比一的懸殊比分獲得勝利。接著從第二戰開始，日本就改由全明星隊出賽，但還是抵擋不住美國隊凶猛的火力，加上同樣受到美國隊投手的壓制，在十一月二十日的靜岡比賽之前，就有三場比賽遭到完封，更有四場比賽失分超過十分（不包含一場的紅白對抗賽）。而最受球迷關注的Babe Ruth，在前面九場比賽中就打出十支全壘打，其中有四場比賽還是雙響砲，徹底展現出無與倫比的實力。面對如此懸殊的實力差距，日本隊完全沒有讓球迷感到振奮的表現嗎？當然是有的，而且還是一場「名留青史」的球賽。

十一月二十日的靜岡草薙球場，日本隊派出的先發投手是年僅十七歲的澤村榮治，他在完投的八局裡，不僅投出九次三振，更在第一、二兩局中，連續三振包含Babe Ruth、Lou Gehrig以及Jimmy Foxx等美國隊的四名打者，震驚四座。只可惜在第七局時，被Lou Gehrig擊出全壘打，得到全場唯一的一分。終場日本隊雖然以零比一的比數輸球，但澤村榮治精彩的好投，為

表1-6｜1934年日美交流賽對戰成績表

日期	日本	比數	美國	球場
11/4	東京俱樂部	1-17	全美國	神宮
11/5	全日本	1-5	全美國	神宮
11/8	全日本	2-5	全美國	涵館
11/9	全日本	0-7	全美國	仙台
11/10	全日本	0-10	全美國	神宮
11/13	全日本	0-14	全美國	富山
11/17	全日本	6-15	全美國	神宮
11/18	全日本	4-21	全美國	橫濱
11/20	全日本	0-1	全美國	靜岡草薙
11/22	全日本	5-6	全美國	鳴海
11/23	全日本	2-6	全美國	鳴海
11/24	全日本	3-15	全美國	甲子園
11/26	全日本	1-8	全美國	小倉
11/28	全日本	1-14	全美國	京都
11/29	全日本	5-23	全美國	大宮
12/1	全日本	5-14	全美國	宇都宮

備註1：筆者曾在《野球場就是戰場》一書中也用到同一個表格，不過在第一場及第二場表示的時間是11月3日與11月4日，這是按ベースボールマガジン的資料，但如果是讀賣新聞社自行編輯的《読売巨人軍75年史》一書則為11月4日與11月5日。後來筆者在根據報紙做對照，決定依照《読売巨人軍75年史》為主，在此先跟讀者說明。

備註2：本表並不包含11月11日與11月25日的日美球員混和的紅白對抗賽成績。

日本球迷在接下來的賽事增添不少期待。而為紀念這場傳奇性的比賽，在現今草薙球場的正門口，還可看到澤村榮治與Babe Ruth兩人對決的銅像，足以想見在日本球界的記憶中，這場球賽所代表的崇高意義。

然而澤村榮治精彩的一戰後，是否有讓日本隊在接下來的比賽中得到勝利呢？答案是沒有。雖然兩天後在鳴海球場的比賽日本隊也只小輸一分，但剩下的場次失分至少都超過四分，其中有三場比賽的分數差距更超過十分，最終結算成績，美國隊依然是以全勝姿態得到交流賽的勝利。至於Babe Ruth的表現如何？儘管年齡已近四十，且邁入球員生涯的尾聲，但Babe Ruth所表現出的驚人實力，依然令日本球迷印象深刻。在全勤出賽下，Babe Ruth擊出十三支全壘打、三十三分打點、三十一支安打、二十七次得分，以及四成零八的打擊率，為美國隊打者「五冠王」，毫無愧對他身為本次交流賽主角的身手。

十二月一日結束在宇都宮的最後一場比賽後，美國隊馬不停蹄地在晚間就搭乘火車前往大阪休息一晚，並在隔日晚上十點從神戶港離開日本，前往上海。待美國隊離去後的十二月二十六日，讀賣新聞也向社會大眾發表大日本東京棒球俱樂部的成立，資本額五十萬圓，會長為大隈重信（1871-1947）。同時也公布創隊的十九名成員，基本陣容就是當初在交流賽選拔時同意加入職棒的球員。而球隊也預計在明年二月開始前往美國進行巡迴比賽，以向日本球界證明大日本東京棒球俱樂部推廣職業棒球的信念。

日本職業棒球聯盟的成立

一九三四年十二月，大日本東京棒球俱樂部正式成立，是繼日本運動協會、天勝棒球團以及寶塚運動協會之後，日本再次出現職棒球隊。而為了突顯實力，大日本東京棒球俱樂部還遠赴美國進行巡迴比賽，並取得不錯的成績。另外在讀賣新聞社長正力松太郎的號召下，另有三家報社及三家鐵道公司相繼投入職棒球隊的經營，終於在一九三六年成立日本國內第一個職棒聯盟。

從大日本東京棒球俱樂部到東京巨人軍

從一九三五年一月十四日開始，大日本東京棒球俱樂部展開隊史首次的團隊訓練。接著在一個月後的二月十四日，透過鈴木惣太郎與顧問O'Doul兩人的安排下，大日本東京棒球俱樂部從橫濱港搭乘「秩父丸號」出發前往美國，進行為期五個月的海外遠征，以向國內球界展現職業隊的實力。在出發前，大日本東京棒球俱樂部特別安排跟名古屋鐵道管理局興辦兩場的練習賽，這兩場「職業VS業餘」的對決，大日本東京棒球俱樂部分別以十四比一、八比二獲得勝利，而擔任這兩場先發的青柴憲一（1912-1945）與澤村榮治兩名投手，也都單場投出有十一次與十五次三振，力壓名古屋鐵道管理局，為球隊的遠征增添信心。

二月二十七日，經過兩週的航程，大日本東京棒球俱樂部抵達舊金山，與提前到美國的鈴木惣太郎會合。鈴木惣太郎先一步到美國主要是安排住宿、交通等事宜，而在年初就回到美國的O'Doul則是負責對外宣傳。當O'Doul問鈴木惣太郎的隊名用英文應該如何表示，鈴木便回答：「Dai Nippon Tokyo Yakyuu Kurabu」。O'Doul聽後認為這個名稱過於冗長，對美國人來說可能也不好記住，於是建議為球隊取暱稱。於是鈴木惣太郎想出不少日本式的名稱如大和、富士、蜻蜓等，但O'Doul都認為不盡理想，於是反問在日本最受歡迎的大聯盟球隊是哪一支，鈴木回答「巨人隊與洋基隊」。或許O'Doul基於自己從巨人隊退休，立刻就聯想到不如將隊名取名為「東京巨人」（Tokyo Giants），鈴木聽完後高度贊同，並發電報知會社長。

三月二日，球隊開始在舊金山進行海外遠征的球賽，主要對手是以大聯盟旗下的二A太平洋灣岸聯盟（Pacific Coast League）的球隊，以及加拿大、墨西哥等地的半職業球隊。球員們面對緊湊的賽程（在美國一一六天參與一百零四場比賽），加上要適應未曾遇過的嚴厲大陸型氣候，過程極其辛苦，甚至還傳出有球員對賽程與待遇不滿而對監督抗議。即使此趟遠征出現各種問題，但球員們還是努力地取得不錯的成績。加上後來在夏威夷的紀錄，總計一百零九場比賽裡，「東京巨人軍」一共取得七十四勝三十四敗一和。[1]在個人成績上，投手以澤村榮治的表現為最佳，他個人登板四十七場，拿下二十一勝八敗，並有九場完投，總計投出三百一十三次三振；而在野手部分較為突出者，有苅田久德的打擊率三成一三為全隊最高，而在遠征前才加入的田部武雄（1906-1945），則有高達一百零五次的盜壘成功及一百三十六支安打，兩項成績皆為全隊榜首。

這裡稍微提到一個插曲，就是大日本東京棒球俱樂部遠征海外期間，發生於社長正力松太郎身上的一則故事。在大日本東京棒球俱樂部前往美國不久的二月二十二日，早上八點四十分時，正力松太郎剛從座車下來準備進入到總公司大門時，忽然遭到不明人士手持利刃砍傷頸部，所幸經醫療人員搶救適時止血，並未造成大礙，但還是住院五十天之久。經由警方調查，犯人乃是出自於右翼團體武神會的成員，之所以暗殺正力松太郎，有說法是因為正力松太郎在日美交流賽中獲利，以及讓美國隊進入到明治神宮，侵犯到日本神聖的場域。從現今的眼光來看，這些因素似乎都還不至於構成傷害他人的理由，但在一九三〇年代壟罩著軍國主義的日本，正力松太郎邀請美國隊來日的行為，看在某些人士、團體的眼中，無異是對國家的不敬。日本職棒的誕生與黎明期的發展，就是在這樣的時空背景下出現。

東京巨人軍的對手——大阪虎

七月十六日歸國的東京巨人軍，在一個月的休養後，重新集結在谷津球場訓練，為國內遠征做集訓。毫無疑問，此次東京巨人在國內的遠征，就是要向各地的球界人士宣揚職業棒球，並期望有興趣的企業界能一起投入運作。接著在數個月國內遠征下，東京巨人軍一樣展現出「職業」球隊的實力，力壓其它地方上的社會球隊。眼看東京巨人軍的巡迴比賽逐漸造成轟動，球迷也踴躍進場看球，讓諸多企業開始思考是否投入這一項運動。在一九三五年年底，有著全日本最具標誌性球場——甲子園球場的阪神電鐵，率先響應正力松太郎的號召。

早在年初聽聞大日本東京棒球俱樂部成立時，阪神電鐵就有內部成員希望公司也能成立球隊，這樣就能以「東西對決」（關東對關西）來刺激話題。而擔任當時阪神電鐵事業課小組長的富樫興一（1890-1964），與阪神電鐵負責人有過談話，也希望公司能跟上讀賣新聞的腳步，發展出關西的職棒球隊。畢竟在兩次的日美交流賽，阪神電鐵因為租借甲子園球場，從中也獲得不少收益，倘若真的投入經營，應能帶來可觀的收入。不過此刻公司內部仍有不少人反對這項提案，其中一項因素，在於甲子園球場乃是學生棒球的聖地，假如被挪去作為職業球隊的主場，恐怕會造成學生棒球界的反彈。

一九三五年五月，阪神電鐵內部高層異動，贊成發展職業隊的支持者變多，在經過一段時間風氣的醞釀，最後在新上任社長今西與三郎（1887-1962）同意下，決定投入職棒經營。十月一日，阪神電鐵也成立籌備委員會，主要負責人富樫興一則在幾日後拜防讀賣新聞，告知這一項好消息。[2]《讀賣新聞》在第一時間將這消息發布出去，並且還另外提到名古屋與福岡兩地也都有組建職業隊的動作。十二月十日，株式會社大阪棒球俱樂部成立，初代會長由關西財界的重要人物松方正雄（1868-1942）擔任，富樫興一則被推選為專務董事。同一天，球隊除了公布總教練為早大ＯＢ的森茂雄（1906-1977）外，還與六名選手簽約，當中包含「主將」松本謙治郎（1909-1986）、職棒草創期「二刀流」代表的景浦將（1915-1945），以及初代「老虎先生」藤村富美男（1916-1992）。

提到「老虎先生」，便會想到大阪棒球俱樂部球隊的暱稱「大阪虎」的由來。因為要像「東京巨人」一樣有個球隊名稱，於是阪神電鐵以公開募集的方式，讓社員們集思廣益，選擇出最適合的球隊名稱，最終決定以「虎」作為隊名。此外，球團還請在日美交流賽製作〈日米棒球進行曲〉的谷闕裕而（1909-1989）創作球隊專屬歌曲〈大阪虎之歌〉，於一九三六年三月二十五日在甲子園飯店公開撥放，這首歌也就是傳唱至今，可說是象徵阪神虎精神之一的《六甲颪》。

日本職業棒球聯盟的成立

聽聞大阪虎成軍後，其他有意加入職棒的企業，也加緊腳步組織球隊。如曾經組建寶塚運動協會的小林一三，在一九三五年十月還在海外進行視察時，就緊急發電報給在國內的阪急電鐵總公司，要求立刻籌組球隊，並在西宮車站北口購置土地，興建新球場。由於事態緊急，總公司為能在最短時間找尋可用人才，特別調查公司內部是否有棒球經驗的社員，結果找到在阪急百貨內的家具賣場工作、過去曾是慶大棒球部管理者的村上實（1906-1999）。後來經由村上實的籌組，陸續網羅同是慶大出身的宮武三郎（1907-1956）、山下實等球員。一九三六年一月二十三日，阪急發表球隊成立的消息，較特別的是總教練有二人，一位是去年還在東京巨人軍的三宅大輔，負責球隊技術層面的指導，另外一位則是村上實，負責處理球隊相關業務。

與大阪虎相同，都曾受惠於日美交流賽的新愛知新聞，也在正力松太郎的請託下，在中部日本成立職業球隊，取名為名古屋軍。而在名古屋軍之後宣布成立球隊的，是以西武電鐵為母體的東京參議員，至於球隊名稱為何取作參議員，則是因球隊創辦人有馬賴寧（1884-1957）為貴族院議員而來。接著又加入國民新聞與名古屋新聞分別組成的大東京軍與名古屋金鯱軍，形成七支球隊，算是有一個雛形出來。而在這一段創辦球隊熱潮的期間，原本大東京軍負責人田中齊（1897-1966）打算結合名古屋金鯱軍，在加上構想中的北海道、新潟各一支球隊，另外組織一個「大日本棒球聯盟」，與正力松太郎互別苗頭。只是北海道與新潟球隊無法成形，最終田中齊還是讓大東京軍與名古屋金鯱軍兩隊，加入正力松太郎的聯盟。

二月五日，雖然大東京軍與名古屋金鯱軍還沒有公開對外發表成立的新聞，但都派出代表球團出席第一次全日本職業棒球聯盟創立總會。創立總會的首要目標，是先推舉出聯盟總裁。經由與會者一致通過後，由東京巨人軍的會長大隈信常出任。之後從二月二十五日到三月十三日，共舉辦七次的代表者會議，主要審議日後聯盟的規約與賽程編排。當中較為重要的決議，包含將聯盟名稱從「全日本職業棒球聯盟」更改為「日本職業棒球聯盟」、選出聯盟最高執行機關——聯盟理事會的七位理事（各球團派出一人為代表）。

只是職業聯盟的成立，並不能被所有球界人士所認同，尤其又以學生球界的人士反應最為激烈。如被尊為「學生棒球之父」的飛田穗洲（1886-1965），就跳出來抨擊日本職業棒球聯盟。飛田穗洲認為日本棒球是講究精神主義，而非物質主義，於是他以「表演棒球與學生棒球」為題，一連四天（一九三六年三月十五日至三月十八日）刊登在《朝日新聞》上，來反對商業表演化的「邪道」被引進至日本棒球界。而身為職業棒球發起者的讀賣新聞，當然不同意飛田穗洲這樣的說詞，於是市岡忠男作為代表，也在三月二十七日在自家報刊上，以「駁斥球界暴論」為題加以反擊。相較於被形容是「不正當」的「雜技棒球」，市岡忠男強調職業棒球

表1-7｜日本棒球聯盟最初創立球隊一覽表
（以商號成立時間順序）

球隊名	創始年月日	公司	商號
東京巨人軍	1934年12月26日	讀賣新聞社	株式會社大日本東京棒球倶樂部
大阪虎	1935年12月10日	阪神電鐵	株式會社大阪棒球倶樂部
名古屋軍	1936年1月15日	新愛知新聞社	大日本棒球聯盟名古屋協會
東京參議員	1936年1月17日	西武電鐵	株式會社東京棒球協會
阪急軍	1936年1月23日	阪急電鐵	大阪阪急協會[3]
大東京軍	1936年2月15日	國民新聞社	株式會社大日本棒球聯盟東京協會
名古屋金鯱軍	1936年2月28日	名古屋新聞社	株式會社名古屋棒球倶樂部

是另一種「注入大和魂，日本獨特式棒球」，而職業球團更是承擔「帝國躍進」的使命。

不論反對派人士如何抨擊，日本職業棒球聯盟的發足已經成為不爭的事實。四月二十九日，除了再度遠征美國的東京巨人軍外，其餘六隊皆在甲子園球場迎來聯盟成立以來的第一場大會，而極具紀念性的首戰則是由名古屋軍對決大東京軍。

開打

一九三六年四月二十九日，日本職業棒球聯盟在甲子園球場舉行第一次的聯盟戰。但因為是聯盟開打的第一年，加上東京巨人軍在聯盟編排賽程前就已經前往美國，因此這一年職棒賽程採取的形式跟日後的賽程編排都不盡相同。球季共分成春、夏、秋三季，並採取錦標賽與聯盟賽的混和形式，且三季的成績是分開計算。

首先就春季來說，因東京巨人軍不在國內，故只有六隊參與「第一回日本職業棒球聯盟戰」，分別在甲子園、鳴海、寶塚三個關西地區的球場舉行，其中在甲子園大會是採聯盟戰（循環制），而鳴海與寶塚大會則是採錦標賽模式（單淘汰制）。最終夏季賽是由東京參議員隊贏得壓倒性的勝利（三個大會冠軍），雖然此次的比賽不列入該年度總成績計算，但因個人成績有列入計算的關係，故來自大阪虎的球員藤井勇（1916-1986），在五月四日所擊出職業生涯的首支全壘打，也是聯盟創始的第一支。

七月一日，輪到夏季賽，原本春季賽缺席的東京巨人軍也回到國內，加入大賽的行列，同時也是第一次創始的七支球隊都有出席，共同參與「聯盟結成紀念全日本棒球選手權」。此次夏季賽也是分成三次大會，只是地點不只有侷限於關西地區，還擴及到名古屋（山本球場）與東京（戶塚球場）。一般預料，已經有兩年美國遠征經驗的東京巨人軍，應該可以順利拿下大會的優勝，結果在三次大會下來，卻只留下兩勝五敗的成績，稍優於大東京軍。身為職業棒球領頭羊的東京巨人軍，在國內首次大會的表現如此難堪，使得球隊高層認為需要進行重整，強化球員實力，這也就有了九月初在群馬縣館林所發生著名的「茂林寺地獄特訓」。

茂林寺地獄特訓

此指一九三六年時，東京巨人軍自美國回到日本參加聯盟賽後表現不佳，監督藤本定義就將球隊帶往群馬縣內的茂林寺進行嚴格的特訓。

接著來到九月十八日的秋季賽——「第二回日本職業棒球聯盟戰」，這也是球隊成績正式列入計算的開始。這次的秋季賽共舉行六次大會，四次的聯盟賽、兩次的錦標賽，各大會優勝隊伍能獲得一點的積分，如果有兩隊並列，則各獲得零點五，最後以結算積分選出前兩名的球隊，進行最後的優勝爭奪戰。兩個月的比賽下來，第一名為東京巨人軍與大阪虎，積分同樣為二點五分，因此兩隊將在十二月九日至十一日，於東京的洲崎球場舉行三連戰，決定誰才是日本職業棒球聯盟的初代王者。順帶一提，秋季賽也開始將選手成績列入排名，各項成績最高者如表1-8。而作為聯盟初代勝投王的澤村榮治，九月二十五日在甲子園球場對大阪虎一戰中，投出聯盟第一場的無安打無失分的比賽。

表1-8｜秋季賽各項成績最高選手表

獎項	球員（隊名）	成績
打擊王	中根之（名古屋軍）	0.376
全壘打王	藤村富美男（大阪虎） 山下實（阪急軍） 古谷倉之助（金鯱軍）	2
打點王	古谷倉之助（金鯱軍）	23
盜壘王	苅田久德（參議員）	16
最優秀勝率	景浦將（大阪虎）	1.000
防禦率王	景浦將（大阪虎）	0.79
勝投王	澤村榮治（巨人）	13

表1-9｜1936年秋季成績表

	大阪大會	名古屋大會	大阪大會	東京大會	大阪大會	東京大會
球隊	勝－敗	勝－敗	勝－敗	勝－敗	勝－敗	勝－敗
東京巨人	**5－1**	0－1	**2－0**	4－2	**5－1**	2－4
大阪虎	4－2	**3－0**	2（1）1	**5－1**	**5－1**	**5－1**
名古屋	3－3	0－1	0－1	**5－1**	2－4	2－4
阪急	3（1）2	2－1	2－1	2－4	3－3	**5－1**
大東京	2（1）3	0－2	0（1）1	0－6	0－6	3－3
名古屋金鯱	1－5	0－1	1－2	2－4	4－2	1－5
東京參議員	2－4	2－1	0－1	3－3	2－4	3－3

備註1：（ ）為和局場次。
備註2：粗體字為該次大會最多勝。

「洲崎決戰」——決定初代的王者

日本職業棒球元年秋季賽的「優勝決定戰」，在洲崎球場舉行，由東京巨人軍對上大阪虎。該球場為大東京軍的主場，位於洲崎川與東京灣的沿岸地帶（今日東京都江東區），是一座開工到完工僅費時五十一天，且是繼上井草球場之後，東京第二座職業專用球場。此時正值十二月，氣溫接近零度，加上球場外並沒有任何樹木、建築可以阻擋海風吹拂，因此極其寒冷。日本職業棒球初代王者的決定戰，就要在這險峻的球場中進行。

這次「優勝決定戰」賽前的評估，為大阪虎較具優勢，因雙方在這一年的十六場對決中，大阪虎取得十勝，巨人軍則是六勝。而以全隊的表現來說，大阪虎在秋季賽的打擊率為二成四八、並有五支全壘打，明顯都優於巨人軍的二成一、一支全壘打的成績。至於在個人球員表現上，大阪虎有三名打者打擊率進入聯盟前十名，投手則是有四名選手的防禦率進入前十名，也分別都優於巨人軍的一名及二名。綜合分析下，則大阪虎有較大機會能奪得優勝。如果巨人軍想要扭轉劣勢，關鍵的核心人物，應當就是球隊頭號先發、聯盟勝投王的澤村榮治。相對於大阪虎有景浦將、藤村富美男等四名穩定的投手（三位六勝，一位五勝），反觀巨人軍只有澤村榮治的表現較為優異（個人十三勝，第二名的投手只有三勝），故在對投手安排上，只有澤村榮治能得到教練放心，所以總教練藤本定義（1904-1981）決定將命運賭在這位不到二十歲的少年身上。

十二月九日，兩隊在洲崎球場點燃戰火，雙方先發都如賽前所預想的是由景浦將對決澤村榮治。兩人在這場比賽都展現彼此身為隊中王牌的實力，景浦將作為先發投手還擊出一支三分全壘打，但澤村榮治則是完投九局並有兩支安打，加上巨人軍此戰成功把握到兩局猛攻，藉由大阪虎團隊的守備失誤衝破其封鎖線，最終以五比三先取得第一勝。到了第二戰，巨人軍意外地沒有派出二號投手前川八郎（1912-2010）先發，反而讓前一日完投的澤村榮治繼續出賽，雖說澤村這場比賽先發六局只有一分責失分，但因巨人軍此戰守備亂了陣腳，發生四次失誤，讓大阪虎拿到五分。而打擊群則受限於對方投手御園生崇男（1916-1965）與若林忠治二人的壓制，第二場由大阪虎扳回一城。接著來到決勝的最後一戰，為了一睹聯盟初代王者的出現，當日現場湧進超過三千名觀眾要來見證歷史。決勝戰大阪虎派出第一戰先發的景浦將，而巨人軍則由前一場後援登板的前川八郎應戰。大阪虎在第二局就先獲得兩分，而巨人軍在第三局靠著連續安打加上對方單局三次守備失誤，得到四分，反倒超前比數。第五局巨人軍換成澤村榮治上場接替投球，而大阪虎同樣也由若林忠治接替景浦將的位置。兩位選手在剩下的五局上演投手戰，都沒有讓對手再越雷池一步，終場巨人軍就以四比二贏得勝利，拿下聯盟創始以來的第一個優勝。此優勝戰最有價值的球員，則是連續三場登板，並且拿下兩勝的澤村榮治。這場

表1-10｜1936年日本棒球選手權優勝決定戰比分

	東京巨人軍	大阪虎
第一戰	**5**	3
第二戰	3	**5**
第三戰	**4**	2

備註：灰底粗體字代表勝利方。

優勝戰不僅成為日本職棒歷史上著名的「洲崎決戰」，同時也讓巨人軍、大阪虎兩隊自此成為球場上的「世仇」。

本章註

1 筆者在《野球場就是戰場》一書援引大和球士的資料為一百一十場比賽，七十五勝三十四敗一和。但近來經由日本棒球史學者永田陽一詳細考證後，為一百零九場比賽，七十四勝三十四敗一和，且該成果已為《プロ野球80年史》所沿用，故筆者在本書中修正成後者的數據。

2 雖然阪神電鐵在十月一日成立創隊事務所，不過成立職棒隊的動作卻慢於名古屋新聞所組建的金鯱隊。

3 阪急球團並不是株式會社，而是以阪急事業部的部門開始活動。

第二幕——戰爭籠罩下的職業棒球

艱困的起步

雖然經歷數年的風波，日本第一個職業棒球聯盟於一九三六年正式起步，但也如同市岡忠男所言「職棒球團是承擔帝國躍進的使命」，職業棒球聯盟的出現，與此刻在日本國內興盛的帝國主義是綑綁在一起的，因此職棒初期（或者說戰前）的發展，不時可看到戰爭的影子徘徊在四周。既是日本棒球史中具有特色的一頁，也是無法抹滅且忘記的過程。

戰爭跫音的逼近

一九三七年，聯盟迎來第二年的賽季。二月，新球團「鷲」（東京後樂園棒球俱樂部）的加入，球隊數成為易於編排賽程的偶數，因此聯盟取消錦標賽模式，改成單一的聯盟戰，並分為春（五十六場）、秋（四十九場）兩個半季。

以春季賽來說，是延續東京巨人與大阪虎兩強的局面，尤其兩隊投手的表現可說是占據整個聯盟的版面。在巨人這一邊，澤村榮治再次展現宰制球界的實力，在春季賽登板三十場，並投出二十四場完投、拿下二十四勝、三振一百九十六次及防禦率僅零點八一的頂尖成績，成為聯盟第一位「最高殊勳選手」[1]。除了澤村外，與他同期加入巨人的俄裔球員Starffin，也開始受到教練重用，並投出有十三勝，分擔澤村不少的壓力。而大阪虎方面，依舊靠著景浦將、御園生崇男等多名投手合力維持住球隊的戰績。就各隊投手的狀況，除了大阪虎較為充足外，大部分球隊如要提升成績，大多只能仰賴一兩名優秀的投手支撐。譬如參議員隊的野口明（1917-1996）登板三十七場，就有二十四場完投，而金鯱軍的古谷倉之助（1911-1961）登板三十六場，也有二十場完投，上述二人各別吃下球隊近一半的局數。至於打者方面，較為突出的選手則是大阪虎的「主將」松本謙治郎，打擊率與全壘打都是聯盟第一。

到了秋季賽，除巨人與大阪虎兩隊依舊維持高檔的成績外，反而出現一支異軍突起的球隊，即是新加盟的鷲。鷲的總監督（General Manager，GM）是河野安通志，在一九三六年底因故離開名古屋軍而來到鷲，成為該隊創始人之一。原本仰慕河野安通志的名古屋軍球員，也有不少人跟著跳槽，成為鷲創隊的班底，當中包含聯盟首位打擊王的中根之（1910-1992）、第一位非日裔的美國選手Bucky Harris（1908-1978），和出生在夏威夷日裔美籍的高橋吉雄（1908-1976）。雖然鷲在春季賽為聯盟墊底，但在秋季賽一躍成為第三名，這批「舊名古屋組」自然功不可沒。除中根之打擊率依然維持在排行榜上的第二名，擔任捕手的Harris擊出聯盟最多的安打、二壘打，另外高橋吉雄則有最多全壘打的表現，可說是靠打擊支撐起球隊的戰績。

賽季結束後的優勝決定戰，由春季賽王者的巨人，再次碰頭秋季賽王者的大阪虎，只不過這次是由大阪虎贏得最後的勝利。這年的優勝決定戰是仿效大聯盟世界大賽的模式，首度採取七戰四勝制，分別在新建成的後樂園球場與甲子園球場進行。有別於去年首戰就敗下陣的大阪虎，頭兩場在後樂園球場的比賽，都成功突破澤村榮治連兩場的投球，取得連勝。接著回到甲子園球場後的大阪虎，趁著氣勢仍在，擊潰巨人二號先發的Starffin，取得第三勝的聽牌。面臨背水一戰的巨人，則在第四、第五戰開始打線復甦，先後擊敗御園生崇男與景浦將二人，延續戰局。到了第六戰，大阪虎推上在優勝決定戰已經有兩勝的西村幸生（1910-1945）先發，而巨人則是再推出先前已經登板三場的澤村榮治，期望將戰線拉到第七戰。身為秋季賽的勝投王及防禦率王的西村，再次以他的實力壓制巨人打線。另一方面，從秋季賽就特別對澤村投球有心得的大阪虎打線，繼續將頭兩場的手感維持在第六戰。大阪虎的打擊群在澤村第一局投球還沒進入狀況就猛攻四分，奠定勝利的基礎，最終以六比三獲勝，贏得隊史首座優勝。

回顧一九三七年的賽季，聯盟嘗試進行多項的改革，包含統一使用聯盟戰模式、給予球季表現最好的球員頒發「最高殊勳選手」的榮譽，還有就是舉辦第一次的「東西對抗賽」（也就是日後明星賽的前身）。此外，原本聯盟開幕時只有洲崎、上井草、甲子園三座球場，到了賽季結束時又增加阪急的西宮球場與鷲的主場後樂園球場，來分擔賽事。尤其西宮球場的加入，讓關西地區的賽程安排更加有彈性，而獲得選手之間的好評。只不過在七月七日這天，發生在中國北京城郊外的一起軍事衝突，讓職業棒球這個舞台，逐漸蒙上戰爭的陰影。

前進戰場

一九三七年七月七日，中日兩國在中國北京城郊外的盧溝橋發生軍事衝突，且戰火很快就向中國大陸各地進行擴散。大日本帝國政府隨後也喊出「國民精神總動員運動」的口號，號令全國由上到下投入戰爭，此時包括日本職業棒球聯盟也必須接受國家的指令，為戰爭貢獻心力。

在衝突發生後的七月十八日，也就是春季戰賽程結束的隔天，聯盟就在洲崎球場召集所有球隊，進行一天四場的「國防費獻金東西對抗大棒球戰」，共計有一萬兩百九十四人進場觀看，並募得四千三百八十一圓六十二錢，第一時間表達對國家的支持。而受到職棒的影響，這股「獻納」風潮也迅速席捲整個棒球界，如由阪急隊自行舉辦的「皇軍慰問金職業棒球」，或者是東京六大學聯盟將秋季聯賽的一成收入捐獻給政府作為國防費用等等，都是對國家「獻納」的具體表現。而戰事開打後對於聯盟最直接的衝擊，就是讓許多球員陸續脫下球帽、球衣，離開球場，走向戰場。隨著在中國地區的戰事擴大，日本軍部便在國內進行大規模的徵兵，致使不少球員也在第一時間收到徵集令，如東京巨人的三原脩。在衝突發生後不久的七月末，曾經作為名古屋軍創始隊員的後藤正（1912-1937），其戰死的消息就傳到職棒界，成為職棒聯盟開打以來球員（非現役）戰死的第一人。

在此先簡單說明一下戰時日本的徵兵狀況。在二次大戰結束前，日本成年男子都有服兩年兵役的義務，當兩年軍事服役結束就能回到一般生活。但因為一九三七年七月七日後，日本就進入到戰時體制下，所以即使服役完的人，依然會有很大機率再次被徵召回軍隊裡，就以澤村榮治來說，在戰爭結束前他一共進去軍隊有三次之多。隨著日本軍隊在中國的戰事不斷擴大，徵兵令也隨之接踵而來，而在一九三八年一月十日這一天，聯盟就迎來第一次大規模球員入營的消息。除了參議員隊外，其他七支球團合計共有十九人進入軍中服役，不少人還是球隊的主力選手，最知名者莫過於東京巨人軍的澤村榮治。

除了球員陸續進入到軍營中影響各球團的戰力外，聯盟也開始積極配合國家政策，以符合政治上的需求。二月四日，聯盟理事會響應政府「棉製品禁止令」，對於棒球用品會用到的毛織物、皮革製品等消費性產品，進行管制，而其中影響最大的就是比賽用球。聯盟原來的比賽用球是以純毛為主，因此而改成人造纖維的材質，相對來說品質是降低的，並使打者擊球的反作用力變差，出現長打（二壘安打以上）的機會銳減，更加對投手有利，明顯呈現「投高打低」（指投手普遍防禦率好，打者打擊率較差；相反即是「投低打高」）的現象。球的材質改變，後來連一場比賽球的使用量也要有所控管，戰爭對於球界的衝擊正一步步顯現出來。

第九支球隊與初次的連霸

一九三八年初，正當球員陸續入營的消息衝擊職棒的同時，關西地區的南海電鐵申請加入日本職業棒球聯盟，公司名稱為「南海棒球株式會社」，隊名為「南海軍」。

早在聯盟創立前，同為關西鐵道企業——阪急電鐵及阪神電鐵的高層，就先後詢問南海電鐵社長寺田甚吉（1896-1976）是否有意願一同投入職業棒球事業。儘管寺田最初還有所考量，而沒在第一年就加入，不過在日後有人拋出這是能「提升企業形象」的構想下，寺田也就同意，並且自己還掏出十五萬圓作為成立公司的資本金，成為首任的董事會長。為了能與前兩家關西鐵道公司一樣有自己的球場，寺田還在大阪堺市的中百舌鳥一帶，要興建可以媲美甲子園與西宮的球場。待成立球隊的事務一切處理妥當後，寺田便向聯盟提出加盟的申請。

有趣的是，當寺田甚吉提出加盟申請時，聯盟並沒有立即答應，並且在聯盟內部還出現有反對聲浪。原因在於南海的加入，等於是讓原本利於安排賽程的偶數球隊，又變成不好安排賽程的奇數球隊。但好在南海的加盟是阪急與阪神兩家企業共同推薦，聯盟還是同意南海的加入，只是因為春季賽的賽程已經完成編排，所以南海正式的賽季是需等到秋季賽才開始。不過另有一說南海能順利加盟，最後是靠著巨人軍的協助才得以加入。會有這一說法，主要是南海軍成立時，已與熊本工業的兩大球星——川上哲治（1920-2013）、吉原正喜（1919-1944）達成協議，要加入球隊。只是同一時間巨人也有鎖定這兩位球員，於是巨人便私下與南海商議，只要南海願意放棄這兩位球員，則巨人就從旁支持南海順利加盟。真正原因是否如此見仁見智，但川上與吉原二人是在三月一日與巨人簽約，而聯盟正式承認南海加入的時間是三月二十九日，這先後順序或許也能說明這私下協商的可能性是存在的。

四月二十九日，除了新加入的南海外，原本的八支球隊齊聚在後樂園球場進行開幕儀式。選在這天開幕的主要因素，正好是昭和天皇的誕生日，也就是戰前日本所稱的「天長節」。當天開幕式在此簡單敘述：最先入場的是由獅王牙膏（大東京軍的更名）的樂隊在前頭，然後是裁判團，接著由前一年優勝隊的大阪虎，帶領著其他七支球隊從右外野向內野前進，並在繞行內野一周後，以投手丘為中心整齊排列。當全體都列隊完畢後，首先是朝向宮城與靖國神社兩處的方位進行遙拜，遙拜完後是對已知戰死的球員默哀、禱告，再來是由大阪虎的主將松本謙治郎作為代表宣誓，最後全體高喊天皇陛下「萬歲」結束開幕典禮。這樣的流程，在戰前職棒是正常不過了，尤其是遙拜與高喊天皇萬歲的步驟，更是成為戰時賽前不可或缺的儀式。

一九三八年球季就在對天皇的「萬歲」下拉開序幕，而這一年較值得留意的是日職出現第一位打擊「三冠王」，該球員為巨人軍的中島治康。中島個人在春季賽時已是打擊王，而到秋季賽又更上一層樓，不僅以打擊率三成六一連莊打擊王，同時還有十支全壘打、三十八分打點稱霸打擊榜。當時職棒圈還未對「打擊三冠王」有所意識，因此中島治康這項創舉要一直到戰後的一九六五年，才被列為正式的紀錄。除了中島治康外，同樣是巨人軍的白俄羅斯人投手Starffin，則是繼一九三七年春季賽的澤村榮治之後，再次成為投手榜上的「四冠王」。巨人軍也就靠著兩位球員的精彩表現，得以順利將球隊帶往季末的優勝決定戰，挑戰春季賽王者大阪虎。

基本上一九三八年賽季就又是巨人軍與大阪虎在相互較勁，雙方戰力比較下來，則是大阪虎整體實力較為平均，與上個球季相比變動不大。而對巨人而言則是缺少澤村榮治，對投手戰力反而有較深的影響，但所幸Starffin有順利補上澤村一號主戰投手這個空缺，加上打者群又有打擊「三冠王」的中島治康，以及新加入球隊的即戰力球員川上哲治、千葉茂（1919-2002）等年輕好手，一般預料應該會如同前一年相同，是場激烈的優勝決定戰。不過最後的結果，是擁有較為平均戰力的大阪虎依然技高一籌，以四場的連勝之姿，橫掃巨人，取得二連霸。雖說大阪虎四戰全勝，但巨人也展現十足韌性，都是以低比分輸球，尤其相較大阪虎的出賽成員年紀都稍長，且都有一定的大賽經驗，巨人則是大量啟用新人上場，其中第四場的先發投手還派出秋季賽未曾投過一球的川上哲治。儘管有說法認為巨人這樣的做法是導致比賽輸球的主因，但多位年輕的球員能提早適應職業舞台的強度，反而奠定從一九三九年開始，巨人五連霸黃金王朝到來的基礎。

暴風雨前的寧靜

一九三九年球季開始前，聯盟做出一個決定，將原本全名「日本職業棒球聯盟」，更名為「日本棒球聯盟」。聯盟選擇將「職業」二字拿掉，是希望讓更多還不認識或者不瞭解的球迷，能先被「日本」二字所吸引，以此提高國民意識與認同感。而在賽程方面，為與大聯盟相同，於是廢除原來的春、秋兩季，直接採取一個賽季。這樣的決議原本被部分球團代表認為不妥，因為如果直接打完整一個賽季，恐怕對球員的體能負擔過於龐大。後來經由聯盟再三討論後，還是維持一個賽季，但也分成春、夏、秋三個時段，而且每兩季中間都會有一段休兵期，可以讓各球團選擇自行集訓，又或者是到各地遠征，以維持球感。但不論球隊戰績與球員個人成績，都是直接以一個球季作為計算。不過也從這一年球季開始，取消前兩名球隊的優勝決定戰，改成全年度最高勝率的球隊為該年度的聯盟冠軍。另外在觀眾進場收入的分配金上，也從原來不管勝隊還是敗隊的平均分帳，改成勝隊拿到六成。

這年球季與上一季相同，皆開始感受到戰爭對各球團的影響，綜合分析下，又以大阪虎的戰力受影響最深。在球季開幕前，包含藤村富美男在內，就有五名選手收到兵單而離開球場。到了夏季，過去作為球隊王牌投手之一的御園生崇男，也放下手套前往軍旅。尤其是藤村、御園生二人的離去，可說是重創衛冕隊大阪虎的戰力。以御園生崇男來說，在入營前就已取得十四勝，同個時間大阪虎的勝場數是三十二勝，從勝場數就能看出他在投球方面的貢獻，更遑論前兩年在優勝決定戰的絕佳表現。至於打者方面也是影響深遠，就以這七位（有一位球員是身體不適暫時離隊）球員的離去而言，他們在一九三八年球季共打出二百八十八支安打，更是占了全隊安打數的四成。為彌補戰力上的損失，球隊還特地從阪急挖角來外野好手，過去曾入選一九三四年日美交流賽的堀尾文人，力圖維持球隊的戰力。

隨著愈來愈多球員走入軍營，迫使許多的球隊都開始積極啟用新人，而且也都有出色的成績。如前面提到巨人隊的川上哲治、千葉茂等多位二年級生，都開始站穩球隊的先發，其中川上哲治還在這一年球季以三成三八打擊率、七十五分打點贏得雙冠王，至於另一位有著極佳表現的新人打者是南海隊的鶴岡一人（1916-2000）。出身於六大學名門法政大學的鶴岡一人，是職棒第一位大學畢業後隨即投身職棒的選手，其能力出眾，在攻守上都有著極高評價，新人球季就以十支全壘打得到最多全壘打的殊榮。由於比賽使用球材質低劣的關係，擊出十支全壘打的鶴岡，也成為戰前最後一位單季能擊出偶數支數的全壘打打者。另外在投高打低的現象下，投手的表現幾乎更受球迷的關注。同樣來自法大（但中退）的參議員隊新人投手野口二郎（1919-2007），一進到職棒便成為所屬球隊的主戰投手，六十九場出賽拿下三十三勝，並有三十八場完投，且投出聯盟最多的四百五十九局，野口這般的辛勞，也讓所屬的參議員隊戰績來到聯盟第四位。不過野口驚人的成績卻非當年聯盟投手群中最好的表現，因為巨人的Starffin在當年球季投出驚人的四十二勝，此紀錄一直保留到至今仍無人打破（後來又被追平）。Starffin憑藉著最多勝、最多三振、最多場完投與完封，不僅贏得生涯第一次的最優秀選手獎，更重要是幫助巨人奪回失去兩年的優勝，並開啟接下來隊史第一期的黃金時代。

本章註

1 相當於現在所謂的最有價值球員（MVP）。一九三七年春到一九六二年稱為「最高殊勳選手」，一九六三年後改為「最優秀選手」。

祝賀開國二千六百年的滿洲行

西元一九四〇年，也是日本按《日本書記》所記載神武天皇即位之後的第二千六百年，為了慶祝這極具歷史意義的一年，日本帝國政府由上到下推動一系列的祝賀活動，藉此體現國家總動員的精神。至於職棒聯盟方面，為響應國家政策，也特地在這一年的夏季，率領轄下九支球團，前往中國滿洲這一塊被當時日本人所稱的王道樂土，既是有意向海外推廣職棒，但更加想表達出是戰時體制下，表達對國家絕對的忠誠。

祝賀的慶典

一九四〇年，正好是日本建國的第二千六百年，為了紀念這具有象徵性的一年，日本帝國政府在這之前努力爭取到東京奧林匹克運動會以及萬國博覽會的主辦權，要仿效一九三六年納粹德國的柏林奧運，用以襯托建國紀念日與對外誇示日本的強大。不過隨著中日衝突的加深，加上一九三九年納粹德國開始向歐洲各國進行戰爭，國際輿論紛紛抵制這兩場在日本的大型盛會。同時，日本在對中國進行大規模的武裝侵略下，已消耗大量的物力及金錢，在資源上開始捉襟見肘，因此民間也興起反對舉辦的聲浪，最後就是政府決議退出主辦。不過即便日本政府放棄在一九四〇年舉行奧運與萬國博覽會，但還是設法在國內鼓勵舉辦大型盛會，如在運動競技方面，除了擴大原有明治神宮大會的規模外，還另外創建有東亞競技大會來取代奧運，藉以彰顯日本在東亞國家中位居領袖的主導地位。至於職棒聯盟，也在一九三九年的秋季，針對紀元二千六百年的紀念計畫展開正式討論。

十一月二十四日，聯盟理事會於甲子園球場事務室進行有關紀念事業的會議，並由出席的各球團領事依序提出方案。而在各領事所提出的方案中，包含有建造棒球紀念塔、於橿原神宮進行獻納比賽、透過聯盟來建設專屬球場、進行六大學與聯盟選拔隊的對抗戰，並且將門票收入充當作為戰鬥機獻納與國防獻金等等，而單就以「祝賀」來說，又以在橿原神宮進行獻納比賽這一項提議最有機會。三天後的十一月二十七日，在同樣的地點又再召開一次理事會，除了延續前面的計畫討論外，這次則新增加「對內」與「對外」兩個事業案的討論。「對內」方面，主要由於棒球被歸類為外來運動，因此要設法提升棒球中的日本精神，同時對選手及教練進行注入日本精神涵養的再教育。至於「對外」方面，有方案是與業餘、學生球隊進行比賽，或者是舉辦包含有棒球、相撲、拳擊、角力等職業運動的奧林匹克大賽。再者，是動員演員、藝人們進行棒球賽，並將以上的門票收入同樣是作為戰鬥機獻納與國防獻金。最後，還有提出從高千穗到橿原神宮，由選手們合力執行的聖火傳遞計畫。

不過，理事會在這兩天所提的計畫，最終都沒有實施，主要原因在於計畫本身就有著施行上的難度。就以理事會所提出與學生球隊進行比賽這一項目，明顯是抵觸先前所提到的《棒球統制令》，雖說聯盟也考慮以不收門票的方式，換取學生球界與文部省的同意，但最終還是徒勞無功。另外像聖火傳遞的部分，因為高千穗到橿原有八百公里遠，如果以當時聯盟近兩百名球員來分配的話，等於一人要跑四公里，實際規劃起來也不太可行，最後也就不了了之。理事會苦心積慮，想要讓職業棒球對外、對社會、對二千六百年紀念有所貢獻的企劃，就這樣石沉大海。聯盟也在毫無頭緒的情形下，迎接一九四〇年的到來。

當聯盟高層還在思索要如何配合二千六百年紀念活動時，在二月五日這天迎來曙光。這一天在東京銀座所召開的理事會中，名古屋與獅王兩隊的理事，共同向聯盟提出《滿洲日日新聞》有意願招待聯盟所有球團，於七月到八月期間至滿洲。聽到這個消息的其他幾位理事，尤其是對盡心籌畫祝賀活動的河野安通治來說，宛如順水推舟一般，是解救聯盟的良藥。聯盟於是在二月十日另外緊急再召開領事會，並以聯盟總務市岡忠男為首共六人，針對邀請一事討論並達成初步共識。二月十五日，《滿洲日日新聞》東京支部派出負責人拜訪聯盟，雙方正式進行協商。

滿洲行的籌畫

由滿洲日日新聞所提出招待棒球聯盟至滿洲的這一項企畫，很快地獲得聯盟的支持，畢竟對當時日本社會來說，前進滿洲是帝國的重要國策之一。但聯盟高層內部還是有不同聲音，如有理事是為要全部球團一起去，有些理事則不希望自己的球隊前往，進而出現全部球隊與半數球隊去滿洲的兩個方案。最後在滿洲日日新聞社長親自前來，以及能配合夏季賽程的正常運作下，決議讓全部的球團一同前去。

三月十五日，《讀賣新聞》報導出聯盟所安排滿洲行的消息。按照當時一個賽季分春、夏、秋三個時段，滿洲行預計安排在夏季的最後一個月，作為夏季賽的結束。至於擔任主辦方的滿洲日日新聞，也在四月五日公開這則消息。接著在四月二十九日天長節這一天，滿洲日日新聞、《讀賣新聞》、《新愛知新聞》等報，都正式刊登滿洲聯盟的最新資訊。按報紙所揭露，棒球聯盟這一趟滿洲行，一方面是將比賽視為祝賀開國的紀念活動外，同時也期盼能夠提升滿洲在地棒球的發展，而不再僅止於學生棒球或者是社會人棒球。五月一日，滿洲日日新聞大阪支社也在甲子園球場附近的甲子園飯店，舉行「滿洲關係、日本棒球聯盟首腦者座談會」，邀請到曾經在滿洲參與社會人球隊的現役職棒圈人士，如山下實、水原茂等人，一同分享他們過去在滿洲打球的回憶，其用意是讓在滿洲的球迷能先感受到親切感。

待滿洲行的消息對外公布後，聯盟接下來就是要做行前準備。從五月五日開始，聯盟就委託阪急百貨的洋服店，為選手、裁判們訂製出國要穿的西裝外套、帽子、領帶。六月初到六月中旬，則是申請出境與乘船的相關手續。六月下旬安排選手們在後樂園球場接踵防止霍亂、鼠疫等疫苗。七月中旬，聯盟、滿洲日日新聞分別舉行「壯行比賽」與「滿洲遠征紀念東西對抗聯盟戰」，壯行比賽當天，全部的選手們還身穿訂做好的西裝外套現身球場。至於在滿洲當地的七月十三日這天，滿洲日日新聞也在大連、奉天、新京（按：長春）等地，販售滿洲聯盟的預售票，並且很快就銷售一空。到七月下旬，聯盟所有人都領到船票，待一切就緒後，前進滿洲。

前進王道樂土

七月二十六日早上十時，九支球團與聯盟相關人士共近兩百名，集合於神戶港。此次的滿洲行，是職業棒球聯盟成立以來首次所有球團一同前往海外，備受球界關注，因此也有不少球迷前來為球員們送行。球員們身穿全套國防色西裝，內搭白襯衫與領帶，手持船工帽或者戴在頭上，向碼頭的球迷揮手告別。

到了中午十二時，「吉林丸號」準時離開港口。在航行三天後的七月二十九日早上八時，平安抵達大連港。隨後，團長河野安通志就帶著所有人，於大連車站搭乘當時滿鐵的普通「二五列車」，在經過約八個小時的車程，聯盟全體於下午六時四十分抵達位於大連北方四百公里處的奉天車站，此時車站除有等待的球迷外，也包含此行主辦方滿洲日日新聞的社長及社員、滿洲棒球聯盟的理事們，在現場熱烈歡迎。接著由滿洲日日新聞的事業部長與運動部長，陪同聯盟所有人，轉乘遊覽巴士前往附近的忠靈塔與奉天神社參拜、祈求武運長久，結束後才帶著球團去到各自的旅館休息，準備迎接從隔日開始的滿洲聯盟賽程。

此次滿洲聯盟的賽程，從七月三十日開始一直到八月二十三日，每支球隊各安排十六場比賽，全部共七十二場，再加上有九場非正式比賽，故全部賽程的結束時間為八月二十八日。至於比賽地點，則主要在滿鐵沿線的所在城市，包含有奉天、新京、大連、鞍山、安東、撫順、吉林等地。七月三十日，原定在奉天滿鐵球場的開幕式因雨取消，故將開幕式延到隔天。七月三十一日，滿洲日日新聞特別邀請滿鐵理事的猪子一到（1891-1954）擔任開球嘉賓，猪子一到手持時任滿鐵總裁大村卓一（1872-1946）的簽名球，向擔任接捕者的金鯱軍選手投出這歷史性的一球，揭開滿洲聯盟戰的序幕。在經過約一個月的比賽後，由巨人以十四勝二敗取得滿洲聯盟戰優勝。球員個人獎項部分，金鯱軍的濃人涉（1915-1990）獲得最高打者獎、巨人軍的吉原正喜獲得最高殊勳選手獎、同為巨人軍的Starffin獲得優秀投手獎、鷲的中河美芳（1920-

1944）獲得優秀內野手獎、大阪虎的堀尾文人則是獲得優秀外野手獎。

這次的滿洲聯盟戰可說不僅替日本棒球聯盟打響在海外的知名度，同時也帶來不少收益。如在一九四〇年整年度，聯盟統計進場觀戰人數為八十七萬六千八百六十二人、總收入五十二萬三千零五十四圓，但光是在滿州聯盟就有十三萬七千四百九十九人進場，以及二十二萬九千六百六十圓的收入，單就門票收入來說，就占了全年度的四成，可說是非常可觀。從這一現象來看，滿洲的市場是具有高度開發性，也讓不少聯盟高層認為，往後每年度安排滿洲的賽程是有必要的。只不過對注重經濟效益與門面的聯盟來說，其想法就與出賽的球員們有著落差。緊湊的賽程加上長時段的移動，讓選手們苦不堪言，因此也出現有不少的爭論與怨言。就以賽程的編排來說，因為滿洲幅員較日本本土更為遼闊，各個球場之間距離遙遠，因此每支球隊都需要進行長時間的移動，其中像巨人、阪急、金鯱這三支球隊，在滿洲聯盟期間，就都移動超過六千公里以上，而其餘六支球隊則是在四千三百到五千三百公里不等。移動距離的不等，也就反映出賽制編排似乎對某些球隊不利，有失公平性，這就造成像巨人軍在得知賽程後，出現對安排賽程的參議員軍代表的不滿，而在隊伍內出現有高喊「打倒參議員！」的口號。另外就是在給選手所安排的交通及住宿上，也都沒有給予太好的待遇。如參議員隊王牌投手野口二郎就埋怨在「吉林丸號」上，是住在三等船艙上，環境惡劣，食物也不好吃，以至於當船停靠在九州門司港短暫休息時，不少選手都特別下船去找食物。而在滿州當地，又得要面臨到日本本土

表2-1｜滿洲聯盟戰戰績表

排名	隊名	勝（和）敗	勝率	巨人	虎軍	阪急	名軍	鷲軍	參軍	金鯱	南海	獅軍
1	巨人	14（0）2	.871	—	1	2	2	2	2	1	2	2
2	阪神	11（0）5	.688	1	—	2	0	2	1	1	2	2
3	阪急	10（1）5	.667	0	0	—	2	1	1△	2	2	2
4	名古屋	10（1）5	.667	0	2	0	—	1	1△	2	2	2
5	鷲	7（1）8	.467	0	0	1	1	—	0△	2	2	1
6	參議員	5（4）7	.417	0	1	0△	0△	1△	—	1	0△	2
7	金鯱	5（0）11	.313	1	1	0	0	0	1	—	1	1
8	南海	3（2）11	.214	0	0	0	0	0	1△	1	—	1△
9	獅王	2（1）13	.133	0	0	0	0	1	0	1	0△	—

備註1：△為和局。

所沒有的南京蟲的侵擾，被咬到的話容易產生腹瀉，因此聯盟每日早晨還配給選手們兩顆「征露丸」來預防身體不適。種種問題的滋生，也顯示出此趟滿洲之行，並不如事前想像中美好。

八月二十八日，滿洲聯盟即將在旅順進行最後一場的紅白對抗賽，而沒有入選紅白對抗賽的選手及部分聯盟成員，則提前在上午十一時，於大連港搭乘「熱河丸號」先行離開滿洲。剩下的人員則是在二十九日，在相同的時間與地點乘坐「鴨綠丸號」離港，並在三十一日早上七時抵達門司港，此刻聯盟所有人員全部平安回到日本，結束辛苦又嚴峻的滿洲之行。回到日本後，聯盟除了要準備秋季賽外，更大的轉變，是聯盟即將要展開全新的體制，以符合國家的新精神。

迎接新體制

回到日本後的聯盟高層，在九月十二日至十三日兩天召開理事會，共同協議如何面對新體制運動的對策。此新體制運動是在七月時，以首相近衛文麿（1891-1945）為主導，有鑒於中日衝突陷入長期化的膠著，以及納粹德國開始侵略英國等因素，要重新編成新的政治體制與強大國民的組織化，進而有《基本國策要綱》的發布，根本之義在於將人民與國家更加緊扣在一起，國民喪失自主的權利，凡事均以國家為最高指導原則。而對棒球的衝擊，是新體制運動提倡排斥洋風思想及文化，強調對日本式文化的再認識，因此政府會特別獎勵、推廣如相撲、劍道、古式游泳等日本式運動，反而被視為「外來」、「敵性」（來自美國）的棒球，自然有可能面臨到打壓。因此聯盟高層在從滿洲回來後，就開始思考如何在新體制下維繫職業棒球的發展。至於聯盟為何反應如此迅速，則是聯盟高層和政府之間有密切關係的緣故，如阪急軍的小林一三是近衛內閣的成員，而參議員軍的有馬賴寧、巨人軍的正力松太郎則是新體制準備委員會的成員。其中有馬賴寧更是在十月十二日所創立的猶如德國納粹政黨、立場極端右翼的大政翼贊會裡擔任要職，可以想見接下來聯盟的運作，勢必會更加與政治有著高度牽連。

經過兩天的理事會議後，在九月十五日聯盟發布新體制，大致有以下幾點更動：

- 廢止華麗的服裝。
- 取消平手。
- 設立棒球用具代用委員會。
- 制服上的文字、球團的旗幟要用標準的日本字。
- 比賽中的球員、裁判、播報員也需用日語；球團名稱要日本語化；判決的說法要日本語化，如說「比賽開始」要從「プレー・ボール」（Play Ball）改成「試合始め」，「暫定」從「タイム」（Time）改成「停止」，「比賽結束」從「ゲームセット」（Game Set）改成「試合終わり」，並且立即實施。

● 「聯盟」在文字上，不使用「リーグ戦」（League），而在秋季賽中改用「日本棒球連盟戦」。

● 採用非日本人以外的選手，不能是非東亞民族的人。

上述的更動，直接影響到的結果，如在隊名部分像大阪虎的「タイガース」（Tigers）就改成「阪神」、參議員的「セネタース」（Senators）改成「翼」，鷲的「イーグルス」（Eagles）改成「黑鷲」。而原本從大東京軍更名的獅王「ライオン」，球團稱這是日文片假名而非英文，所以拒絕改名。但由於後來也抵不住外部壓力，終究在一九四一年改名成「朝日」；制服上的調整，則是原先出現在左側前胸處或正中間的羅馬拼音消失，改以漢字取代，如巨人隊球衣胸口處原本是「GIANTS」就改成「巨」一字，大阪虎的「TIGERS」也改成「阪神」二字；至於強調要使用日語，也間接造成球員登錄名的更換，最有名的例子就是巨人軍的Starffin。從聯盟著手進行新體制後，巨人軍就要幫Starffin改名，後來參考他名字的羅馬拼音，最後選用「須田博」，因此在滿洲聯盟結束時的球員成績榜上，當時還稱作「スタルヒン」，但在後來年末全年度成績結算的球員榜上，就變成是「須田博」。

以上的轉變，或許可說是從一九三七年中日衝突擴大後，聯盟在循序漸進地配合著社會的走向，但真正可說徹底的改動，應當是對聯盟綱領的修正。聯盟綱領是在一九三六年四月時，由聯盟發起人正力松太郎倡導，主要有發揚棒球精神、遵守自由競爭的精神、獲得世界選手權等三大要點，而最後一點更是正力松太郎當初創立巨人軍的重大目標之一。新綱領在理事會對外發表後，上述提到的三要點都有了顯著變化。首先，發揚棒球精神改成是以日本精神來確立日本棒球；再者取消西方「自由競爭」的概念，改成強調要昂揚並普及「敢鬥」、「團結」的理念；最後則是刪除聯盟的目標「獲得世界選手權」，轉而設定成舉行模範比賽，以提供健全娛樂為目的，徹底切斷與西方思想的一切關係。如果從現在的角度看，這樣一個重視精神主義的綱領，無非是為了讓職業棒球生存下去的苦肉計，但也毫無疑問的，這樣的綱領才合乎時下日本社會的氛圍。十月十六日，是日本聯合政黨大政翼贊會成立的四天後，身兼大政翼贊會要職且同時為聯盟高層的有馬賴寧，在位於荻窪的私人宅邸舉行園遊會，邀請聯盟相關人士與所有球員共同前來享樂。而舉辦此項宴會的最大目的，無非是要向所有人倡導新體制運動的重要性，並強調在新體制下，職業棒球所肩負的使命感。說到底，從滿洲回來後的日本棒球聯盟，毫無疑問已成為新體制運動的僕人。

最後回到球場上，經歷新體制的變革與辛苦的滿洲之行，在這別具意義的建國二千六百年，還是出現有不少事件是值得留意的。如從軍兩年的澤村榮治平安回到球場上，雖說身手因受傷的緣故，已不如過往，但能夠再次回到球場，不僅對澤村個人，也包含巨人軍，甚至是職棒圈，都是一樁好事。再來是在秋季賽後從Starffin改名的須田博，於十一月一日對上南海的比賽，成功取得生涯第一百勝，為聯盟開創新的里程碑。最後，則是為鼓勵球員持續在球場上有

表2-2｜第一屆聯盟最佳九人名單

位置	球員（球隊）
投手	須田博（巨人）
捕手	田中義雄（阪神）
一壘手	川上哲治（巨人）
二壘手	苅田久徳（翼）
三壘手	水原茂（巨人）
游擊手	上田藤夫（阪急）
左外野手	鬼頭數雄（獅王）
中外野手	山田傳（阪急）
右外野手	中島治康（巨人）

更好的表現，聯盟首次導入由運動記者協會選出各個守備位置傑出球員的制度，也就是現在所說的最佳九人。

走向軍國主義的道路與戰爭的終結

一九四〇年下旬，日本棒球聯盟因響應近衛內閣的新體制運動，不僅更動原本的聯盟綱領，在制度層面上也進行諸多調整，其中不使用羅馬拼音、片假名，全面改以漢字、日語來取代對職稱、術語的表現方式，影響最為深遠。到了一九四一年十二月，更發生舉世聞名的珍珠港事件，徹底將日本帶入全面戰爭的枷鎖。此刻日本棒球聯盟為求生存，捨棄自主發展的意識，聽從與配合日本帝國政府的指示下運作。到了戰爭末期，日本本土也開始遭受到轟炸，加上選手入伍的數量已造成許多球隊無法正常的出賽，最後聯盟只能選擇中止營運，在創立不到十年的光景下，便迎來短暫的結束。

邁向太平洋戰爭

經過一九四〇年秋季的改革後，日本棒球聯盟在戰爭體制下的走向，似乎已逐漸地明朗化

——那便是與國家政策站在同一陣線上。一九四一年一月七日的理事會上，為期望職業棒球能有新氣象，並且一掃過去種種的缺失，聯盟決定導入會長制，以取代過去理事會這一個議決機關，並在三月時推舉曾經是大東京軍董事社長、臺灣總督府總務長官的森岡二朗（1886-1950）來擔任會長，並由河野安通志擔任事務長從旁協助。另外在個別球團的變動上，在前一年還堅持球隊名稱要以片假名表示的獅王軍，改名為「朝日」。另外由名古屋新聞社所經營的金鯱軍，則與有馬賴寧的翼軍合併為「大洋」，但主導權的部分則歸原本的翼軍為主。在翼軍與金鯱軍合併後，聯盟回到偶數的八支球隊，使得賽程的編排更加便利，大幅降低前幾年還是奇數隊時編排的難度。偶數隊編制則一直維持到一九四九年單一聯盟的結束。

談到一九四一年，毫無疑問是近代歷史上最為關鍵的一年，尤其是對日美兩國來說，更是如此。隨著日美兩國關係逐步惡化，原本是在政治外交上的對壘，也開始衝擊到兩國之間的民間交流，在職棒圈中，則是影響到一向成績表現優異的日裔美人的去留問題。日裔美人的球員，在聯盟成立時就一直有著舉足輕重的地位，尤其他們在球技與對球隊的貢獻上，都頗受球團的肯定與重視。然而隨日美之間的矛盾日益加深，同時美國方面也在年初實施新的國籍法要斷絕雙重國籍，當時尚在日本打球的日裔美人球員，就得面臨到是否要繼續留在日本的抉擇。接著在美國駐日大使館的催促下，這些日裔美人球員都陸續做出改變人生的重大決定。六月十四日，堀尾文人、龜田忠與龜田敏夫（1918-2001）兩兄弟，以及長谷川重一（1918-?）四位選手，搭乘郵輪回到夏威夷，結束他們在日本的生活。剩下沒有離開的五位選手則是繼續留在職棒界，其中最為著名的球員是生涯有著二百三十七勝的若林忠志。

日裔美人選手的國籍選擇問題告一段後，七月，是聯盟第二次前往滿洲，有鑑於第一次滿洲聯盟的成功，聯盟在年初就非常積極地與滿洲日日新聞協商，儘管在雙方在收益金與主導權上存有分歧，然在利益共築的前提上還是達成妥協，依舊敲定在七月下旬出發。眼看聯盟就要出發之際，日本在中國戰爭的白熱化，迫使軍方派出大規模軍隊進入滿洲，此刻的滿鐵則作為軍隊與糧食運輸的重要路線，個人的旅行、觀光開始受到嚴格限制，似乎已不被適用在非軍事用途的運輸上。在這樣的情形下，擔任聯盟顧問的正力松太郎，認為聯盟應當立即中止前往滿洲的行程，並在七月十七、十八日連續兩天，向聯盟傳達中止的意向。十八日晚上，已經前往滿洲提前做籌備工作的事務長河野安通志，便收到來自聯盟的電報，指示他留在當地處理滿洲聯盟中止的善後事宜。處裡完善後事宜回到國內的河野安通志，對於此次聯盟從最初籌備滿洲之行到臨時喊停的過程極其不滿，於是在審慎思考下，決定辭去任職不到半年的事務長一職。

十二月八日，是聯盟舉行例行性東西對抗賽的第六天，傳出在太平洋夏威夷島上的美國海軍基地受到日本海軍艦隊的襲擊事件，隨即日美兩國決裂。在珍珠港事件發生後，其實已有不少聯盟高層，都在第一時間獲知這場軍事行動，對於高層們來說，他們無權阻止事件的發生，只能在戰爭加劇後，思考未來如何讓職棒在這艱困的時期能夠持續生存。

戰火的籠罩

一九四二年正月，日本進入全面戰爭的階段，軍員的補充成為首要目標，就如同一九三八年，從太平洋戰爭開始的十二月，日本軍方就向民間大量發出徵兵令，不少球隊的主力球員在球季尚未開打前，就要進入到軍隊服役，導致剛加盟的新人球員就得提前成為即戰力，形成一股職棒的新氣象。一月五日，聯盟在後樂園球場安排一場名為「入營選手對新手選手對抗戰」的比賽，當天寒雪紛飛，賽前司儀一一唱名這十位即將入營球員的名字，或許可以預想這十位球員的心境是五味雜陳，既是感謝聯盟對他們的關懷，但也同時感嘆那不可預知的未來，是否有機會重返球場。

三月一日，球季尚未開打前，同樣在後樂園球場，一連四天舉行巨人與大洋的比賽。這四場比賽雖然僅是兩隊的熱身賽，不過在賽前所新增「手榴彈投擲」的餘興節目，卻成為接下來聯盟在比賽前例行節目。在賽前從事軍事表演，是由接替河野安通志成為新事務長的鈴木龍二（1896-1986）提出，他在一月一日所發行的《棒球界》雜誌中提到，這是為了讓「日本棒球」能在「銃後」（戰爭後方）維持「健全娛樂」的重要方式。「手榴彈投擲」是由被指派的兩隊球員，身穿從近衛師團那邊借來的軍服、戰鬥帽，並配戴短劍，在投手丘準備，接著往外野走六十公尺停下來後等待指令，待指令下達後，並轉身向投手丘方向前進三十公尺，接著就是投擲手榴彈攻擊前方寫著「米英擊滅」的看板。從這一天開始，有關「軍事」、「戰爭」的符碼，就時常出現在球場中，甚至在球季開始不久後，球場竟然就面臨到來自美國戰機的空襲。

四月十八日這天，在後樂園球場要進行巨人與黑鷲的比賽，而在兩隊賽前練習的時候，忽然響起空襲警報。雖然經過一段時間後球場所在地並沒有遭遇到空襲，不過像品川、淀橋、尾久等地卻還是傳出災情。聯盟考量到危險依然有存在的可能，當下就決定取消這一場比賽。另外同一天在甲子園球場的阪神對名古屋之戰，正進行到第一局時，也傳出空襲警報，而聯盟也採取中止球賽來應對這突發狀況。較有趣的是，這一場球賽後來並沒有退票，反而將這些門票收入作為國防獻金之用。聯盟清楚知道這樣的空襲事件日後必然會成為常態，於是在四月二十七日頒布「空襲警報時的處置」辦法，來面對接下來無法預測的空襲。

空襲是一大困擾，聯盟內部則也同時出現不祥的徵兆——傳言球員涉嫌打假球案，便是日文俗稱的「八百長」。在戰時體制下的運動界，比賽造假的事件時有所聞，只是這傳聞後來竟也發生在職棒界。早在聯盟草創時，就有球迷認為強隊如果輸給弱隊，就有可能是假球，當然這樣的看法最後是流於無稽之談。不過在這一年的九月，兵庫縣刑事科就來要求聯盟交出自一月開始到八月，所有比賽的詳細資訊，要用以偵查是否有球員涉及賭博、操控球賽等行為。

聽聞此消息後，事務長鈴木龍二感到非常痛心，並要求所有球團嚴格要求球員自律。球季結束後，南海軍有大量球員遭到解雇，是故就有風聲認為南海軍球員涉嫌參與假球。而被指涉的南海軍則澄清說球員離去多是與徵兵有所關係，絕非外界所想的那樣。隔年再次發生類似的風波，聯盟自己也做內部偵查，惟因內容沒有公開，所以實際情況也不得而知，不過沒有任何證據下的「八百長」確實也給戰時體制下的職棒帶來不小衝擊。

綜觀一九四二年的職棒圈，實際上已面臨到不少現實的問題，戰火對本土的侵襲、又一次球員的大規模入伍潮，軍方準備開始強行介入，在在對職棒的運作造成挑戰。在這裡要稍微提一下，巨人外野手，來自臺灣嘉義農林的吳波（1916-1987），在這一個球季獲得打擊王，成為首位臺灣出身並在日本職棒獲得個人獎的球員。

戰鬥帽與全面的日本語化

戰時體制下，聯盟依國家政策來調整組織、行政的運作，尚且還仍保有自主權。但是到了一九四三年初，更加激烈的反美思潮開始瀰漫整個日本，來自美國的棒球也開始遭受到譴責，以軍方的立場來說，棒球這項運動是不該繼續在日常生活中出現。尤其在一九四一年與一九四二年，軍部就已先抑制學生棒球的發展，具體案例如「全國中等學校優勝棒球大會」與「選拔中等學校棒球大會」被迫先後停辦，一九四三年則將苗頭指向社會人與職棒。

一月二十一日，愛知縣縣政調查會內政部委員會提出「確立美英擊滅體制」、「排斥作為美國國技的棒球」、「昂揚日本自古就有的武道與銃劍道」的棒球排擊論，很快這個論調在文部省與軍方支持下，迅速地遍及至日本國內，全國開始興起英語排斥運動。雖然聯盟在前幾年就已經導入職稱、術語的日本語化，但也僅是做部分改動，不過這一年則是在軍部施壓下做得更加徹底。三月二日、三日兩天，聯盟理事會針對棒球用語是否全日語化進行討論，名古屋理事赤嶺昌志（1896-1963）率先表態贊成，至於認為「如果用日語說的話，那就不再是棒球」的河野安通志則站在反對面，雙方展開激烈爭論。爭論的結果，聯盟最終仍是以順應時局來力求生存為前提，決議將所有棒球用語全日語化。聯盟快速地派人翻譯用語，並經由委員會審議通過後，於三月五日將新的棒球用語發送到各球團，在四月三日的開幕戰時正式啟用。

另外，主審在球場上的用語也有所改變。譬如說到「一好球」、「兩好球」時，就說成「一本」、「二本」，而說到「一壞球」、「二壞球」時，則改成「一個」、「兩個」；如果是打者安全上壘，則不說「安全」（save），改說「好」（よし），打者出局的話則不說「出局」（out），改說「輸」（ひけ）；另外在計分板上的文字，如果是好球就放「振」、壞球放「球」，而出局則以「無為」這個漢字表示。繼棒球用語的全日語化後，在三月十四日的理事會上，赤嶺昌志更提議在球帽與球衣上做變動，於是就出現第二次的改革——球帽全都換成

表2-3｜1943年新版棒球用語表

舊用語	新用語	中文	舊用語	新用語	中文
ストライク（Strike）	正球	好球	リーグ戦（League Match）	総当戦	例行賽
ボール（Ball）	悪球	壞球	コーチ（Coach）	監督	總教練
フェアヒット（Free Hit）	正打	界內球	コーチャー（Coacher）	助令	教練
ファウルヒット（Foul Hit）	圏外	界外球	マネジャー（Manager）	幹事	經理
セーフ（save）	安全	安全	アーンドラン（Earned Run）	自責点	自責分
アウト（Out）	無為	出局	チーム（Team）	球団	球隊
ファウルチップ（Foul Tip）	擦打	擦棒被捕	ホームチーム（Home Team）	迎戦組	主場球隊
バントヒット（Bunt Hit）	軽打	短打	ビジティングチーム（Visiting Team）	往戦組	客場球隊
スクイズプレー（Squeeze Play）	走軽打	強迫取分	グラブ、ミット（Glove, Mitt）	手袋	手套
ヒット・エンド・ラン（Hit and Run）	走打	打帶跑	フェウグラウンド（Free Ground）	正打区域	界內
ボーク（Balk）	擬投	投手犯規	ファウルグラウンド（Foul Ground）	圏外区域	界外
ホームイン（Home In）	生還	得分	ファウルライン（Foul Line）	境界線	邊線

舊用語	新用語	中文	舊用語	新用語	中文
タイム（Time）	停止	暫停	スリーフィートライン（Three Foot Line）	境外線	三呎線
フォースアウト（Force Out）	封殺	封殺	プレヤースライン（Player' Line）	競技者線	
インターフェア（Interfere）	妨害	妨礙	コーチャースボックス（Coacher' Box）	助令区域	壘指區
スチールベース（Steal Base）	奪壘	盜壘			

從軍用的戰鬥帽、球衣的顏色以國防色，也就是卡其色為原則，種種改革都是表達對軍部的敬意。

用語、服裝的改動是聯盟服從軍部的指標，在這一年球員也不再只侷限於參與聯盟的比賽，同時還需肩負「銃後」娛樂大眾的任務。在一月時，擔任聯盟關西支部長的小島善平（1903-1957），就帶領阪神、朝日、南海、阪急在關西的四支球隊，前往位於廣島境內，鄰近瀨戶內海的吳市裡面的吳工廠，進行「產業戰士慰問」的行程，並獲得好評。小島善平後來將此消息告訴鈴木龍二，後者也認為聯盟有「義務」在這艱困時期為戰爭後方辛苦的國民提供娛樂。是故同樣在三月十四日的理事會上，他拋出這項議案且得到支持。後來經由聯盟的安排，直到當年八月底，包含一月的吳工廠，聯盟一共進行十二次的「產業戰士慰問」行程。到了十月一日，聯盟更組織「勤勞報國隊」，平日讓選手作為「勤勞戰士」到軍需工廠工作，假日再比聯盟賽。

十一月七日，賽季全部結束，巨人軍完成五連霸。作為首要功臣的藤本英雄（1918-1997），可說是一人撐起巨人的投手群，全年度八十四場的比賽中先發四十六場，防禦率零點七三，投出三十四勝、兩百五十三次的三振，最驚人是在三十九場的完投中，投出有十九次的完封，可說是媲美前一年大洋軍野口二郎的零點七七防禦率、四十勝、兩百六十四次三振、同樣十九場的完封。其中藤本英雄的單季零點七三的防禦率與野口二郎相同的十九場完封，依然是聯盟單季史上最高的紀錄。在這一天聯盟舉行受獎儀式，不過球員們都還來不及喘息，當晚就要脫下球衣，隔天進入到東芝川崎工廠，以產業戰士的身分開始工作。十一月八日，在東京的巨人、西鐵（上年度為大洋）、大和三支球隊的選手及相關人士，集結在東芝川崎工廠，組織「日本棒球聯盟勤勞報國隊」（即日本棒球聯盟報國會），為國家出一份心力。

棒球報國會與職業棒球的中止

一九四四年一、二兩個月，聯盟召開數次的理事會，在這些會議中決策的議案包含有：將「日本棒球聯盟報國會」改名為「日本棒球報國會」；將解散的西鐵、大和兩支球隊的球員分配至其餘球隊；所有球衣都取消號碼；嚴格禁止選手挖角，選手的轉隊全由聯盟會長來做決定。從上面所列舉的議案來看，已經不難想見戰爭的衝擊似乎已到達難以挽救的地步。

從一月初開始，許多選手因徵兵、個人生涯規劃等因素，紛紛選擇離開球場，讓許多球隊在開季時即面臨到球員不足的嚴重問題。以巨人來說，在球季未開打前，就有十六人離開球隊，人數僅剩下六人，後來是經由棒球報國會以「配給」方式讓巨人補足球員數量，才能順利出賽。只是此時六支球隊的總人數也不過在七十四人，等於各球隊平均人數僅十二人，隨時都有可能因意外而造成球隊無法出賽的情形。四月三日，春季賽雖然如期開打，不過在賽季期間，每支球隊都要擔心會不會有球員臨時不能出賽，就算可以，也還是會出現場上球員的守備位置根本不是自己擅長的，是被迫去補上空缺，可想見球員的表現是不會太過理想，更大幅降低球賽的精采度。五月，相撲用的兩國國技館被軍部作為炸彈的製造基地而被徵用，軍部便轉而將後樂園球場作為相撲的競技場地，結果後樂園球場就被軍部所列管，原先季賽排定的賽程則是全部取消，改至關西的球場。接著七月夏季賽開打，但棒球報國會已清楚認知到恐怕這是最後一個賽季，所以早有規劃取消秋季賽的打算。

八月三十日夏季賽最後一天，在甲子園球場所舉行阪急對朝日的比賽結束後，就沒有任何一支球隊可以正常出賽，故棒球報國會也在同一天取消秋季賽的賽程。所以當年度只有打春、夏二季，每支球隊也僅出賽三十五場，而巨人軍因過多主力球員入營，輸給相對戰力充足的阪神，位居第二名，並中止球隊的五連霸。此外，在這一年的個人獎項上有一亮點，來自近畿日本（南海改名）的岡村俊昭（1912-1996）以三成六九打擊率獲得打擊王，而從巨人轉隊至阪神的吳昌征（從吳波改名）以及巨人的吳新亨（1923-1997）二人，則是共同以十九次盜壘並列盜壘王，之所以特別提到這三人，是因為這三位球員都是出身臺灣。

即使單一球隊無法出賽，但對棒球報國會來說持續舉辦比賽還是有其必要，於是從九月九日至九月二十六日，分別在甲子園、後樂園、西宮三座球場，舉辦由「巨人／朝日」、「阪急／近畿」、「阪神／產業」三支聯軍組成的「日本棒球總進軍大會」。經過三場大會的成績結算，最終冠軍是由「阪神／產業」聯軍取得。只是這次大會卻沒有特別頒發任何獎品，反而是向各參賽者道聲「下次再見吧！」來作為結束。會這樣說其實也頗為無奈，此時此刻似乎也已經埋下做出告別球迷的抉擇。

十月二十三日，棒球報國會在東京丸之內東京會館召開球團所有人會議，會中已初步做出除了球員控管外，其它組織功能一律停止，並將在東京仍希望繼續打球的「戰士」，交由關西支部來負責。十一月十三日，棒球報國會正式對外發表「一時停止棒球」的消息。儘管關西支部的四支球隊仍在一九四五年一月一日到五日，以阪神與產業組成的「猛虎」，對上以阪急與朝日組成的「隼」來進行比賽，維持職棒的形象。然而預定在三月十四日再次舉辦的對抗賽，卻因關西地區也遭遇美軍空襲而停辦，因此一月五日的比賽，便成為戰前最後一場的職棒球賽。五月二十五日，在東京已經沒在使用的棒球報國會辦事處，與皇居皆遭到空襲轟炸而陷於火海。八月六日、八月九日，美軍將研發的實驗性「原子彈」分別投到廣島與長崎，造成大量人口瞬間傷亡。昭和天皇眼看情勢已到難以挽救的地步，終於在八月十五日正午，以「玉音放送」的方式，向全日本國民宣告無條件投降盟軍，結束第二次世界大戰。

戰爭雖然結束，卻也在職棒界留下不少遺憾。按照棒球殿堂博物館的紀錄，直到二〇二四年為止，一共有七十六名選手戰死沙場，而比較為人所知的球員，就是戰後職業棒球第一位退休背號「14」號（同時間則是另一位因病急逝的黑澤俊夫〔1914-1947〕的「4」號），並且還以他的姓名設立年度投手最高獎項——「澤村獎」的澤村榮治。

表2-4｜1936-1944各年度球隊戰績表

年度	冠軍	二名	三名	四名	五名	六名	七名	八名	九名
1936春	沒有排名：大阪、名古屋、參議員、阪急、大東京、金鯱（巨人因到美國並未參與）								
1936夏	沒有排名：巨人、大阪、名古屋、參議員、阪急、大東京、金鯱								
1936秋	巨人	大阪	沒有排名：名古屋、金鯱、阪急、阪急、大東京						
1937春	巨人	大阪	參議員	阪急	金鯱	大東京	名古屋	鷲	
1937秋	大阪	巨人	鷲	金鯱	參議員	獅王	阪急	名古屋	
1938春	大阪	巨人	阪急	鷲	參議員	金鯱	名古屋	獅王	
1938秋	巨人	大阪	阪急	名古屋	參議員	獅王	鷲	南海	金鯱
1939	巨人	大阪	阪急	參議員	南海	名古屋	金鯱	獅	鷲
1940	巨人	阪神	阪急	翼	名古屋	黑鷲	金鯱	南海	獅王
1941	巨人	阪急	大洋	南海	阪神	名古屋	黑鷲	朝日	
1942	巨人	大洋	阪神	阪急	朝日	南海	名古屋	大和	
1943	巨人	名古屋	阪神	朝日	西鐵	大和	阪急	南海	
1944	阪神	巨人	阪急	產業	朝日	近畿日本			
1945	因戰爭惡化而中止								

表2-5｜1936-1944各年度進場人數

年度	人數
1936	21萬3334人
1937	51萬4744人
1938	44萬6881人
1939	61萬4967人
1940	87萬6862人
1941	86萬9849人
1942	83萬3513人
1943	79萬9292人
1944	16萬7786人

備註：1936年的人數是從7月1日統計到19日的聯盟結成紀念全日本棒球選手權，以及秋季時9月16日到12月7日的第二回日本棒球選手權；再者，1940年部分有包含在滿洲時的非正式比賽（紅白對抗賽），但1942年則不包含北海道的比賽。

第三幕——民主與棒球

戰後的復原

一九四五年八月十五日，日本天皇向盟軍無條件投降，致使日本結束長達多年的戰爭體制。戰爭後的日本，由美國進行單獨託管，並且很快進入到戰後的重建工作，棒球運動的重啟也是其中一項。隨著要讓社會大眾能儘快從戰爭陰影中走出來，棒球界人士無不積極投入棒球運動的復興，而就職棒來說，則是在短時間內，以舉辦東西對抗賽來喚起球迷對職棒的記憶與熱情。

重啓的職業棒球

自一九四〇年開始，戰爭陸續衝擊到棒球界。先是學生棒球被迫中斷，再來是社會人棒球，最後連職業棒球也難逃被中止的命運。於是在一九四四年底，棒球報國會就宣布停止運作，棒球在日本的發展就這樣短暫沉寂下來。而在戰爭結束後，日本棒球界人士深知社會的重建工作刻不容緩，並認為唯有讓棒球重新回歸到大眾的日常生活中，才是最有助於日本撫平戰爭傷害的精神支柱。在日本投降一週後的八月二十三日，國內首次出現有與棒球相關的新聞報導。在職棒圈中，原本棒球報國會剩下的六個球團，在戰爭結束後也陸續有了動作。

論及職棒球隊的重啟，最早有動作的是阪急。阪急球團代表村上實在戰爭確定結束後，立刻找上阪急會長表達希望能夠重建球隊，而且當下就得到會長的同意。其實對於重組球隊這一件事，阪急的條件相較其他球隊是最有機會的。主要原因，在於阪急所建造的西宮球場，並未被盟軍所控管，而且在戰爭後期，聯盟還將許多球具放置在西宮球場代為保管，因此在場地、物資上都能迅速取得，有利球員們的回歸。得到會長的同意後，村上實聯繫同樣是鐵道公司的阪神與近畿日本的代表，共同討論與交換情報，隨時準備聯盟的重建工作。至於一直為聯盟最有影響力的巨人，在八月底時，由鈴木惣太郎親自到正力松太郎的宅邸訪問，並且詢問正力松太郎是否有恢復職棒運作的意願。不過最一開始，正力松太郎是採取較為消極的態度來看待。他認為儘管戰爭已經結束，但是日本人心中仍存在對美國的敵視，並提及在往來東京與橫濱的火車上，就曾經目睹日人與美人的衝突。正力松太郎認為棒球屬於美國的運動，如果草率讓職棒開打，恐怕得不到球迷支持，反而還會影響到日後的發展。但也有說法是讀賣新聞受戰爭關係，公司蒙受巨大損害，加上正力松太郎自身又被認定是戰爭協力者，種種因素都使其認為重建職棒之路是極其辛苦。但即便如此，在鈴木惣太郎與之後鈴木龍二加入勸說下，正力松太郎還是同意讓讀賣新聞投入職棒復興的行列。

戰爭結束後兩個月的十月二十二日，位於關西的阪急、南海（從近畿日本改回）、阪神與朝日四支球團，齊聚在南海總公司，討論職業棒球復活的議題。會中討論的結果，將原先戰爭後期的日本棒球報國會，改名為日本棒球聯盟重新出發。而同時間巨人是處在母公司有營運但本身沒有運作的狀態，所以當聯盟重新出發時，巨人便無條件取得加盟聯盟的資格。十一月六日，幾位參與會議的關西代表，就將所討論出來的報告帶往東京，知會關東的球隊。在這天的會議中，除巨人外，由產業軍更名的名古屋確定回歸，並也承認新生球團參議員隊（與戰前的參議員隊沒有直接關係）的加入。而在同一天，在戰前曾擔任過參議員、名古屋軍總教練的小西德郎（1896-1977）在與鈴木龍二的談話中，提議以「東西對抗賽」來向大眾宣告職業棒球的復活。小西德郎會有這樣的想法，是他有特別留意到在十月二十八日，於明治神宮球場所舉辦東京六大學ＯＢ賽的盛況，因此認為也能先透過「東西對抗賽」的形式，重新喚起球迷對職棒的關注。這項提議隨即取得鈴木龍二的認可，於是鈴木龍二就著手開始「東西對抗賽」的策畫。

戰後首次的東西對抗賽

為能讓戰後首次的東西對抗賽以最快的速度舉辦，擔任聯盟專務理事的鈴木龍二，首先聯繫關西方面的四個球團提前準備，再來是委託新上任的聯盟外交局長鈴木惣太郎前往明治神宮球場，與駐日美軍交涉借用球場的事宜。之所以選擇神宮球場而非戰前聯盟固定的後樂園球場，在於當時後樂球場因轟炸關係場地尚未復原而不適合，所以鈴木龍二才嘗試申請已有開放比賽先例的神宮球場。

在鈴木惣太郎與駐日美軍協調下，很順利的獲得球場使用權。球場的問題處理完後，接著為了取得比賽用的相關球具，於是鈴木龍二獨自一人搭乘電車前往關西的西宮球場。在前面提到西宮球場因為沒有被盟軍所託管，所以原先戰前所保留的聯盟物資都存放在那裡。在得到關西事務局的協助下，鈴木龍二將放置於西宮球場的四打球、八支球棒、五個野手用手套、一個捕手用手套帶回東京，儘管就數量上來說尚且微不足道，但卻是為職棒重啟帶來一線的生機。在眾人的努力下，聯盟總算敲定在十一月二十二日、二十三日兩天於神宮球場、十二月一日、二日兩天於西宮球場，舉辦四場東西對抗賽，以阪急為首的西軍，對上以巨人為首的東軍。而在聯盟奔波籌備東西對抗賽的期間，朝日軍也改名成太平。

表3-1｜11月23日東西對抗賽雙方陣容表

東軍		西軍	
一棒中外	古川清藏（名古屋）	一棒中外	吳昌征（阪神）
二棒游擊	金山次郎（名古屋）	二棒游擊	上田藤夫（阪急）
三棒二壘	千葉茂（巨人）	三棒二壘	藤村富美男（阪神）
四棒左外	加藤正二（名古屋）	四棒三壘	鶴岡一人（南海）
五棒左外	大下弘（參議員）	五棒一壘	野口明（阪急）
六棒捕手	楠安夫（巨人）	六棒捕手	土井垣武（阪神）
七棒一壘	飯島滋彌（參議員）	七棒右外	岡村俊昭（南海）
八棒三壘	三好主（巨人）	八棒左外	下社邦男（阪急）
九棒投手	藤本英雄（巨人）	九棒投手	笠松實（阪急）
替補	白木義一郎（參議員）	替補	本堂保次（阪神）、別所昭（南海）、丸尾千年次（阪急）

十一月二十二日，原定首場在神宮球場的東西對抗賽因雨取消，因此十一月二十三日才是第一場比賽。作為職業棒球復興的首戰，吸引近五千位球迷湧進神宮球場，連NHK電視臺也進行實況轉播，足以想見，日本球迷是相當期待職業棒球能再次回到生活之中。

從名單不難發現，許多在戰前就已經成名的球星都相繼重返球場，其中也包含出生臺灣的吳昌征與岡村俊昭在內。但是在這一份名單內，有一位球員特別值得注意，那就是來自參議員隊的大下弘（1922-1979）。

大下弘是此次參與東西對抗賽三十二位球員裡，唯二在戰前沒有在大學球界與職棒球場上活躍過的球員。大下弘出生於神戶，不過在十四歲時跟隨母親轉入到臺灣的學校，並在一九三七年進入到高雄商業學校就讀。大下弘在高雄商業學校的四年期間表現極其優異，畢業後受到臺灣社會球隊與六大學名校的邀請，最後他選擇明治大學而回到日本。不過在大二時因戰爭白熱化提前入伍，一直到戰爭結束都沒有在大學棒球界留下令人深刻的印象。戰爭結束後，大下弘經職棒球團的勸誘下未繼續就學，反而直接在十月加入參議員隊，也因此入選這一次的東西對抗賽。儘管賽前在球迷之間是沒沒無聞，但大下弘很快就讓他們知曉他的名字。在十一月二十二日的處女秀中，大下弘就單場擊出三支安打，五分打點，驚人的表現讓在場的前輩們與球迷不經讚嘆真是「不得了的新人」。最後大下弘總計四場比賽下來，在十五個打數中擊出八支安打，打擊率五成三三，且有十二分打點、二壘打一支、三壘打二支，以及戰後職業賽的首支全壘打，讓他獲得東西對抗賽的最優秀球員。

四場東西對抗賽以及大下弘猶如巨星般的亮相，可說是點亮職棒復興的火苗。即使比賽的內容有遭受到練習不足、技術層面的批評與質疑，不過就當時環境來說，這般比賽內容的呈現應當是可以球迷所接受的，這也是從焦土中，重建職棒所必然面對的過程。「東西對抗賽」不但是將球迷從戰爭的陰影中給拯救出來，同時也重新造就出未來日本職棒許多的明星球員，使職棒重新開創一個嶄新的局面。可惜在一九四六職棒新賽季未開打前的一月十二日，一生為職業棒球發展投入心力的河野安通志，因腦溢血急逝，未能看到他生平所帶第四支球隊「東京小態」在新時代的誕生。

彗星般的國民棒球聯盟

一九四六年四月二十七日，日本棒球聯盟在後樂園與西宮兩座球賽進行開幕戰，向球迷宣告職業棒球在戰後的復甦。在後樂園球場部分，是以巨人對參議員、中部日本（名古屋更名）對上年初新加盟的金星雙重戰，西宮球場則是由阪神對太平、阪急對上近畿巨輪（南海更名）的雙重戰。

在經過一百零五場的激戰後，近畿巨輪以一場的勝差，險勝巨人，獲得聯盟戰後的首次冠軍。近畿巨輪能有這般成績，首推球員兼任總教練的山本一人（即戰前的鶴岡一人）。山本一人自一九三九年便從軍，直到戰爭結束後才回到球場，並受邀擔任總教練。雖然要同時兼任球員與教練二職，但山本一人仍舊展現他過於常人的帶隊功力，不僅拿到隊史首座冠軍，自己也同時囊括最優秀選手及最多打點（九十五分）獎項。另外球壇超級新星大下弘，也沒有讓球迷失望，持續展現他在東西對抗賽的長打實力，一舉將戰前單季最高的十支全壘打紀錄推高到二十支。此外，職棒復興的成功，也反映在進場人數上。一九四六年球季的進場觀眾人數，也是自聯盟創立以來，首次全年度進場人數突破一百萬人，達到一百六十五萬人，比起戰前在一九四一年所創下最高的八十六萬人還多了將近一倍。看見職棒重啟後的盛況，也刺激不少的企業願意加入，以至於在一九四七年時又出現另一個職棒聯盟。

一九四六年六月，專門製造汽車喇叭的「宇高產業」社長宇高勳（1907-1979），以新球團「宇高紅襪」身分申請加入日本棒球聯盟。不過當時聯盟球隊數量已經是偶數，為了有利賽程編排，優先考量是不宜在增加球隊。此時已經是聯盟理事會會長的鈴木龍二，反倒是建議宇高勳可以考慮另外組職一個聯盟，就像美國職棒的「美國聯盟」與「國家聯盟」那樣，而日本棒球聯盟會從旁協助，並且還特別允諾後樂園球場一周有三天時間可以使用，不用擔心球場的問題。宇高勳聽取鈴木龍二的建議，便著手進行聯盟的籌組，將此新聯盟取名為「國民棒球聯盟」。一九四七年三月二十九日，國民棒球聯盟在後樂園球場舉行成立典禮，不過當下國民棒球聯盟只有兩支球隊，一支前面提到的宇高紅襪隊，另一支則是取名自美國職棒著名全壘打王Hank Greenberg（1911-1986）的「Greenberg」隊。接著在後來三個月內，陸續加入「唐崎王冠」、「大塚運動家」，以及從「Greenberg」改名的「結城勇士」而達到四隊的規模，在七月三日開始國民棒球聯盟的正式聯賽。雖說宇高會長在夏季聯賽開幕儀式中說出兩聯盟爭霸與邁向世界舞臺等豪語，但許多問題卻在此時接踵而來。

在夏季聯賽開始後，幾支球隊就因企業關係出現有資金短缺的問題，而宇高勳的公司還有稅金漏繳、球隊內部出現假球的疑雲，後來不得已只好將球隊轉讓給熊谷組，成為「熊谷紅襪隊」。而國民棒球聯盟本身還有一個最大的爭議點，就是與日本棒球聯盟之間的球員挖角，被鎖定的球員包含有大下弘、川上哲治、藤本英雄等一線球星，這讓日本棒球聯盟許多球隊感到不滿。於是日本棒球聯盟在九月二十四日這天，對外公開與國民棒球聯盟決裂，將一切責任全歸給支持協助國民棒球聯盟的鈴木龍二會長自行處理。球員挖角的紛爭、球隊資金的不充裕、球場租借不順等問題，終使國民棒球聯盟在完成秋季聯賽後，除了大塚運動家外，其他三支球隊都宣布退出聯盟，接任成為國民棒球聯盟領頭的大塚運動家，則試圖將三支球隊的球員整合後，再另外成立一支新的球隊，打算延續聯盟的生命。但在同一時間，日本棒球聯盟的金星隊因財務困難，面臨到經營危機，會長鈴木龍二就找上大塚運動家的會長大塚幸之助（1906-1987），徵詢是否願意與金星合併，讓日本棒球聯盟依舊維持八支球隊。大塚會長深知國民棒球聯盟的狀態可說名存實亡，不如就順水推舟進入到日本棒球聯盟的體系，同意鈴木龍二的解決方案，在一九四八年二月二十六日與金星隊合併，並以「金星星」為隊名重新出發。同一天，國民棒球聯盟宣布解散。

飛球時代

國民棒球聯盟解散後，職棒圈又回歸到日本棒球聯盟獨霸的局面。從國民棒球聯盟如同彗星般出現到消失的這一段過程中可以發現，企業們對職業棒球時代的到來開始抱以樂觀的態度。尤其戰後年年攀升的進場人數，逐漸讓不少的企業願意投入到職棒圈。但不論是年年攀升的進場人數還是企業願意投入，終究都要歸功於球賽精采度的提升與豐富的話題。其中由全壘打所帶動的風潮，應當可說是不可或缺的主要因素。

一九二〇年代初的美國職棒，曾因「黑襪事件」（black sox scandal）造成球迷對職棒的不信任，所幸靠著Babe Ruth所帶起的全壘打熱潮，才得以挽回名聲。就像戰後日本職棒能快速復興，大下弘的全壘打是功不可沒。緊接在大下弘破紀錄單季的二十支全壘打後的一九四八年球季，擔任巨人三四棒的青田昇（1924-1997）與川上哲治二人，分別以二十五支全壘打刷新紀錄，而且多達十一位球員有雙位數全壘打。聯盟高層看準全壘打有望帶動人氣，於是在季末時，引進一種名為「rabbit ball」（ラビットボール），俗稱「彈力球」的比賽用球。此種用球彈性係數佳，反作用力好，最早具體成果的顯現，就是原本九月下旬為全壘打榜首的川上哲治，當時還僅僅只有十五支全壘打，結果在賽季最後一個月就多增加十支。另一方面，同隊友的青田昇、千葉茂二人，則是分別在十月十四日、十五日兩天，都單場擊出三支全壘打，這兩個案例很難不讓人聯想到是因為換球的緣故。

黑襪事件

為大聯盟在一九一九年所發生八名芝加哥白襪隊（Chicago White Sox）球員，在「世界大賽」（大聯盟的年度冠軍賽）打放水球的醜聞。儘管這八位球員最終未被判刑，但也限制他們終生不能再參與跟大聯盟有關的事務。直到一世紀後的二〇二五年五月，這一項禁令才宣告解除。

一九四九年，是聯盟換球後第一個完整球季，聯盟全壘打的總支數比起一九四八年球季是呈現爆炸性的成長。一九四八年球季全部共五百六十場比賽，總全壘打數為三百九十一支，不過隔年聯盟全部共五百四十二場，總全壘數卻有八百七十四支，是前一年賽季的二點二倍。個人成績上，阪神的藤村富美男一舉敲出四十六支全壘打，將前一年由青田、川上二人所創的紀錄足足提高了二十支，許多球員的單季全壘打數也都成倍數成長，包含藤村富美男在內，這一年共有五位球員至少擊出三十支全壘打，都紛紛打破去年的個人成績，可見換球之後打者的打擊數據急速上升。打者成績變好，相反的就意味著投手成績會下修。就投手個人防禦率來看，僅有藤本英雄一人低於二（一點九四），團隊防禦率來說，一九四八年時仍有六隊的防禦率低於三（最低為南海的二點一八），到一九四九年時，卻沒有任何球隊低於三（最低為巨人，但已達三點一五），甚至有四支球隊還超過四，顯示出「投低打高」的現象正在快速的發酵。

海豹隊的來訪

一九四九年，是日本體育界非常重要的一年，即是日本體育重返國際舞臺。因為一九三七年發動戰爭的緣故，日本被國際所孤立，連帶體育競賽也是如此。直到一九四九年四月，在國際奧林匹克委員會的允許下，同意日本游泳選手參加在洛杉磯舉辦的全美水上錦標賽，這才讓日本體育回到國際舞臺。有了游泳這個先例，駐日美軍內部也考慮讓其他運動跟上，當中想到的就是有著共同歷史記憶的棒球。對戰後駐日美軍而言，透過棒球是最能拉近與日本民眾之間關係的橋樑，這一點在駐日盟軍總司令Douglas MacArthur（1880-1964）來到日本後，就曾要求軍方為日本孩子提供數以千計的棒球手套可以感受的出來。

不只MacArthur，駐日美軍中，也有不少官員都與棒球界有著良好互動，其中身為盟軍最高司令官總司令部（General Headquarters，GHQ）轄下經濟科學局（Economic and Scientific Section，ESS）的局長William F．Marquat（1894-1960）少將，就是其中一位代表人物。Marquat因個人熱愛棒球與所處機構的關係，在任內得以結交不少日本球界的相關人士，並經常與他們有所交談、瞭解日本球界的現況，甚至還協助南海在大阪難波建設新球場，可說是非常積極投入在戰後日本棒球的復興活動上。一九四九年初，MacArthur在ESS的會議上詢問有何喚醒日本民心的方法，此時Marquat的下屬，日裔美籍的原田恒男（Tsuneo "Cappy" Hanada, 1921-2010）在會議中提議邀請美國棒球隊訪日，就像戰前兩次的日美交流賽一樣。MacArthur聽後就立刻批准，並交付Marquat全權處理，提議人原田則成為日美雙方的溝通橋樑。

戰後首次的日美棒球交流賽，基本上是以美軍作為主導，雖然以正力松太郎為首的日本棒球聯盟，曾經知會Marquat想要邀請美國球隊訪日，但並沒有得到妥善的回覆。後來Marquat逕行推舉與美方關係友好，時任眾議院議員的松本瀧藏（1901-1958）作為今次交流賽實行委員會日方的委員長。正力松太郎與日本棒球聯盟得到消息後，依然想辦法要爭取籌辦的主導權，於是數次與美方進行溝通，經過再三討論與協調下，Marquat同意讓鈴木惣太郎作為實行委員會日方的副委員長。至於這次預計要來日本訪問的美國球隊，最終軍方決定找來小聯盟體系的舊金山海豹隊（San Francisco Seals），之所以找來海豹隊，極大因素在於當時海豹隊的總教練是過去與日本球界頗有淵源的O'Doul。

此次交流賽最初美方所用名目是「慰問在日美軍」，但Marquat與原田認為純粹只提到「慰問在日美軍」恐怕會招致日本人的反感，所以在名目上另外增加促進「日美親善」的標語。六月二十六日，MacArthur批准海豹隊來日參訪，接著七月八日，海豹隊公佈他們這趟日本行的球員名單，原則上就是他們所屬灣岸聯盟的成員。至於日本方面，則有日本棒球聯盟、六大學聯隊與駐日美軍出戰。十月十二日，海豹隊全隊與隨行人員在下午四時抵達東京的羽田機場，Marquat、松本瀧藏、鈴木惣太郎等籌備委員會的要員都親自到場迎接，並隨同前往下榻在銀座的旅館。車隊在經過銀座時，早已有大批日本民眾守候，熱烈歡迎海豹隊的到來，盛況可比一九三四年的全美明星隊，同時也是銀座在戰後首次出現大規模人潮的景象。十月十五日，在後樂園球場舉辦睽違十五年的首場日美交流賽，邀請到MacArthur的夫人來擔任開球嘉賓，在Marquat少將的陪同下，她投出戰後日美棒球交流史上最重要的一顆球。

為期兩周，共十一場的交流賽在後樂園球場拉開序幕。海豹隊雖然是小聯盟體系的球隊，且當年成績在所屬聯盟排名第七，但其實力仍不容忽視，在賽前有棒球評論者以相撲位階來比喻，認為一九三四年的全美明星隊是最高位階的「橫綱」，依序下來的海豹隊為幕內中間的力士，最後的日本職業隊則為幕下力士。十一場比賽的結果，似乎也正如同這一位評論者所說，海豹隊的實力確實比日本職棒界還要高出一個層次，甚至唯一輸的一場球賽，還是在十月二十六日輸給同屬美國的遠東空軍，如果端看與一九三四年的比較，足見日美棒球之間的實力仍然沒有縮小。雖然此次日本在交流賽中再以失敗收場，但與美國球界所建立的關係在戰後得以延續，而且有海豹隊的先行，在日後的四十年間，共有十八次美國職業球隊來到日本訪問，提前為日本棒球走向國際舞台的實力打下深厚的基礎。

聯盟的分裂

隨著職棒在戰後的復興，以及球迷熱情的支持，不僅更加受到社會的重視，而經由賽事所獲得到的經濟效益、名聲，也吸引更多企業思考是否要投入到職棒的經營。早在創立職棒時，創始人正力松太郎就有意在聯盟穩定成長後，仿效美國職棒一樣，分成兩大聯盟。於是在一九四九年，先後成為聯盟委員長及總裁的正力松太郎，力邀每日新聞社加入，力圖持續擴大隊伍數，以便在不久後達到個人所期望的兩聯盟體制。不過諷刺的是，雖然在年底日本職棒確實走向兩聯盟制度，不過卻是在球團鬥爭下所完成，與最初正力松太郎所設想的藍圖有所差異。

正力松太郎的回歸

一九四九年初，日本棒球聯盟仿效美國職棒設立「委員長」（Commissioner）一職，作為聯盟最高的仲裁機關。二月五日，在全部球團老闆的贊成下，發表正力松太郎兼任委員長及推薦社團法人日本棒球聯盟的名譽總裁聲明書。二月二十三日，在Marquat與社團法人日本棒球聯盟出席人員的見證下，正力松太郎被推薦為日本棒球聯盟的委員長，並在協約書上簽字，成為聯盟第一任的委員長。

這裡簡單說明一下，正力松太郎因為在戰爭期間協助日本帝國政府的新聞宣傳，而被列為戰犯之一，於一九四五年十二月十二日關進東京的巢鴨監獄近兩年時間，直到一九四七年九月一日才釋放。在正力松太郎入獄的這兩年間，職棒的發展產生了劇變，如聯盟與選手會之間簽訂「棒球協約」、進場觀眾數的大幅增加、國民聯盟的出現，新球團的誕生、消滅、合併，各球團老闆之間的鬥爭等，聯盟所要面臨的環境要比戰前還要來的更加劇烈。有鑑於此，鈴木龍二、鈴木惣太郎就期望能找到一位強有力的領導者能出來主持大局，於是就想到即將出獄的正力松太郎，期望他能重返球界主持大局。

在正力松太郎出獄沒多久後，鈴木龍二就親自到正力松太郎位於神奈川的宅邸訪問，並將正力松太郎入獄期間來聯盟所發生的事情及現況，一一轉達給他。一九四八年，日本棒球聯盟先被文部省認可為社團法人，再來是設立承擔專門營業的株式會社「日本棒球聯盟」，為能讓正力松太郎能儘早適應聯盟新的運作模式，鈴木龍二設法先讓正力擔任社團法人日本棒球聯盟的顧問，接著在推舉他成為名譽會長。眼看時機成熟，十二月三十日，鈴木惣太郎帶著一份包含詳細委員長權限的日本棒球組織圖，來到日本工業俱樂部與正力松太郎會面，告知如果沒有一個完備的司法、行政、立法權能的委員長，職業棒球將無法繼續前進，同時還提到正力松太郎在最初聯盟綱領上的「日美決戰」，恐怕在實現上是極其困難。此刻的正力松太郎雖然已經有出來擔綱重責大任的意願，但卻又擔心委員長一職恐怕會與他被褫奪公權的現狀而有所衝突，頓時覺得不知所措。所幸後來在原田恒男的奔走下，還是設法讓正力松太郎能夠順利當上委員長。一九四九年二月五日，日本棒球聯盟宣布設立委員長與名譽總裁制度，並推薦「日本棒球創設功勞者」的正力松太郎來擔任這兩個位置的職位。在這之前，原田恒男是經由民政局少佐的同意下，才批准正力松太郎出任。二月二十三日，正力松太郎、鈴木龍二、鈴木惣太郎及各球團代表，齊聚於東京的工業俱樂部，期間Marquat少將發表近三十分鐘的談話，內容提到期待兩聯盟的出現以及針對委員長一職的角色與權限。而當天最重要的時刻，毫無疑問，便是正力松太郎在眾人面前簽署擔任委員長與名譽總裁。原本鈴木龍二與鈴木惣太郎總算可以放下心中的大石，但此時卻出現轉折。原來在這一天的早上，民政局告知希望原田恒男有正力松太郎以外的人選可以出任委員長，這其實也就說明民政局不願意正力松太郎擔任委員長。幾天後，民政局正式聯繫聯盟告知正力松太郎不可就任委員長，因為該職位被民政局認定是屬於「公職」。到後來，連名譽總裁一職也被認定是「公職」，等於是正力松太郎是不可以接任這兩個職位。但即使民政局及法務廳反對，聯盟方的鈴木龍二及鈴木惣太郎等人，還是繼續讓正力松太郎擔任委員長與名譽總裁。

儘管這兩個職位尚存在合法性的爭議，正力松太郎身為被聯盟所承認的委員長，還是在四月十五日這天，發表他對職棒未來願景的三大聲明，即是：一、今年秋季想邀請美國球隊來日本；二、日本棒球發展目的是為了同美國有兩大聯盟。現在八支球隊還不足夠，因此要在增加四支球隊；三、在東京建立專用球場。不過在正力松太郎發表完三大聲明後的四月十九日，一封經由法務廳特審局要求正力松太郎辭任委員長與名譽總裁的信件傳到聯盟，顯然美軍的立場極為強硬。在無可奈何的情形下，正力松太郎也清楚知道在持續堅持下去也不是辦法，於是在五月三日請辭委員長及名譽總裁。就正力松太郎擔任委員長一事，其實不只突顯美軍內部意見不合外，就連與正力松太郎應該親近的讀賣新聞，也開始與他的理念大唱反調，而產生出公司高層內部的鬥爭。

沒有仁義的鬥爭

在正力松太郎辭去委員長一職前，正好聯盟有兩起事件的裁決需要由他來定奪，一件是在球季賽前所發生別所昭（1922-1999）的轉隊事件，另一起則是球季開始不久後的三原脩暴力事件，而這兩起事件所涉及的球隊正好都是巨人與南海。

先說別所昭。別所昭於一九四二年加入南海，隔年就成為球隊主戰投手之一，但也在同年底受到軍部徵召而離開球界，直到一九四五年戰爭結束後才回到球場，並選為東西對抗賽的選手之一。回到球界後的三年間，別所昭分別繳出十九、三十、二十六勝的成績，其中一九四七年球季更投出單季四十八場完投，如今仍是聯盟的最高紀錄。一九四八年球季結束後，別所昭與南海展開新契約的交涉，不過此時別所的妻子懷孕在身，為了家庭著想，於是除薪資外，還另外向球團開出要一間獨棟房子的條件。而在別所昭與南海談新契約前，有事先打聽各隊給主戰投手的薪資水平，後來當南海所開薪資與贈送的房屋未達別所昭的預期後，別所昭就開始嘗試接觸新球隊。而一直對別所昭有濃厚興趣的巨人，就私下逕行與別所昭展開協商。事實上，別所昭個人最早希望加入的球隊就是巨人，只是當初入隊的決定權在監護人身上，他的父母最終選擇讓他加入南海。於是當巨人找上別所昭後，雙方自然就很有默契的進行合作。南海代表聽聞後，就立即向鈴木龍二反映，認為這是違反契約的精神。只是當時棒球聯盟並沒有一個正式協約可以針對球員自由轉隊的規範，加上當事人別所昭與巨人態度都極為強硬，於是正力松太郎以委員長身分提出折衷方案，即讓別所昭成為自由球員，但是南海有優先與別所交涉的權利。不過最後別所昭還是選擇加入巨人，但為制止這樣不當轉隊的風氣漫延，聯盟還是對別所昭及巨人分別祭出兩個月的禁賽及十萬圓的罰金。此事件之後，也種下巨人與南海兩隊之間的紛爭。順帶一提，別所昭在轉隊到巨人之後，也將他的姓名改成較為人知的「別所毅彥」，日後成為生涯有著三百一十勝的大投手。

一九四九年球季開打後，巨人與南海原先轉隊的紛爭，慢慢轉移到球場上。四月十二日到十四日，是巨人與南海在例行賽的首次交手，從第一場比賽開始，就隱約可以發覺到兩隊在場上所產生的煙硝味。首先第一場比賽，就發生兩度中斷球賽的情況；接著第二場，南海的山本一人更質疑裁判偏袒巨人，而發生好幾次的抗議。最後是在第三場的九上，南海原本以零比四落後，在追到三比四時，無人出局且一壘有人的局勢下，代打岡村俊昭擊出一壘滾地球，巨人一壘手川上哲治為了拚雙殺守備，接到球後立刻將球傳給從游擊區進到二壘的白石敏男（1918-2000），然而當白石進到二壘接到球後要在傳去一壘時，南海一壘往二壘的跑者筒井敬三（1925-1959）滑壘並碰觸到守備員，使白石未能將球順利傳出。兩人立刻針對是否為妨礙守備展開激烈爭論，此時巨人總教練三原脩從板凳區一路衝到二壘抗議，結果出手就朝筒井敬三的頭部敲打下去，使得場面衝突更加擴大。事後聯盟在四月十九日，對動手打人的三原脩給予個人無限期禁賽的懲處，巨人總教練一職也改成由中島治康暫代，這就是球界史上有名的「三原ポカリ事件」。[1]

上述兩起事件不僅加深巨人與南海之間的仇很值，還帶出正力松太郎與讀賣新聞高層「反正力派」雙方的鬥爭。讀賣新聞在時任副社長安田庄司（1895-1955）的帶頭下，於正力松太郎辭職委員長後的五月七日，在自家讀賣新聞的社論上，嚴正批判正力松太郎與委員長一職。社論認為委員長一職雖是立意良善，但卻以為對於諸多事件給予的判決卻忽略現實考量，並且過度放大事件的嚴重性，甚至直接抨擊正力松太郎是自以為是、官僚性質的嚴罰主義等等。從此篇社論已經不難發現，這時期的讀賣新聞高層，顯然是與正力松太郎有著不同的立場，雙方的對立衝突在這次的社論已然表現出來。到季中正力松太郎邀請每日新聞加入職棒一事，更掀起以安田庄司為首的讀賣新聞，公然與正力松太郎大唱反調，堅決反對每日新聞投入職棒。

分裂的前奏

正力松太郎在四月十五日發表聲明後鼓勵新球隊加盟後，不少的企業開始規劃加盟的事宜。除了有正力松太郎主動邀請的每日新聞外，按當時報紙上所提出的企業高達有二十間以上，但後來申請的企業只有近畿日本鐵道、西日本新聞、大洋漁業、別府星野組、廣島棒球俱樂部，以及一度離開聯盟的西日本鐵道。

何以每日新聞的加入會引起如此大的騷動？每日新聞與讀賣新聞都是日本主要報紙之一，彼此之間可說是競爭對手。而對於棒球的報導，每日新聞則偏重於社會人與學生棒球，現今一般所稱春季甲子園，就是由每日新聞所主辦。當正力松太郎找上每日新聞社長本田親男（1899-1980）後，本田一開始還在猶豫，後來是在自家販賣部認為報導職業棒球有望提升報紙銷售下，方同意投入職棒圈。不過當獲知每日新聞有意願申請加入職棒後，讀賣新聞就跳出來反對。在讀賣新聞反正力派的立場，是認為現在聯盟內部已經有讀賣與中日兩家與報社相關的球隊，何必要再增加同樣性質的企業進來分化利益，故堅決反對讓每日新聞加入。九月十四日，近畿日本鐵道率先遞出申請書，接著在兩周之內，西日本新聞、每日新聞、大洋漁業、星野組、廣島棒球俱樂部也依序申請加入。

九月二十九日，日本棒球聯盟召開最高顧問會議，然後在九月三十日、十月一日兩天則舉行代表者會議，八支球團代表出席討論新球隊的加盟事宜，主要是先以每日新聞加入職棒為重點，但最終並沒有作出適當的結論，甚至連「兩聯盟」的議案也搬上談判桌。在會議中，主要反對方有巨人、中日及大洋，贊成方為東急與大映，而另外阪急、南海、阪神則還在觀望局勢演變。此時正值海豹隊即將到訪日本之際，於是聯盟只好先將此事暫時擱置，待海豹隊離開日本後再繼續討論。而在代表者會議期間，發生巨人代表要求正力松太郎等聯盟代表退席的事件，可以想見讀賣新聞與正力松太郎已達水火不容的情勢。

雖然海豹隊的到訪減緩了正反雙方在檯面上的對立，不過在檯面下依然暗潮洶湧，而最先有動作的是贊成方主導人正力松太郎。十月初，正力松太郎祕密派人將自己所籌畫增加每日在內的「單一聯盟十支球隊」的文案，交付給剩下未表態的阪急、南海與阪神三支球隊的老闆及代表，設法取得過半數球團的支持。經過一段時間，三支球隊陸續給予支持的回覆，但唯有阪神代表富樫興一的印記，並沒有出現在委任狀中，這就造成此文案最大的一個變數。原本按正力松太郎的預想是只要支持的球隊過半數，就能先達成單一聯盟十球隊，再來是擴展成兩聯盟十二支球隊。但事態走向並未如正力松太郎所願，巨人代表私下找到富樫興一，並告以要維護巨人與阪神之間的傳統組合，期望阪神能在議案中選擇與巨人站在同一陣線。受到安田庄司「曉以大義」的富樫興一，在海豹隊離開日本後的十月三十一日代表者會議上，就現場表明阪神的立場，是反對每日的加盟。

阪神的「倒戈」，讓局勢從原本應該是五比三變成四比四平手的尷尬局面。實際上包含正力松太郎、鈴木惣太郎以及各球團的高層，大致都已有預感勢必得走向分裂一途。接下來正反雙方都開始有了自組聯盟的計畫，而在聯盟還沒有確定分裂的十一月十九日，每日就在自家的早報上宣布球隊的成立，並在隔天開始展開新訓。十一月二十二日，各球團的代表已經在雅敘園有了一場會議，在會議中其實已表明要走向兩聯盟。十一月二十六日，關鍵的聯盟顧問、代表聯合會議在東京會館別館召開，結果在開會不到十分鐘，正反雙方就直接攤牌要各自組織聯盟，以巨人為首的反對方成立「中央聯盟」，而以阪急為中心的支持方則成立「太平洋聯盟」。自此日本棒球聯盟解體，並走向兩聯盟體制。

紛亂的開幕

十一月二十六日會議結束後，阪急代表村上實便向媒體宣布「太平洋聯盟」的創立，球隊是由原本已有的阪急、南海、東急、大映，再加上每日、近鐵與西鐵，一共七隊。另一邊的中央聯盟，則是在十二月十五日才對外正式宣布，球隊方面則是有巨人、阪神、中日、松竹（十二月一日從大陽更名），加上新加盟的大洋、西日本以及廣島。後來中央聯盟傾向偶數隊，於是在隔年的一月八日增加國鐵，成為八支球隊。雖然說日本棒球聯盟已經解散，但在十二月七日仍然組成有日本職業棒球協議會，並推舉正力松太郎為議長，委員部分由六位球團代表擔任，但不增設委員長一職，而中央聯盟會長由安田庄司出任，太平洋聯盟會長則由東映的老闆大川博（1896-1971）擔任。此外，還有一個五人制的委員會，主要工作處理各種疑難雜症。這一個新生成的組織，也就是現在日本棒球機構的前身。

職棒從八支球隊變成十五支球隊，許多問題就立刻浮現出來，一來是否能確保有足夠的球場可以消化比賽，再者就是得面臨到球隊不當球員挖角的問題，這場風波後來也延燒至業餘與職業的關係。在這一波球員挖角最為積極的是新加盟的每日。每日在成立球隊後，便開始在業餘球界尋找好手，一開始從未順利加入職棒的星野組中找到投手荒卷淳（1926-1971）與野手西本幸雄（1920-2011），接著是大動作地從阪神那邊「報復性」挖角若林忠志、別當薰（1920-1999）、吳昌征、本堂保次（1918-1997）、土井垣武（1921-1999）等共六名選手。但比起阪神，太平洋聯盟的球隊則損失更多的球員。以阪急來說，共有十名選手轉走，其中有九名球員分別轉入中央聯盟的大洋、西日本與廣島。另外東急轉走九名球員、大映轉走八名球員，其中大映有五名球員是因為赤嶺昌志關係而轉隊至松竹。據統計，在這一波球隊之間相互挖角的總人數，高達五十人之多。

一九五〇年一月二十六日，始終密切關注職棒運作的Marquat少將，在看到聯盟兩個月以來的亂象後，便在這天發表緊急聲明，認為剛開始新聯盟在運作上，確實存在不少的問題，尤其像不當的球員挖角與詐欺行為，會使職棒的信用破滅並毒害棒球的發展。且與其他國家一樣，要是棒球沒有達到能端正倫理的程度，則不會被國際棒球所承認。當前最重要的緊急任務，就是要有一位獨立於兩聯盟，而且人品高尚者來擔任委員長。對Marquat少將來說，職棒一定需要設置委員長一職，來作為最高的仲裁者，以防止各種亂象。

在Marquat少將重新提案後，兩聯盟也深知此事必須要儘快處理，但又無法立即回覆Marquat少將所規劃的委員長制。最後選擇的折衷方案，就是暫時遵守先前日本棒球聯盟的球團規則，並且推薦時任東大醫學系教授，過去曾經擔任過東大棒球部部長，以及六大學棒球聯盟理事長的內村祐之（1897-1980）出任。只不過內村祐之面對如此突然的請託，最後是選

表3-2｜1950年的十五支球隊

中央聯盟	太平洋聯盟
讀賣巨人	阪急勇士
大阪虎	南海鷹
中日龍	東急飛行者
松竹知更鳥	大每獵戶座
廣島鯉魚	近鐵珍珠
大洋鯨	西鐵快艇
西日本海盜	大映星
國鐵燕子	

備註：以上名稱皆為登錄隊名。

擇婉拒。雖說委員長一職因為內村祐之無法出任仍舊懸缺，但球員不當挖角一事的風波卻得到緩和。以阪神和每日兩隊為例，除了土井垣武以「十年自由選手」的方式直接轉隊外，其他五人都由每日支付轉隊費給阪神，後來其他球隊的交易案也以此種方式獲得解決。接著在三月十日、十一日兩天，分別迎來兩聯盟分裂後的首次開幕戰。

本章註

1 ポカリ在日文的意思中，有形容敲擊到頭所發出的聲音。

尋求穩定

一九五〇年開始，日本職棒正式進入兩聯盟時代，不過因為有多支新球隊的加入，在各隊戰力懸殊的情形下，使得戰績呈現兩極化的狀態，進而造就數支強權的出現，包含巨人、南海，以及在九州異軍突起的西鐵。同時為能讓職棒的制度更加穩定與健全，聯盟也導入屬地主義與棒球協約，除了加深各球團與所在地的連結，同時也注重球員的權益、防止惡性轉隊的風氣。到了一九五八年，立教大學出身的超級新人長嶋茂雄橫空出世，加上日本電視逐漸普及，讓職棒的形象更加鮮明，更能融入到大眾的生活之中。

首次「日本一」大戰

三月十日、十一日，中央聯盟於福岡的平和台與下關球場，太平洋聯盟則於西宮球場，舉辦兩聯盟分裂以來的首場開幕戰。而在這極具歷史意義的賽季，最令球迷感到意外，是兩聯盟的冠軍球隊都不是過往單一賽季的強權巨人、阪神、阪急、或是南海等「傳統」勁旅，反而是新生的松竹與新加盟的每日。

先說松竹，在以小鶴誠（1922-2003）、岩本義行（1912-2008）、大岡虎雄（1912-1975）為攻擊主力的帶頭下，團隊在一百三十七場比賽中，擊出一千四百一十七支安打、一百七十九支全壘打、盜壘兩百二十三次，得分九百零八分的驚人表現，而被冠以「水爆打線」的美名，用以形容松竹隊強大的打線。其中作為核心人物的小鶴誠，不僅延續前一年的高打擊率（三成五五），更擊出日本職棒首次單季五十支全壘打（五十一支），另外一百六十一分打點、一百四十三分得點與三百七十六個壘打數，後三項數據如今仍高懸在日職單項成績的榜首上。松竹不僅有著傑出的打擊群，投手群也是功不可沒。從戰後就一直是球隊主戰投手的真田重男（真田重藏，1948-1954年的登錄名），投出央聯最多的三十九勝，搭配江田貢一（1923-1978）的二十三勝及新人大島信雄（1921-2005，同時也是該年新人王與防禦率王）的二十勝，最終松竹隊獲得兩聯盟最高九十八勝的壓倒性成績，成為央聯首年的冠軍隊。至於其它球隊的名次，依序為中日、巨人、阪神、大洋、西日本、國鐵、廣島，就排名來看，很明顯是舊有球隊的戰績較為理想，而新球隊則顯現出實力上的極大落差，尤其第一名的松竹與墊底的廣島更是相差到五十九場的勝差。

而在洋聯方面，則是由每日拔得頭籌。每日雖然是新加入的球隊，但在球員組成上面吸收不少業餘球界的好手，同時也從阪神挖角多位球星，因此就球隊的戰力而言，其實是已經超越不少原有聯盟的球隊。在監督湯淺禎夫（1902-1958）的帶領下，打擊群依靠阪神組的支撐，別當薰、吳昌征、本堂保次、土井垣武四人的打擊率皆在聯盟前十名，其中別當薰還以四十三支全壘打、一百零五分點獲得雙冠王，同時盜壘成功三十四次，與松竹的岩本義行一同成為日職史上首位「3・3・3」（三成打擊率、三十支全壘打、三十次盜壘成功）的打者，並在球季後獲選為MVP。投手群則主要由業餘出身好手荒卷淳作為領頭羊，即使身為職棒新人，荒卷仍投出洋聯最多的二十六勝，同時防禦率僅二點零六，季後也獲選為新人王。每日在球隊投打俱佳的表現下，與第二名的南海相距十五場勝差，毫無懸念地奪得洋聯的首屆冠軍。於是第一屆的「日本系列賽」（也就是俗稱「日本一」，當時稱為「日本世界大賽」，是仿效大聯盟而來，並沿用到一九五四年），就由松竹對上每日。

一九五〇年的「日本一」爭奪戰有一特別之處，在於它不像現在的「日本一」是在兩支優勝球隊的主場所舉行，而是被安排在神宮、後樂園、甲子園、西宮、中日、大阪各球場。因為球場的不固定，兩隊必須四處奔波，如同候鳥一般四處遷徙，因此這一年的「日本一」又有「候鳥系列賽」的別名。賽前外界一致看好打出九十八勝，又同時擁有強大投手群與打擊群的松竹應該會贏得「日本一」，但出乎預料是由每日在「七戰四勝制」的比賽中，以四比二獲得第一屆「日本一」，MVP則為六場比賽皆有安打演出，二十四次打數中擊出十二支安打、打擊率五成的別當薰。

為何擁有強投強打的松竹會敗給每日，有一說法是球隊內部分裂嚴重，而導致氣勢無法延續到「日本一」。尤其又以打擊群代表的小鶴誠，與投手群代表的真田重男之間，因球隊老闆田村駒次郎（1904-1961）關係而衍生出的矛盾情結，後來連監督小西德郎也不滿球隊的氣氛而選擇在季後離開球隊。結果松竹不僅沒有拿下「日本一」，內部也開始分崩離析，一九五一年賽季一下掉到聯盟第四，一九五二年更是落到最後一名。一九五三年則因母公司經營出現危機，而選擇與同聯盟的另一支球隊大洋對等合併，成為「大洋松竹知更鳥」，不過苦撐兩年後，松竹還是在一九五五年退出職棒舞台，只用「大洋松竹知更鳥」隊名兩年又回到大洋鯨。

松竹與每日兩支球隊給分立首年的職棒帶來新鮮感，但卻有如曇花一現，不到一年的光景，過去的傳統強隊巨人與南海，就迅速奪回各自的聯盟冠軍，在接下來的一九五一到一九五三年連續三個球季，都分別拿下所屬聯盟的三連霸，但是三次的「日本一」皆是由水原茂領軍的巨人獲得。

「屬地主義」與「棒球協約」的生效

一九五二年，職棒有兩項重大的變革，一項是施行「屬地主義」（也可稱作「地域保護主

表3-3｜1952年賽季各隊所選擇主場的地區（行政區域）

中央聯盟		太平洋聯盟	
讀賣巨人	東京都	南海鷹	大阪府
國鐵燕子	東京都	每日獵戶星	東京都
名古屋龍	愛知縣	西鐵獅	福岡縣
大阪虎	兵庫縣	大映星	東京都
廣島鯉魚	廣島縣	阪急勇士	兵庫縣
大洋鯨	山口縣	東急飛行者	東京都
松竹知更鳥	京都府	近鐵珍珠	大阪府

義」），另一項則為「棒球協約」的生效。

日本職棒的地域保護主義，主要也是效法大聯盟而來。相比日本職棒，大聯盟的球隊名稱都是以都市名為起頭，用意是讓球團與所在地區的市民更能凝聚向心力。當轉換到日本職棒時，一方面是希望效法大聯盟，促進城市居民對球隊的認同，而另一方面則是對球賽收入進行更加適當的分配。其實如果端看一九三六年日職最早的七支球隊，在命名上就有一半是以此種方式。到了戰後，為利於球隊進行宣傳，不少球隊都以公司母企業作為隊名的開頭。儘管如此，聯盟不會強制要求各球團的命名形式，不過在一九五二年仍推行屬地主義。

屬地主義就是指該城市的球團，對所在城市擁有絕對的所有權，簡單來說就像是地主一樣。如果沒有地主的許可，其他球隊是不可以進到該地區共享權利。雖然規定是如此，但在聯盟最初的施行中，卻很難做到一城市一球團，畢竟每支球隊都已經有較為屬意的比賽場地。

從表3-3上來看，就有五支球團選擇在東京，而且球場都是後樂園球場，顯然當初對於屬地主義的實踐施行的並不確實。

而屬地主義的另一項要點，就是對於門票收入的重新分配。過去在球隊門票收益的分配上，為主場球隊多拿，比例有七比三、六比四不等，而採用屬地主義後，則由主場球隊拿走全部的門票收入以及轉播權收入。這樣的分配方式，就會讓原有的人氣球隊如巨人、阪神獲益較多，因而得到兩隊高層全力的支持。而廣島等小市場的球隊，其高層就反對此種方式，但仍無法改變職棒的走向，唯一能改變的就是想辦法促進球隊戰績的成長，吸引更多的球迷進場看球。

接著提到「棒球協約」，為能有效防止各球隊的「惡性挖角」、球員「自由轉隊」（如過去赤嶺昌志帶著大量球員出走的事件），聯盟在一九五一年草擬相關選手契約的規定，並在同年十二月一日有《統一契約書》的發表。日職的《統一契約書》，是由松竹老闆田村駒次郎從美國帶回大聯盟的契約書《藍皮書》（*The Bluebook*）作為範本，並透過松本瀧三事務所翻譯、赤嶺昌志在以日式語言整理而來。《統一契約書》發布後，雖然還無法制止球團或者球員因「情感」因素轉隊的問題，但至少都能以較為合理、合法的程序進行，避免球員大量脫逃出從屬球隊的情形再度發生。而在一九五二年，隨著《統一契約書》的施行，也出現有「十年選手制度」。「十年選手制度」就是類似於「自由球員」（Free Agent），在《統一契約書》生效後，在職棒圈待滿十年者就符合資格，並享有「自由轉隊」、「接受獎金」與「舉辦引退儀式」等權利。而依照球員是否在十年內都在同一支球隊、或是兩支球隊以上、又或者另外有獲得獎金者，而有A級與B級選手的差別。

以A級選手來說，當進入到第十一年球季時，可任意轉隊至其他球隊，原屬球隊不得任意阻擾。不過只要一轉隊，身分就會從A級變成B級，同樣如果有選擇額外拿取獎金，身分也會因此而轉變。而利用A級身分轉隊的選手中，較為知名者為南海飯田德治（1924-2000，轉隊至國鐵）與阪神的田宮謙次郎（1928-2010，轉隊至每日，曾經來過臺灣擔任味全龍隊總教練）；而B級選手則較受到限制，以轉隊而言，B級選手的轉隊，是要經過所屬聯盟會長所指定的球隊，指定球隊會依照當年戰績由下往上按順序決定。如果選手不願意，是有行使拒絕的權利，接著指定自己想要前往的球隊，不過同時也賦予聯盟會長拒絕選手的要求。倘若球員與會長之間皆兩次拒絕對方，則球員作為保留選手，回到原本的球隊，一年之後才可成為任意引退的選手。這樣看的話，會發現作為B級選手要轉隊成功的機率其實不高，但還是有成功的案例。以日職四百勝名人堂投手金田正一（1933-2019）為例，金田正一在一九六四年底因不滿球隊易主，於是在季後行使B級十年選手，依規定所屬中央聯盟會長依當年成績會優先讓金田選擇中日（最後一名）、再來廣島（第四名，當年國鐵是第五名）。但金田都表示拒絕，而是選擇巨人。因為此時聯盟會長還未動用到拒絕權，加上巨人順位又是第三，於是就同意金田正一轉隊至巨人。而金田正一的到來，也同時開啟巨人九連霸的王朝。

而在使用《統一契約書》之後，也將「職業」與「業餘」（特別是指社會人球界）之間的關係，畫上重要的界線。按規定，職業球隊在賽季期間，是嚴格禁止從社會人球界挖角選手，如果是離開職棒圈的選手，則是一年一球團可以有三名球員進入到社會人球隊，確保雙方能合作維持球界的穩定，不會像過去一樣有相互爭奪球員的情況發生。兩個球界的「紳士協定」，自一九五二年開始維持近十年後，直到一九六二年時才又出現嚴重的裂痕。

走向一聯盟六球團

一九五〇年兩聯盟分立後，從原來只有單一聯盟的八隊，一下暴增至十五支球團，比起正力松太郎所期望的兩聯盟各六支球隊還多出三隊。球隊的增加自然有助於聯盟的發展，但如果聯盟是奇數球隊的數量，卻也不利於賽程的安排。加上不是每支球隊的經營都能順利，即便有了兩聯盟，球隊數量還是不斷在變化，要到一九五八年才有現在我們所看到兩聯盟各六球團的穩定體制。這邊就簡單梳理一下一九五〇年到一九五八年之間兩聯盟的球團更替史。

一九五〇年球季結束後，中央聯盟第六名的西日本與墊底的廣島，首先就出現經營危機，於是就盛傳兩隊是否要進行合併。不過廣島在監督石本秀一（1897-1982）的努力下，得到廣島縣內的企業與團體的支持，加上縣內成立諸多後援會協助球團，讓廣島隊決定繼續維持下去，但西日本就沒那麼好運。原本西日本要申請加盟日職時，是打算與西鐵合併為一隊，後來因故分屬於兩聯盟。如今西日本確定無法運作球隊，於是在考量後決定退出中央聯盟，並由西鐵快艇隊吸收，兩隊合併後在一九五一年三月更名為「西鐵獅」。

一九五一年球季開始後，兩聯盟就各變成七支球隊，但奇數球隊始終不是樂見的情況，尤其是對中央聯盟而言更是如此。一九五二年球季開始前，中央聯盟舉行一次代表者會議，在會議中提議如果該年球季，有球隊的勝率低於三成的話，就必須受到懲罰，而懲罰的具體方式，則由聯盟會長提案，理事長定奪。結果當年球季結束後，曾經是中央聯盟冠軍的松竹，以勝率二成八八的成績墊底，因勝率未滿三成，按規定就需受到懲罰。不過碰巧因松竹的母企業在纖維事業上的虧損，決定緊縮球隊資金，釋出多位主力球員，並考慮淡出松竹的經營。隔年一九五三年一月，松竹與大洋合併，並更名為「大洋松竹知更鳥」，且將大洋所在的主場城市山口縣，移到大阪。

中央聯盟因為大洋、松竹的合併，因此就形成六隊的態勢，而七隊的太平洋聯盟決定效法中央聯盟，在一月三十日的理事會中，研議勝率未達三成五的球隊，必須在隔年球季強制休賽一年，這樣或許就能將在出賽的球隊數量控制在六支。出乎眾人意料的是一九五三年球季，沒有任何一支球隊勝率低於三成五，最後一名的近鐵也都還有四成一零。如此來看，減少一支球隊並不可能，於是擔任太平洋聯盟總裁的大映老闆永田雅一（1906-1985）反其道而行，既然無法縮減球隊，不如就增加球隊的數量到偶數。於是永田雅一找上啤酒製造經營者、過去也曾經是職棒隊「鷲」的老闆高橋龍太郎（1875-1967），邀請他再次入主職棒。經過永田雅一的盛情邀約，高橋龍太郎同意加入，並將新增的球隊取名為「高橋聯合」，監督由濱崎真二（1901-1981）擔任。

至於高橋聯合的球員組成部分就有趣了，是由太平洋聯盟的其他七支球隊，挑選出部分球員轉入到聯合隊，但因為各隊所挑選出的球員實力都是屬於中間段之下，故聯合隊整體戰力其實不高。球隊首年名次為第六名，但接著連續兩年都是墊底，這中間還有因另外獲得贊助而更名為「蜻蜓聯合隊」，但只使用一年便又改回原來的隊名。在沒有額外的贊助下，雖然高橋隊老闆有意繼續經營球隊下去，但實在缺乏資金，於是聯盟考慮將高橋併入他隊。一九五七年二月二十六日，在太平洋聯盟的老闆會議中，就宣布大映與高橋合併，隊名為「大映聯合」。

因為大映與高橋的合併，使得太平洋聯盟又恢復到尷尬的七支球隊狀態。永田雅一決定還是以減少至六隊為目標，於是他就提案當年度墊底的球隊直接解散。從永田的角度來看，近鐵隊被認為是機率最高的球隊。但老天最後跟永田開了一個極大的玩笑，因為當年度最後一名竟然是自家球隊大映，而且因為勝率不滿三成五，還需要被罰款。永田雅一最終不得不遵守自己所訂下的遊戲規則，在與每日協商後，於是就將大映與每日進行合併，隊名為「每日大映獵戶座」，老闆由永田雅一出任。但因為作為主體的每日隊高層其實對經營球隊興致缺缺，於是實際球隊的經營是歸永田雅一負責。

經過數年，兩聯盟總算是走到正力松太郎所期望的六隊體制。雖然之後還是有進行球隊的轉賣，但都能維持兩聯盟各六支球隊的穩定局面。而在球隊數更迭期間的一九五四年八月，日本國稅廳發出通告，稱企業所經營職棒的虧損，可用母企業廣告宣傳費的名義來填補。在此之前母企業如果要以金錢支援球團，因屬「贈與」行為，反倒是會被課稅。如今母企業可以廣告宣傳費來填補球隊支出，此舉雖然更加有利球團經營球隊的運作，但也造成後來的日職球隊很難脫離企業色彩，並且球團營運的赤字容易會被母企業的營收所掩蓋。

三雄鼎立與野武士軍團

端看一九五〇年代這十年間的日職，明顯有三支球隊的實力較為突出，分別是巨人、南海，以及西鐵。巨人在這十年間，除了一九五〇年（優勝是松竹）與一九五四年（優勝是中日）外，其餘八年都是央聯的優勝隊，其中更有四年（一九五一到一九五三，與一九五五）拿到「日本一」。陣中球員除有在單一聯盟時期就聞名的川上哲治、別所毅彥、千葉茂等人外，更增添來自夏威夷出生的日裔美籍好手與那嶺要（1925-2011），尤其與那嶺要從海外帶進許多新技術、新觀念，進而改變日本球界的思想體制；至於南海隊，則在監督山本一人的帶領下，組織起「百萬美元內野陣」、「四百英呎打線」，而拿下五次洋聯優勝（一九五一到一九五三、一九五五與一九五九）。其中一九五五年的賽季還創下至今日職最高的單季九十九勝，但可惜只在一九五九年拿到「日本一」。

再來提到西鐵。筆者在前面有簡略到一九五一年時，西日本海盜退出中央聯盟後，並與西鐵快艇隊合併改名為西鐵獅，主場仍是福岡縣的平和台球場，首位監督則是前巨人名監督三原脩。三原脩在與巨人高層交惡後，就被西鐵所網羅，球團賦予三原極高的權限，尤其在球員的部分，是讓三原親自去選擇。三原來到西鐵的第一件事，就是帶走身為巨人中心棒次的青田昇，雖說青田本人願意追隨，但因故最後還是留在巨人。不過在一九五二年，西鐵還是成功網羅東急的大下弘，使球隊有個能作為中心的指標人物。接下來幾年，三原所找球員都是以九州當地的球員為主，包含「怪童」中西太（1933-2023）、豐田泰光（1935-2016）、高倉照幸（1934-2018）、後來成為鈴木一朗（1973-）恩師的仰木彬（1935-2005），以及「鐵腕」稻尾和久（1937-2007）等人，共築西鐵的黃金時代。

三原西鐵的前三年，雖說成績都是聯盟前段班，卻與聯盟優勝無緣。一九五四年，西鐵以勝率六成五七（九十勝、四十七敗、三和）的些微勝差，險勝南海的六成五零（九十一勝、四十九敗），首度嘗到聯盟優勝，而他們的對手，也是獲得隊史首次優勝的中日。這一年的中日靠著第二次執掌兵符的監督天知俊一（1903-1976）在季初以「打倒巨人」為全隊最高目標下，最終以五點五場的勝差擊敗巨人，其中功勞最大者，是對巨人取得十一勝的投手杉下茂（1925-2023）。杉下茂個人憑藉著日職最好的「指叉球」，取得聯盟最高的三十二勝、防禦率一點三九、勝率七成二七、兩百七十三次三振、七場完封勝，成為兩聯盟以來首位「投手五冠王」，並且為自己贏得生涯第三座「澤村賞」（一九五一、一九五二、一九五四）、生涯唯一一次的ＭＶＰ，技壓巨人兩大投手大友工（1925-2013）與別所毅彥。十月三十日開始，中日與西鐵展開日本系列戰，中日再次依靠杉下茂出賽五場，四場完投，三場勝投的表現，贏得隊史首座「日本一」，杉下茂自己也獲得冠軍賽的ＭＶＰ，可謂生平最為風光的球季。

儘管西鐵在隊史首次的「日本一」之戰失利，但球隊的戰力仍持續不斷地上升，一九五五年依舊有九十勝的佳績，位居第二。一九五六年，來自別府綠丘高校的新人稻尾和久加入球隊，增強投手的戰力，加上以中西太、豐田泰光為首的打擊群更加成熟，竟連續三年都以些微的勝差擊敗南海，獲得洋聯冠軍，更連續三年在「日本一」系列戰中擊敗同是聯盟三連霸的巨人，完成太平洋聯盟球隊史上第一次的「日本一」連霸，造就出西鐵王朝。相較於同時期中央聯盟常勝軍巨人在球界的紳士形象，西鐵則給球迷一種豪邁不拘的風格，而被冠有「野武士軍團」的別名。

巨人之星

一九五八年二月十六日早晨，連續兩年在「日本一」輸給西鐵的巨人，派出球隊相關人士在國鐵明石站等候一位剛從大學畢業的年輕人，同時車站外還包含近三百名的球迷，聞訊趕到要迎接這位東京六大學聯盟的超級新星，此人便是改變日職在日本人心中的地位、且未來有著「棒球先生」美名的長嶋茂雄（1936-2025）。

二月十七日，巨人開始新球季的春訓，為了一睹超級新人長嶋茂雄的風采，球場一早就擠滿觀看的球迷。雖說是第一次在球隊練習，但長嶋茂雄似乎沒有適應的問題，不論是身體的素質、守備的靈活度、打擊的表現，都獲得監督水原茂及隊友們高度的讚賞。對於長嶋茂雄能力的信任，水原茂在熱身賽就將長嶋排進先發名單，而長嶋也不負眾望，在十九場的熱身賽中就擊出七支全壘打，展現優異的打擊天賦。長嶋茂雄驚人的表現，讓不少球迷都迫不及待能趕快在開幕戰看到他的身影。四月五日，巨人在後樂園球場迎來一九五八年球季的開幕戰，長嶋茂雄被水原監督選定為先發第三棒、三壘手，要面對到的對手是國鐵隊。而國鐵隊所派出來的先發投手，則是已經連續七年二十勝、連續三年三百次三振，同時在上一個球季還投出生涯首場完全比賽的球界「天皇」金田正一。

球界的「天皇」對上「金童」，在賽前就掀起一陣討論的熱潮，而這樣精采的對決，讓當天後樂園球場擠進超過滿場的四萬名球迷。經歷過球場大風大浪的金田正一，對他來說長嶋茂雄也不過是剛進入職棒舞台的新人，於是很快就在比賽中讓長嶋體驗到職業與學生棒球之間的巨大差距。當一局下輪到巨人攻擊，金田正一就接連對前兩棒的與那嶺要及廣岡達朗（1933-）投出三振，以絕佳的狀態對上長嶋茂雄。兩人生平的第一次對戰，金田正一就以一顆內角近身速球「歡迎」長嶋的到來，長嶋雖然出棒但是揮空。再來第二顆球一樣是速球，但長嶋沒有出棒，變成兩好球，第三顆長嶋則是選到一顆壞球，再來第四顆一樣是速球，長嶋選擇出棒卻還是揮空，生涯第一次打席就苦吞金田的三振。接下來長嶋三次的打擊機會，仍然對金田的投球一籌莫展，總計整場四次打席，慘遭四次三振。至於在內容上，兩人對戰十九球，十二顆好球、七顆壞球，而在十二顆好球中，有兩顆長嶋放掉、界外球兩顆、八顆揮空，可說是徹底輸給金田。

雖然首次在職業舞台登場就遭到震撼教育，但長嶋茂雄的球技與心態，都還是早已說明他有著具備成為職業球員的條件。在第三場比賽也是第十個打席，擊出職棒生涯首支安打，而在第六場對上大洋的比賽中，便擊出生涯第一支全壘打。最後整季成績結算下來，打擊率三成零五、全壘打二十九支、打點九十二分、安打一百五十三支、盜壘三十七次，贏得聯盟的新人王、最多全壘打與最多打點三項獎項。除此之外，長嶋的打擊率也僅輸給阪神的田宮謙次郎，而且要不是在九月十九日對廣島的比賽中漏踩一壘壘包而被判出局，長嶋還有可能成為聯盟史上第一位新人球季就完成「3・3・3」壯舉的選手。有了超級新人長嶋茂雄的加持，讓監督水原茂認為這次巨人應當有更高的機會，可以從西鐵手中奪回失去的「日本一」。

巨人與西鐵兩隊在十月十一日於後樂園球場展開決戰，巨人靠著穩定的投打戰力很快就取得前三場勝利，而原定十月十五日的第四場因雨順延一日，結果就讓局勢有了極大的轉變。第四場西鐵派出前一場完投敗的稻尾和久先發，在多一天的休息下，就以完投勝扳回一城，隔天第五戰則在靠著三位主力投手接續投球下，以一分之差險勝。在休息三天後兩隊回到後樂園球場，西鐵再次押上稻尾和久先發對上央聯MVP的藤田元司（1931-2006），這是兩位投手在這次日本一系列戰的第三次先發對決，最終由稻尾獲勝，將戰局拉成三比三平手。決勝局的第七戰，巨人派出所有投手，而西鐵仍舊由稻尾一人應戰，第一局西鐵的中西太就擊出關鍵的三分全壘打帶動士氣，雖說九局下巨人靠著長嶋擊出全壘打追回一分，但仍無法挽回局勢。最後，在長嶋後面的川上哲治擊出左外野飛球被接殺出局，結束比賽，西鐵成為職棒首支在三連敗絕對劣勢下，又以四連勝逆轉贏得「日本一」的球隊。「日本一」MVP則理所當然是由登板六場、且連續出賽五場，取得四連勝的稻尾和久獲得，稻尾和久這宛如超人般的投球內容，被球迷讚許為「神樣、佛樣、稻尾樣」而名留青史。而在同一天，有著「打擊之神」美譽的巨人球星川上哲治宣布引退，結束他長達十八年的球員生涯。不久後，同樣是在戰後撐起職棒界的藤村富美男、小鶴誠、西澤道夫也紛紛高掛球鞋離開球場，象徵球界的世代交替。

-1988

下篇

走向國民運動

1959

第四幕——英雄與王朝

國球

一九五九年，為職棒形象的重大轉折點，這一年昭和天皇親臨後樂園球場觀賞職棒比賽，並親眼見證到精彩的「傳統一戰」，奠定棒球成為不亞於相撲的「國民娛樂」。另外隨著職棒的組織愈趨完善，「職業」與「業餘」兩球界的分野同樣愈趨顯著，雖說兩者之間有劃出分水嶺，但在一九六二年卻還是發生越界的行為，而導致日後長達數十年的冷戰。一九六四年，日本國內不僅注視著奧運的到來與新幹線的通車，巨人的王貞治（1940-）也以單季五十五支全壘打豎立其代表「全壘打王」的形象。

天覽試合

一九五九年六月二十五日晚間，在東京後樂園球場出現歷史性的重要畫面，那就是昭和天皇偕同香淳皇后一同現身球場，觀賞巨人與阪神兩隊的「傳統對決」。這同時也是日本職棒成立至今，日本天皇唯一一次蒞臨職棒球場觀賞比賽，意義無比非凡。何以天皇會突然想進場觀賞職棒，這就有個小故事。

夜晚時刻，偶爾從皇居的位置望向水道橋的方向，總能看見有光芒在黑暗中照耀。而生活於皇居內的昭和天皇，在某天就問侍從這是怎麼一回事，於是侍從就向天皇報告說這是在進行職棒比賽。好奇的昭和天皇就心想或許有一天要進場看看。在此之前，其實昭和天皇已經一共有三次親臨現場觀看球賽的經驗，分別是一九二九年十一月十一日的早慶戰、一九四七年八月三日的都市對抗棒球，以及一九五〇年十一月六日的早慶戰，但卻沒有任何一場球賽是與職棒有關。不久，巨人老闆正力松太郎聽聞天皇對職棒比賽有著濃厚興趣，於是就向處理皇居事務的宮內廳打探，是否能邀請天皇來後樂園觀賞職棒比賽。有趣是在同一時間，大映老闆永田雅一則是向宮內廳提議讓天皇觀賞大映與西鐵的比賽。最後，宮內廳在昭和天皇的指示下，最後給出的回答是「六月二十五日巨人對阪神」。

在這一天比賽開打前，後樂園球場入口就擠滿人潮，想要一睹昭和天皇的尊容。而聯盟以及巨、阪兩隊高層也都親臨球場，提前在場外等候，迎接天皇的到來。天皇與皇后二人乘坐轎車抵達現場後，就在時任委員長井上登（1885-1971）的帶領下，步行至後樂園球場所臨時改裝的貴賓席。

比賽於晚間七點正式開打，巨人派出前一年球季有二十九勝的藤田元司先發，阪神則派出前一年也有二十四勝的小山正明（1934-2025）掛帥，兩隊似乎有意安排在天皇面前，上演一場王牌投手的對決。兩隊在前兩局都沒有得分，三上阪神靠著投手小山正明自己率先擊出一分打點安打，以一比零領先巨人。直到五下，巨人靠著長嶋茂雄在本場第二打席，於一好一壞的球數下，擊出左外野的陽春全壘打，追成平手。此為長嶋個人賽季的第十二號全壘打，這一支全壘打讓全場巨人迷瞬間歡聲雷動。緊接在長嶋後面的坂崎一彥（1938-2014），也立刻補上第二支全壘打，巨人反倒以二比一超前。六上，三宅伸和（1934-2021）率先敲出追平分的安打，接著藤本勝巳（1937-）擊出兩分全壘打，換成阪神以四比二領先。七下，坂崎一彥靠著安打上壘後，輪到職棒界的超級新人王貞治上場。此時已經投到七局的小山正明似乎體力下滑，球威也跟著減弱，王貞治在兩好兩壞下逮住機會，擊出右外野的同分全壘打，將比數扳成四比四平手，這也是長嶋茂雄與王貞治「ON」（「O」指王的英文姓氏開頭，「N」則是指長嶋的英文姓氏開頭）同場擊出全壘打的開始（兩人生涯一共有一〇六場比賽同時有全壘打，為日職史上第一）

第八局過後，雙方都未能得分，比賽就這樣來到九局下半。此時後樂園球場的時間不久後就要來到九點十五分，也是天皇預計離開球場的時刻。這時阪神在投手丘上的投手，是在八局接替小山正明、阪神備受期待的新人村山實（1936-1998），而他要面對的打者是在本場比賽已經有兩支安打、其中一支還是全壘打的長嶋茂雄。距離天皇離開球場的時間已經剩下不到五

表4-1｜「天覽試合」比賽紀錄（1959年6月25日）

	一	二	三	四	五	六	七	八	九	
阪神	0	0	1	0	0	3	0	0	0	4
巨人	0	0	0	0	2	0	2	0	1x	5

勝：藤田（巨）　敗：村上（神）
全壘打：藤本（阪）、坂崎（巨）、王（巨）、長嶋*2（巨）

分鐘，只要這局沒有分出勝負，天皇就會提早離開球場。全場四萬名觀眾屏氣凝神看著村上與長嶋的頂尖對決，在兩好兩壞下，長嶋似乎預判村上還不會投出他用來決勝的指叉球，而會以內角球壓迫自己。當村上投出第五球是內角球的瞬間，長嶋果斷出棒，順勢就將球擊出左外野的大牆，是一支再見全壘打。

這場巨阪之間的「傳統一戰」，最後就以長嶋茂雄石破天驚的再見全壘打作為終結。整場比賽內容可說是波瀾起伏，充斥著棒球應該要有的魅力，連當時擔任主審的島秀之助（1908-1995）事後也不禁讚嘆為「宛如劇場的比賽」。另有一點要提到，就是長嶋茂雄擊出再見全壘打的那一刻，球場時鐘正好走到晚間九點十二分，而三分鐘後的九點十五分，是天皇與皇后預計離開球場的時間。也就是說，如果長嶋茂雄沒有擊出這一支再見全壘打，雙方將有極大可能進入到延長賽，思考到警備護衛的問題，兩位陛下是不會觀賞球賽到結束。因此長嶋茂雄這一支「再見全壘打」的適時出現，不僅將這場球賽畫下句點，同時藉由天皇蒞臨現場所觀賞到這驚天一擊，加上電視實況轉播的推波助瀾下，讓職棒更受到日本民眾的關注與喜愛。

表4-2｜第一屆殿堂成員名單

入選者	事蹟
正力松太郎	日美棒球的成功與創立巨人軍
平岡凞	成立日本第一支棒球隊
青井鉞男	擊敗美國隊的一高投手
安部磯雄	學生棒球之父
橋戶信	創立都市棒球對抗大會
押川清	創立首支職業隊「日本運動協會」
久慈次郎	早大・函館海洋的名捕手
澤村榮治	初期職業棒球不滅的大投手
小野三千麿	第一位對大聯盟勝利的投手

一九五九年除了有日職史上首次的「天覽試合」外，巨人投手別所毅彥也繼在一九五七年因車禍不幸過世的Starffin之後，成為第二位完成三百勝（最終三百一十勝）里程碑的投手。此外，在「天覽試合」前的六月十二日，在以Babe Ruth等大聯盟球星所組成的明星隊來到日本二十五週年的契機下，棒球殿堂博物館（現今地點在東京巨蛋）正式開館，並選出包含正力松太郎在內第一屆殿堂成員。

大洋的「三原魔術」

一九五九年球季，巨人以央聯四連霸的姿態再次登頂，並在「日本一」對上阻斷西鐵連霸的南海，結果巨人又再次於最後一刻慘遭滑鐵盧。南海此次靠著在前一年從立大爭取而來的杉浦忠

（1935-2001，長嶋茂雄的同學），彌補長期以來球隊王牌投手的空缺，以三十八勝、三百三十六次三振及防禦率一點四零的優異成績，不僅贏得聯盟MVP，還將球隊帶入到久違的「日本一」。而在「日本一」中，杉浦忠宛如複製前一年稻尾和久的神蹟，連續四場出賽獲得四連勝，橫掃巨人，幫助南海拿下兩聯盟以來的隊史首座冠軍。接著來到一九六〇年，這一年央聯冠軍不是巨人，洋聯冠軍也不是南海或者西鐵，出乎意料地分別是長期墊底的大洋（在此之前連續六年）與永田雅一的每日大映獵戶座。

長期在央聯墊底，卻在一九六〇年一躍而成為冠軍的大洋，最讓球迷所津津樂道就是「三原魔術」的奇蹟。而為大洋施展魔術的不是別人，就是過去曾擔任巨人與西鐵的名監督三原脩。三原脩因西鐵未能完成「日本一」四連霸而離開球隊，隨即就被大洋所挖角，但縱使找來三原脩，外界仍不看好連續六年墊底的大洋會產生何種的化學變化。但不可思議的是在戰力沒有太大變動的情形下，三原脩竟然將大洋帶到央聯冠軍，可說是跌破眾人眼鏡。對於大洋如此戲劇性的轉變，球界多半還是認為要歸功於監督三原脩。三原脩重視球員的自主性，對於球員的心理建設也拿捏恰當，同時起用各別專長的球員，使其能力發揮到最大的效用。投手陣容的兩大先發支柱秋山登（1934-2000）以及投出生涯年的島田源太郎（1939-），成功帶領投手群拿下聯盟最佳的防禦率。打擊群則有土井淳（1933-）、近藤和彥（1936-2002）、桑田武（1937-1991）等年輕球員，在三原脩的帶領下，儘管球員在打擊上的個人成績都不算出色，

表4-3｜1960年央聯一分差比賽的成績

球隊	勝	敗	勝率
大洋	33	17	0.660
巨人	22	25	0.468
阪神	19	24	0.442
廣島	19	24	0.442
中日	23	26	0.469
國鐵	21	21	0.500

備註：順序為當年度的排名。

但總能在關鍵時刻守住或者逆轉比賽。

表4-3中就有一段數據很值得玩味，大洋雖然有央聯最多場的一分差比賽，但勝率卻可高達六成六，其中有十勝又是來自於第二名的巨人，對球隊的總成績來說具有關鍵意義。

洋聯方面，睽違十年再度拿到聯盟冠軍的大每，在新監督西本幸雄領軍下，以「飛彈打線」崛起。撐起「飛彈打線」的三位重要成員山內一弘（1932-2009）、榎本喜八（1936-2012）與前一年從阪神轉隊來的田宮謙次郎，分別攻占打擊率榜上的前三名，而日後分別成為日職第二、第三位完成兩千安的山內與榎本二人，更是合力囊括打擊榜的三冠王（山內拿下最多全壘打、打點，榎本則拿下最高打擊率）。大每當年不僅有強力的打線，投手群也不惶多讓，共有四名投手進入到防禦率榜的前十名，而有當時洋聯第一左投之稱的小野正一（1933-2003），則是投出個人的生涯年，有著三十三勝以及防禦率一點九八的表現。大每靠著堅強的投打戰力，在季賽驚險贏過南海，闖進「日本一」。

大洋與大每兩隊首次在「日本一」碰頭，而賽前預測宛如十年前每日對上松竹一樣，都是一面倒，只是這次預測傾向是大每。單就球員成績來看，確實大每是占據上風，但大洋的特殊球風與監督三原脩臨場的適時調度，反倒是讓賽前預測完全失準。大洋最終是以四比零橫掃大每，而且最特別是四場比賽都是大洋以一分之差險勝，完美地複製他們在季賽的專長。至於大每輸球的因素，除了投打表現不如預期外，或許也與老闆和監督之間意見上的不合而導致球隊士氣低落有關。身為球團老闆的永田雅一初嘗聯盟冠軍滋味，對於獲得「日本一」的執念深厚，因而對「日本一」的比賽過程非常重視。尤其在第二戰一次一人出局滿壘的情況，監督西本幸雄下達強迫取分失敗造成雙殺，讓比賽無法逆轉。接著第三戰大每又輸球，於是賽後永田雅一就打電話給西本幸雄，說明他個人對於比賽戰術執行的看法。在電話中，永田就特別指責西本在第二戰滿壘的戰術執行有誤，而西本的回答又讓永田非常不滿。對西本來說，認為即使是老闆也不能干涉監督臨場戰術的下達，甚至還以辭掉監督一職相逼，使得永田憤而大罵「バカヤロー！」（按：就是在日語中經常怒罵他人的那句話）就掛斷電話。就是這一次兩人的對話，加上大每又沒有奪冠，所以「日本一」結束後西本就提出辭呈，而永田也毫無慰留之意地給予批准。因為這次衝突是發生在第三場比賽後，是否影響到西本帶隊的心情而導致第四場球隊落敗不得而知，但這樣的插曲也為大洋歷史性的奪冠添加額外的話題。

球界的制約

一九六〇年上演「三原魔術」而奪冠的大洋鯨，遺憾沒有在之後的賽季持續施展魔術，一九六一年球季再度落到聯盟第六位。另外更換監督的大每也無法延續去年的氣勢，排名跌落至第四位。球場上，作為西鐵王牌投手，有著「神様、佛様、稲尾様」稱號的稲尾和久，繼一九五八年「日本一」奇蹟般的表現後，再次展現個人無與倫比的實力，完成單季四十二勝的壯舉，追平Starffin在一九三九年所保持的日職紀錄，同時也投出三百五十三次的三振，為太平洋聯盟單季最高成績，稲尾和久無疑是當年討論度最高的選手。另一方面，所屬央聯中日的選手柳川福三（1936-1994）也同樣是話題人物之一，但可惜關於柳川的話題，卻是造成日後職業與社會人球界長達三十年冷戰的導火線。

前文有提到，為防止職業與社會球界之間惡意挖腳選手，雙方有特別訂立規範，在職業賽季期間，是嚴格禁止兩邊有球員挖角的行為發生。然而在一九六一年四月時，聯盟對社會人球界所提出來的規定有疑慮，而拒絕締結新的契約，導致出現一段無條約的空窗期。結果在職棒開幕不久後的四月二十日，中日就與當時身為社會人球隊日本生命的柳川福三簽約。中日這無視規定的舉動，可說徹底惹怒社會人球界，後來社會人球界做出反制，嚴格禁止職棒退役球員回到社會人球界打球與指導，直到二十世紀末雙方的對立才逐漸有破冰的契機。而不惜讓中日也要違反規定挖角的柳川福三，進入職棒後的成績又如何呢？結果是讓中日大失所望。柳川職棒首年在一軍僅留下三十一場的出賽，沒有全壘打與打點，打擊率勉強到二成。後來幾年柳川也都是在一軍與二軍之間載沉載浮，雖然曾一度改名以尋求轉運，但成績始終不見起色，最後在一九六五年球季便被中日解雇，生涯五年職棒一軍成績僅出賽一百四十四場、兩支全壘打及兩成零二的打擊率。

一九六二年，時任聯盟委員長的內村祐之，有感於二軍比賽時常出現球員品行失格的行為，決定像社會企業一樣，對新進職棒的球員進行職場品行、倫理的教育，也就是導入「新人訓練制度」。該制度自一九六三年正式實施，主要針對當年新入團的選手，在球季開幕前會安排禮儀講座。整個訓練的時間，也會因未成年與成年而有分別，未成年選手是從開幕戰算起一百場比賽，而成年選手則是五十場比賽，在訓練期間更是禁止在一軍出賽。制度實施後，許多具有高知名度與實力的新人選手都只能在二軍出賽，結果還造成二軍觀戰人數的增加。雖然內村委員長的新人職前訓練是立意良善，但對於球員出賽的限制卻還是引來許多球團的反彈，尤其是施行當年對選手出賽的嚴格限制，導致新人選手出場數不足，使得兩聯盟都未能選出符合資格的新人王。隔年，內村佑之對出賽場次進行調整，成年選手直接取消，而未成年選手則是限制到五月，到了一九六五年則完全取消出賽的限制。一九六三、一九六四連續兩年沒有選出新人王的太平洋聯盟，在沒任何出賽的限制下，西鐵超級新秀池永正明（1946-2022）以二十勝十敗、防禦率二點二七的成績獲選新人王，即時彌補投球能力已逐漸衰微的稻尾和久位置，成為西鐵頭號先發。不過池永在多年後卻捲入一起重大事件，不僅毀掉自己的選手生涯，同時也讓西鐵走向球隊的末日。

全壘打「王」

一九六四年，為戰後日本重要的一年，在這一年不僅象徵陸上交通革命的新幹線開通，更是日本首次成功舉辦奧運。至於在職棒界，或許可以將焦點放在一位選手身上，此人即是日後被廣大球迷所尊敬的「世界全壘打王」——王貞治。

在此簡短介紹王貞治自進入職棒後到一九六三年之間的個人發展。曾於一九五七年帶領早稻田實業高校獲得第二十九屆春季甲子園優勝的王貞治，其投打實力在高校時期就已獲得許多球團的關注，待一九五八年一畢業，就掀起職棒界一波的搶人大戰。後來王貞治在自家住宅與巨人達成協議，以簽約金一千八百萬日圓、年薪一百二十萬日圓加盟，開始展開職棒的旅程。雖說當時王貞治是以投手身分加入巨人，但是監督水原茂在春訓時看到王貞治投球的情況後，就果斷決定讓王貞治專心擔任打者。水原監督非常器重王貞治，原本新人要從二軍開始，但水原為能讓王貞治能盡早適應職棒的氛圍，在春訓開始就安排他與長嶋茂雄同住一間房，也讓兩人自此建立起球場上的革命情誼。

在熱身賽留下兩成四六打擊率及五支全壘打的王貞治，開幕戰就直接被選為一軍的成員，然而心態及球技未能適應職棒的強度，直到第二十七個打席才擊出職棒生涯的第一支安打。一九六〇年球季開始後，王貞治被指定為先發一壘手，但被球團期待的長打力始終未能展現出來，職棒前三季全壘打數分別是七、十七、十三支，完全看不出是強打者，不僅王貞治本人對於自己的打擊愈來愈沒自信，球團老闆也特地找上剛接任巨人監督的川上哲治討論解決辦法。川上哲治幾經思索後，想到有一人或許能讓王貞治有所改變，此人便是大每退休球員荒川博（1930-2016）。一九六一年十二月，川上哲治邀請荒川博擔任打擊教練，其用意是要來指導王貞治，而川上給荒川的首要目標，是先將王培育成至少能有「兩成八打擊率及二十支全壘打」的打者。來到巨人隊的荒川博，非常高興能夠接下指導王貞治的重任。荒川是王貞治在早實的學長，二人於王貞治中學二年級時在隅田川旁的球場初次見面，當時荒川就對身材高壯的王貞治印象深刻，還期望他日後有機會能進入母校早大就讀。事隔多年，二人在一九六二年初再次有了交集，荒川明白告訴王自己被聘請來的原因就是要指導、改善他的打擊，而王也不得不做足準備，迎來職棒生涯的轉折點。

從一九六二年一月開始，荒川一有時間就會將王貞治家接至自家宅邸練習揮棒，練至深夜一兩點才再由荒川送回家裡。球季開始後，王貞治還結識大每的天才打者、同樣也是王貞治在早實的學長榎本喜八，每到深夜時刻，荒川家就宛如道場一般，不斷有人在進行修練。王貞治曾坦言自己在打擊上的弱點是內角球，因此荒川與王貞治二人就不斷在賽季期間研究、修正打擊姿勢，不過成效似乎都不顯著，時間就這麼來到七月一日。這天巨人在川崎球場對上大洋的雙重賽，在第一場比賽前，荒川就給王貞治在打擊預備時將腳抬高的指示，結果王在五個打數中擊出三支安打，其中一支還是全壘打。賽後王貞治特殊的打擊姿勢雖引來媒體們的注意，但多半持不看好態度。不過川上監督並不反對，並且支持二人的決定，於是從這天起，王貞治的「一本足打法」（又有金雞獨立打法、稻草人打法之稱）就在日職舞台上展現出來。球季結束，王貞治以三十八支全壘打與八十五分打點贏得雙冠王，這是他首次獲得個人打擊獎，且三十八支全壘打，也是央聯自一九五〇年小鶴誠五十一支全壘打以來，最好的成績。

一九六三年，王貞治逐漸掌握住「一本足打法」的精隨，不僅全壘打數突破至四十支，打擊率也首次來到三成、打點也超過一百分，已可稱作名副其實的強打者。至於另一邊的太平洋聯盟，南海強打捕手野村克也擊出單季五十二支全壘打，打破小鶴誠所保持的日職紀錄，第四度摘下洋聯全壘打王頭銜。不過野村的五十二支全壘打原本被預期短時間應該不會被超越，誰知在隔年就被王貞治所打破。王貞治從一九六四年的熱身賽開始，就維持絕佳的手感，在九場熱身賽中就擊出八支全壘打。接著在巨人與國鐵開幕四連戰中，王貞治持續展現驚人的長打力，立即有四支全壘打的表現。王貞治自開幕戰後就一直維持火燙的手感，到了五月三日對上阪神的比賽，王貞治繼前輩青田昇之後，不僅創下連續四打席全壘打，也成為繼岩本義行之後，第二位單場擊出四支全壘打的打者。雖然王貞治全壘打支數迅速增加，但巨人的戰績卻未見起色，六月十三日之後就一直與首位的球隊相差至少七場比賽，低迷的戰績讓巨人球迷將目光轉向於王貞治的全壘打。八月二十七日，王貞治先追平小鶴誠五十一支全壘打的央聯紀錄，接著在九月六日對大洋戰中單場雙響炮，一舉超越前一年由南海的野村克也（1935-2020）創下的五十二支全壘打，樹立日職新紀錄。九月二十三日最後一場比賽，王貞治在將紀錄上推到五十五支，這項紀錄就一直保持到二〇一三年才被打破。

王貞治的全壘打讓日職再度掀起一波熱潮，另外在「日本一」方面也有精彩的話題，那就是由兩支關西球隊——南海與阪神，共同上演的「浪花系列戰」。兩隊在季賽中各別仰賴外籍投手Joe D・Stanka（スタンカ，1931-2018）與Gene M・Bacque（バッキー，1937-2019）的表現，挺進「日本一」。後來雙方在「日本一」激戰七場，最終南海的Stanka技高一籌，上演三場完封勝，為南海勇奪「日本一」。而在十月十日的最後一場比賽，因為碰巧遇上東京奧運在下午四點的開幕典禮，使得當天甲子園球場的進場觀眾僅一萬五千名，是目前甲子園球場舉行「日本一」賽程以來，最少觀眾入場的一次。同時，也是「日本一」第一次在夜間進行比賽。

最後來說一九六四年一件發生於日本本土以外的故事。三月十日，南海隊年輕投手村上雅則（1944-）與另外兩名隊友高橋博士（1946-）、田中達彥（1945-），一共三人，以「棒球留學生」的身分前往美國，而村上則是隻身一人進入到舊金山巨人隊（San Francisco Giants）小聯盟體系的一A球隊。球季開始後，村上很快就站穩球隊中繼投手一職，原本應該只待到六月，不過因為對球隊有所貢獻，還特別延長留美時間，結果就一路奮戰到季末。總計村上在小聯盟成績為十一勝七敗，防禦率僅一點七八，一百零六局投出高達一百五十九次的三振，獲選加州聯盟的新人王與最佳九人，並在八月三十日取得一張前往紐約的大聯盟機票。九月一日，在紐約大都會（New York Mets）的新球場——謝亞球場（Shea Stadium），身穿「10號」球衣的村上雅則，成為首位踏上大聯盟舞台的日本選手，且在這場比賽投出日本球員的第一次三振。九月二十九日，村上雅則在巨人對上四十五口徑手槍隊（the Houston Colt・45s，今日休士頓太空人的前身）的比賽中，於九局平手的局面下登板，連續三局無失分，後來靠著隊友擊出再見全壘打，拿下自己、也是日本選手在大聯盟的第一場勝投。故在一九九五年野茂英雄（1968-）跨海挑戰大聯盟的三十年前，已經有一位日本前輩在大聯盟的舞台上留下重要的足跡。

V9時代（上）

一九六五年在日職史上可說是一個重要的起點之一，從這年起聯盟為能平衡球隊之間的實力差距，決議實施選秀制度。而在這一年球季，不僅誕生出兩聯盟分立以來首位的打擊三冠王，同時由川上哲治所領軍的巨人，也在這年開啟球隊九連霸的王朝。然而當聯盟透過制度要提升各球隊競爭力的同時，卻在一九六九年爆發出「黑霧事件」，讓職棒瞬間蒙上陰影，特別是對洋聯來說，以往人氣就不如央聯，如此又因這起事件而重挫。

三冠王的歷程

一九六五年十月五日，球季雖然尚未結束，但是位居洋聯榜首的南海，其陣中強打捕手野村克也，確定繼一九三八年巨人的中島治康，成為日職第二位、且是兩聯盟分立以來，第一位打者三冠王。

野村克也，一九五四年以練習生身分加入南海，一九五六年正式成為球隊當家捕手。作為捕手的野村，與過往捕手不同的地方，是他同時具備很好的打擊能力。在監督鶴岡一人「慧眼識英雄」下，野村在一九五七年開始擔任球隊中心棒次，在這一年以三十支全壘打贏得個人生涯首座打擊獎。雖然接下來兩年都只有二十一支全壘打，不過就全壘打的支數上來說，也都能排進洋聯前段班。野村在經過幾年的歷練後，打擊更加成熟，一九六一年再次拿下聯盟全壘打王，而從這一年開始，野村更是連續八年蟬聯聯盟全壘打王，其中一九六三年成為洋聯第一位單季五十支全壘打打者（最終成績為五十二支），幾乎可說洋聯沒有任何一名打者的長打力能與野村相比。

一九六四年，阪急找來過去曾至日本參加日美交流賽、並有著十年大聯盟資歷的Daryl Spencer（D・スペンサー，1928-2017）。Spencer再次踏入日本，更表明自己就是為阪急取得聯盟優勝而來。他在阪急被定位在二壘手，既有優異的守備頭腦也有優良的長打，首年就繳出聯盟第二高的全壘打與第三高的打點，獲選二壘手的最佳九人。一九六五年Spencer持續維持高檔的打擊，而野村克也同樣不遑多讓，截至當年八月十五日，Spencer的三項打擊數據分別是三成二九、三十三支全壘打與六十二分打點，而野村則為三成三五打擊率、二十七支全壘打與八十分打點，而就在此刻職棒圈內出現風聲，似乎不希望Spencer取得全壘打王。熟悉日職歷史的讀者必然知道在一九八五年與二〇〇一、二〇〇二、二〇一三年，分別有四名外籍打者，非常有機會挑戰王貞治所創下當時日職最高單季五十五支全壘打（第四位挑戰成功），於是其他球隊的投手就刻意投壞球或故意保送不讓打者打擊，保護紀錄不被打破，而引來球迷的撻伐。在一九六五年時，洋聯就曾出現這樣的情形。就連當時號稱「精密機器」，以「世紀交易」從阪神轉隊到大每的小山正明，竟也出現對Spencer連續投出十六顆壞球的紀錄，很難不讓人聯想到是刻意不讓Spencer有擊出全壘打的機會。

八月過後，Spencer被四壞球保送的比例是愈來愈高，面對日本投手這般對待，一度讓Spencer上場打擊時故意將球棒反拿以表達抗議。或許是故意保送的計策奏效，在接下來的一個多月裡，Spencer的全壘打數銳減，相對野村則是穩定增加，而在十月五日，Spencer因自駕機車不幸發生意外，導致右腳骨折，確定缺席剩餘的賽程。此時野村克也的三項成績也都在打擊榜上的首位，最後野村就以三成二零打擊率、四十二支全壘打、一百一十分打點，成為日職戰後首位的「三冠王」。而Spencer則是在打擊率與全壘打榜上屈居第二，可惜沒能成為第一位奪得全壘打王的外籍打者。雖說無緣在個人獎項上有所得名，不過Spencer以他過去在大聯盟的經驗，仍為阪急及日職帶來不少觀念上的轉變。比如在七月十六日，Spencer上演「完全打擊」（單場有一壘、二壘、三壘、全壘打等四種安打）後，賽後記者卻沒有對此有任何反應，這讓Spencer大感意外。後來經由他的說明，日職才曉得有這樣一種紀錄的表示。

如果說在洋聯所上演的「三冠王」之爭屬於日美大戰，那將目光切換到央聯這裡則變成是日本內戰。其實在前一年單季擊出五十五支全壘打的王貞治，也差點成為「三冠王」，最後是在打擊率上以三成二零小輸給中日隊江藤慎一（1937-2008）的三成二三。一九六五年王貞治依然取得全壘打與打點雙冠王，不過在打擊率上又再次輸給江藤慎一，連續兩年都以些微差距錯失「三冠王」。雖然王貞治無緣獲得「三冠王」，但是巨人靠著從國鐵轉來的金田正一以及三名二十勝投手的堅強投手群帶動下，以九十一勝戰績取得央聯冠軍，並繼一九六三年的「日本一」後，再次擊敗南海。而令所有球迷沒有想到得是，從這一年開始到一九七三年，巨人將會創下連續九年都奪得「日本一」的驚人紀錄，開創日職史上最長單一球隊的王朝。

選秀制度

一九六四年七月二十四日，西鐵老闆兼球團社長的西亦次郎（1909-1974），為打破在自由競爭下，資金富裕的球團能吸收好球員增加球隊戰力，而資金匱乏的球團卻苦無補強的機會，強者愈強、弱者愈弱的惡性循環現象，就在老闆會議中提案導入選秀制度，讓所有球隊能以較公平的方式獲得優秀的球員，達到「戰力均衡」與「抑制簽約金」這兩個目的。

當西亦次郎在會議中提出後，立即獲得太平洋聯盟所有球團的贊成，而中央聯盟僅有大洋表示同意。雖然已有過半數球隊同意，但是中央聯盟方面還是要求需要四分之三（即九支）的球團贊成，才同意導入該制度。於是太平洋側的球團便開始拉攏中央聯盟側其他球團，以便支持他們的提案。最終球隊戰力較為低落的中日與國鐵就被說服，改變初衷，使局勢變成三比九，達到四分之三通過的門檻。兩天後在日生會館召開實行委員會，設立「新人契約制度審議會」來處理有關事宜。這裡稍微談到最大反對者巨人的想法，巨人認為選秀制度最大的爭議點，在於剝奪選手們選擇球隊上的自由意志，假使選手一開始便不能加入自己想要的球隊，不就等於對其人權的限制，這是不合理的。針對巨人所提出在人權上的疑慮，聯盟還特別詢問宮澤俊義（1899-1976）這位法律學者，應該如何對此進行解釋，而宮澤給出的答覆是十二支球團全數同意的話，就沒有法律的問題，簡單說就是聯盟內部決定就行。既然在委員長方面是這樣的說辭，則巨人如果再堅持反對，也無濟於事，最終還是接受聯盟導入選秀制度這個事實。

一九六五年一月十三日，兩聯盟正式合意自今年季末，正式施行選秀制度。在選秀制度中，有嚴格規定簽約金額，最高上限為一千萬日圓。十一月十七日，具有紀念意義的第一次選秀制度，在日生會館召開。此次選秀方式，一共分成兩次選擇。第一次選擇是由各球團向委員會事務局提出想要球員的「選手名簿」（最多三十名），並從第一位到第十二位依序排列。而各隊所提出的第一輪第一順位的球員，假如沒有與其他球隊重複，則該球隊就能直接獲得交涉權。但如果不幸同一個球員有兩支以上球隊共同提出，則由這些球隊進行抽籤，獲勝者取得該球員的交涉權。當每隊都有第一位球員後，接著就是第二次選擇。第二次選擇是以年度球隊戰

表4-4｜第一次選秀各球隊「選手名簿」所提出人數與簽約人數

中央聯盟			太平洋聯盟		
球隊	提出人數	簽約人數	球隊	提出人數	簽約人數
巨人	8	5	南海	4	2
中日	11	5	東映	8	3
阪神	9	3	西鐵	16	3
大洋	10	5	阪急	13	4
廣島	18	10	東京	15	6
產經	11	2	近鐵	9	4

績作為排序，戰績較低者優先選擇。故以一九六五年球季為例，中央聯盟的順序為產經（前一年從國鐵改名）、廣島、大洋、阪神、中日、巨人，而太平洋聯盟則是近鐵、東京（一九六三年大每改名）、阪急、西鐵、東映、南海，而產經與近鐵由何者優先選擇，最後是由近鐵勝出，因此全球隊就由近鐵為首位，依序產經、東京，兩聯盟進行交叉指名，最後則是巨人。第三輪開始再由巨人、南海以交叉順序逆推回去。當所有球隊的「選手名簿」中所有球員都選擇完成，則選秀也就宣告結束。

就提出的人數來說，總計一百三十二人，單一球隊以廣島所提十八人為最多，南海則僅提出四人為最少。雖然有不少球隊都提出超過十人的名單，但實際上簽約的人數都未能達到所提出名簿人數的一半，顯然不少被提名人，其實對於踏入職棒的舞台或者加入被青睞的球隊，都有所顧忌。

而在首次選秀加入的球員中，備受注目是來自甲府商業高校、有著「甲斐小天狗」之稱的堀內恒夫（1948-）。當事人曾在選秀會前揚言如無法加入巨人，就要前往早慶就讀，最終自然就是由巨人單獨獲得交涉權。堀內的加入，讓接下來的巨人V9王朝有了重要的投手支柱；而當時身為六大學強打者的法大長池德二（1944-），則是加入阪急，為之後阪急王朝奠下戰力的基礎；至於近鐵則在第二輪獲得來自育英高校的左投鈴木啓示（1947-），則是在未來成為生涯擁有三百一十七勝的大投手。

然而，聯盟儘管正式實施選秀制度，但如前文所提到，巨人認為這樣的方式，有剝奪選手選擇職業的個人意願，是侵犯人權的一種行為，因此還是造成不少的爭議。其中在一九六七年七月時，在眾議院法務委員會上，就有社會黨議員提出「束縛選手自由的選秀制度，有人身買賣的疑慮。針對這問題必須要有充分的討論」。同年十二月十二日，法務委員會做出裁定，認為職棒的新人選秀制度，以現階段而言，並沒有表現出對人權無視的問題。因此有關選秀制度侵犯人權的爭議，就在這場法務委員會的裁定下，畫下休止符。

川上哲治與「道奇戰法」

巨人自一九六五年開始到一九七三年，完成職棒史無前例的九連霸，當中的功臣，除有長嶋茂雄與王貞治兩位核心的球員，其中能將球隊戰力最大化關鍵的要角，非屬監督川上哲治。

川上哲治在一九六一年接下巨人監督一職，首年就帶領球隊贏得睽違六年之久的「日本一」。不過在接下來的三年內，雖然在一九六三年也順利拿到「日本一」，但一九六二、一九六四分別以第四與第三名坐收，不穩定的戰績，讓不少人產生對川上帶兵能力的質疑。不過隨著一九六五年開始，巨人不僅能拿下央聯冠軍，更在「日本一」接連擊敗南海、阪急兩支六〇年代太平洋聯盟的強權，完成連霸，不禁讓人思考川上是如何將巨人帶領得如此強大。提到川上哲治的帶兵哲學，首先是「管理棒球」，而「管理棒球」又有兩項要點，一項是被稱作「哲的屏障」，也就是川上哲治會對任何有關球隊的情報與決策進行管制，不輕易對外透漏；另一項則是特別重視球員在場上個人能力的發揮，以求獲得最終的勝利，徹底貫徹團隊作戰的本質。川上哲治要實踐這樣的帶兵哲學，還需有人從旁協助，於是他在接掌兵符的第一年，就找來前一年從中日離開的牧野茂（1928-1984）擔任板凳教練。牧野茂不負川上哲治所託，非常認真吸收許多新式棒球知識，尤其是對於當時洛杉磯道奇的球隊訓練特別關注。事實上，奠定V9的重要基礎，當中有一項不可忽視的要素，那就是「道奇戰法」的研究與施行。

「道奇戰法」顧名思義，是以大聯盟道奇隊作為範本，而產生一種球場上戰術執行的守則。「道奇戰法」之名，源自於一本*The Dodgers' Way To Play Baseball*，該書作者是曾經擔任洛杉磯道奇的總經理Al Campanis（1916-1998）。*The Dodgers' Way To Play Baseball*一書在一九五四年於美國出版，日本則在一九五五年透過第三代聯盟委員長內村祐之將其翻譯成《道奇戰法》，於《棒球雜誌》上進行連載，並在一九五七年於日本出版。過去在球員時代就深受美國棒球衝擊的川上哲治（一九五一年曾被選為第一批參加美國職棒春訓的日本選手），當上監督後就開始認真研讀這本《道奇戰法》，連同牧野茂一同將「道奇戰法」應用在巨人隊。

《道奇戰法》一書的內容主要可分成「守備篇」、「攻擊篇」與「指揮篇」，其中川上哲治尤其看重「守備篇」，較為著名的案例就是對短打守備的練習。現以一壘上有跑者的狀態下為例，在尚未引進「道奇戰法」之前，日職所流行對短打的守備，主要的守備員是三壘手與投手，而一壘手則在一壘待命。不過在「道奇戰法」中，當對方施行短打時，一壘手同樣也要趨前，此刻的二壘與一壘則分別由游擊手與二壘手前去補位。當打者觸及後，不論接到球的守備員是誰，一律聽從唯一能看到跑者動向的捕手發號傳球指令。而三位外野手也同樣要往內野移動，防止傳球失誤。等於一個短打守備，即需要全體球員參與，這在當時的日本球界是非常前衛的做法。從一九六一年開始，川上哲治就慢慢將「道奇戰法」展現出來。不僅一九六三年牧野茂前往美國，親自接受作者的指導，一九六五年，巨人球團更邀請道奇的教練與球員前來日本，協助球隊春訓，其中一位球員還是未來也成為道奇總教練與棒球大使的Tommy Lasorda（1928-2021）。可說V9王朝的建立，大聯盟的洛杉磯道奇其實也居功厥偉。

黑霧事件

一九六九年十月七日，排名洋聯第五名的西鐵，舉辦一場記者會，對外宣布將陣中永易將之選手（1943-2003）解雇，原因是私下與暴力集團有掛勾。而就在球界都還摸不著頭緒的隔日，《讀賣新聞》與《每日新聞》就同時發表有選手打假球的報導，很明顯該報導所指稱的選手，就是來自西鐵。根據《讀賣新聞》與《每日新聞》的報導內容，西鐵球團會有這樣的決定，正是因警視廳開始著手進行調查。當此新聞被揭露後，在接下來的一年內，職棒可說是壟罩在一股不安的氛圍之中。而諷刺的是，被尊稱為「職棒之父」的正力松太郎於九日逝世，雖然不確定正力松太郎是否知曉此事，但在闔眼前的最後一刻卻爆發出這樣的事件，或許也是正力松太郎所始料未及。

首先在十一日，太平洋聯盟理事會就針對永易將之選手的行為作出裁決。在理事會中，以永易將之選手在事件發生後，行蹤成謎且未參加球隊訓練，無法履行《統一契約書》為由，認定為永久失格選手。二十八日由委員長宮澤俊義按太平洋聯盟理事會審議的結果——永易選手此案適用於《棒球協約》第三百五十五條「敗退行為」、第四百零四條「制裁範圍」、第一百二十條「失格選手」——將永易將之選手「永久放逐」球界。

早在這一年的六月，西鐵球團就已經鎖定永易在場內、場外異樣的舉動。首先是在球場上，永易將之在主場與客場的成績落差太大，尤其在五月三十日對南海一戰，僅投兩局就失掉七分，當永易選手被換下場走進休息室時，據稱被人看見他臉上露出理當不該出現的笑容。接著在六月時，有球迷撞見永易在博多的一間歌舞廳揮灑數十萬日圓，於是反應給球團。球團在這幾次永易所表現出異常的行為後，也開始起疑，於是展開對永易選手的調查。經過一段時間與永易的談話，球團決定在八月時將永易下放二軍，而被下放二軍的永易竟然就忽然失蹤，使得球團社長非常氣憤，決定在球季結束將其開除，也就有了前面提到十月七日的記者會。

永易將之被「永久放逐」球界後就消聲匿跡，警方與媒體都在全力搜尋，希望能獲得更多消息與釐清事件始末，這件事後來還上升到眾議院進行討論。隔年四月一日，忽然傳出電視上要放映永易將之談論假球案的錄影，警方立刻循線搜索，總算在四月五日於東京涉谷區內的餐廳找到當事人。透過警方的追問與永易個人在雜誌上的陳述，他承認自己有打放水球，但否認與暴力集團有所關聯，更表明自己並非是策畫假球案的首謀，尚有三名投手與三名野手同樣涉案。此話一出，讓西鐵球團社長立即將剩下六名球員全部找來問話，其中還包含主戰投手之一的池永正明。加上池永在內，疑似涉案人數一下暴增至七人，迫使球團不得不儘快止血，立即與聯盟和警方展開共同調查。

在西鐵爆出多名球員涉案後，也陸續查出中央聯盟的球員、職員牽涉不法，最終聯盟相繼祭出重罰。其中就以永易將之、池永正明等六名球員因有收受金錢、接受打放水球及參與賭博，情節重大，被聯盟裁定「永久放逐」。而受黑霧事件的影響，一夕之間讓球迷對職棒失去信心。譬如當球員在場上狀況不佳時，很容易就讓球迷聯想到是否在打放水球。另外兩聯盟球迷的進場人數跟著下滑，也都能反映受到黑霧事件的波及，而就單一球隊而言，影響最深莫過於是西鐵。一九六九年末永易選手事件爆發後，西鐵球員兼監督的中西太就因連兩年戰績不佳加上對球員督導不周，選擇辭職監督與退休。接任者則為同年引退，過去曾有單季四十二勝的稻尾和久。然而因為包含池永等數位投手的離開，戰力明顯不足的西鐵，在接下來的三年都只能在洋聯敬陪末座。年年墊底加上經營困難，迫使西鐵老闆思考放棄職棒的市場，之後經由前羅德老闆中村長芳（1924-2007）的協調，西鐵決定以出售球隊命名權的方式，讓球隊得以繼續經營與留在九州，並在一九七三年時隊名更改為「太平洋俱樂部」。但西鐵的形象，已然在黑霧事件中留下不可抹滅的痕跡，即便出售球隊命名權，球團運作還是不見起色，一九七七年又改名為「皇冠打火機」，但結果還是一樣。最後在一九七八年，以當時三十億日元賣給西武集團的堤義明（1934-），球隊根據地也遷往埼玉縣的所澤市，隊名則改成臺灣球迷所熟悉的「西武獅」。

　　而在此黑霧事件中被宣判「永久放逐」之一的池永正明，調查當下有不少人都認為池永是被陷害，不相信他會收錢與配合打假球，並認為對其個人的懲處過於嚴苛。被迫離開球界後的池永，就在福岡市中洲開了一家小吃店，生意不錯，在一九七九年時還曾一度有八名員工。而對池永個人來說，即使被迫離開，卻始終未曾放棄重返球界。一九九六年八月，在池永選手的出身地下關，開始出現對池永的復權運動。一九九七年六月三日，復權運動施行委員會向當時吉國一郎（1916-2011）委員長遞交解除處分的請願書，雖說吉國委員長有受理，後續接任的川島廣守（1922-2012）委員長卻駁回，使得請願一事陷入僵持。二〇〇五年三月十六日，《棒球協約》進行了修正，為球員失格的部分打開了復權道路。一個月後的四月二十五日，聯盟解除對池永正明「永久放逐」的處分，經歷長達三十多年的寒暑，池永總算得以重返球界。

V9時代（下）

黑霧事件重創職棒的形象，即便這年金田正一完成生涯四百勝的壯舉，卻也無法挽救球界當下所受的傷害。恰巧在黑霧事件發生後，不少球隊都相繼更換母企業，更特別是接手的企業多半是食品業。同時間，洋聯為挽救失去的票房，導入前後期賽季與季後賽制度，增加比賽的可看性。而在洋聯導入季後賽的同年，巨人成功豎立起V9王朝。隔年，巨人挑戰十連霸失敗，川上哲治辭退監督，長嶋茂雄則選擇引退。

擁有數字「四百」的兩大投手

一九六九年十月十日，也是西鐵爆發出球員涉嫌打假球的兩天後，在東京後樂園球場，誕生出日職史上第一位，也是目前唯一的四百勝投手，那就是巨人隊的金田正一。經過二十年的球員生涯，在退休之前完成這樣的創舉，或許應該再次好好認識這一位偉大投手的成就之旅。

一九五〇年還在就讀高二的金田正一，在職棒新球隊國鐵燕子隊監督西垣德雄（1910-1989）邀請下，決定捨棄學生身分直接投入職棒。即便當年是八月才入隊，但金田很快就成為球隊不可或缺的投手。第一年球季才在一軍三個月的時間，就留下八勝十二敗的成績，並且還創下史上最年輕（十七歲兩個月）擊出全壘打的紀錄。接著從第二年開始，金田就成為國鐵隊的一號投手，不僅在職棒二年就有二十勝的成績，還另外投出無安打比賽，此時也不過才十八歲，為日職最年輕的紀錄。而在一九五七年八月二十一日對上中日的比賽中，更投出完全比賽，是至今為止，唯一一位左投。當然金田的事蹟絕不僅只於此，他最為人津津樂道的，莫過於長期處在聯盟B段班的國鐵隊，還能連續十四年投出有二十勝的成績。而在這十四年中，擁有絕佳速球與曲球的金田，拿下央聯十次的三振王，其中在一九五五年至一九五九年間，都有單季三百次的三振。一九六五年，金田以「B級十年選手」的身分，轉隊至巨人隊，雖然因為巨人隊投手戰力相對國鐵充足許多，致使金田無緣挑戰連續十五年二十勝，不過卻一圓金田對「日本一」的渴望，這一年也正好是巨人V9的開端。

接著將時間拉到一九六九年十月三十日，這一天是巨人對阪急「日本一」的第四場比賽，金田正一接替城之內邦雄（1940-）上場投球，不過表現不如自己所預期，也讓金田萌生退休的念頭。十一月三十日，金田在後樂園球場正式高掛球鞋，告別選手的身分，對他來說離開球場並不是引退，而是畢業。金田在記者會上宣稱自己過去在求學的階段，一直都錯過畢業典禮，如今能在職棒場上有始有終，也算是參與到人生第一場的畢業典禮。總結金田正一在職棒二十年的生涯，一共出賽九百四十四場、四百勝、兩百九十八敗、三百六十五場完投、八十二場完封，在五千五百二十六又三保持分之二局中，投出有四千四百九十次三振與一千八百零八次保送，多項數據至今都還是日職最高的紀錄。以現在投手分工的模式來看，估計金田正一所創下多項最高的投球成績應該都還能一直保持下去。既然提到金田正一的「四百勝」，自然也不能遺忘在投手榜上另一個「四百」，便是在一九六八年時，由阪神虎少年左投江夏豐（1948-）所創下單季「四百次三振」的驚人紀錄。

江夏豐在一九六六年投入職棒選秀，雖然高中球員生涯並非特別突出，但竟然能吸引到十一支球團將其寫進選手名薄上，其中阪神、巨人、阪急、東映四支球隊，更將江夏豐明列在第一位，因此就由這四支球隊進行抽籤，最終由阪神獲得交涉權。不過當時江夏豐其實屬意繼續升學，但在現職阪神球探、過去也曾是職棒球員的河西俊雄（1920-2007）多次造訪江夏豐的兄長後，好不容易徵得其同意讓江夏豐加入阪神。當時江夏豐與阪神的簽約金一千萬、年薪一百八十萬日圓，都是當時選秀金額的最高上限，足以想見河西俊雄與阪神都非常看好江夏豐未來的發展。

一九六七年，江夏豐在新人球季就展現出他凌駕於其他新人投手的三振功力，在兩百三十局的投球局數中，三振兩百二十五次，在新人球季就得到聯盟最多三振，只可惜在新人王票選上輸給產經原子（國鐵燕子改名）的武上四郎（1941-2002）。雖說江夏豐在第一年球季就展現出他的高三振能力，不過在投球內容的細節上，還是有許多要改進的地方，譬如被打全壘打與四壞球（央聯最高）過多的問題。一九六八年，阪神隊找來林義一（1920-2008）擔任球隊新的投手教練，另外還肩負了提升江夏豐控球的任務。在新球季經過林義一調整後的江夏豐，儘管四壞球次數在數據上的呈現是九十七次，比前一年還多出九次，但投球局數卻比前一年還多出近一百局，就保送率來說還是可以明顯看出有大幅的進步。不過比起控球，江夏豐最讓眾人驚豔的，反而是他急速成長的三振數。

從球季開始，江夏豐就不斷以他更加精進的三振功力，為球隊贏得勝利。在這一年球季，江夏豐共有二十場投出十次以上三振的比賽，當中有十八場是完投，並拿下十六場的勝利。隨著三振數不斷地增加，在九月十七日對巨人的比賽前，已逼近一九五五年由當時還在國鐵的金田正一，所創下三百五十次的央聯紀錄。江夏豐在賽前就已經有充足的自信，認為會在對巨人之戰打破央聯，甚至是由西鐵稻尾和久所創下三百五十三次的日職紀錄，而江夏豐更大膽地表示希望他的新紀錄，會是來自日職最強的打者王貞治。在當天比賽的第三局，江夏豐就以三振捕手森昌彥（1937-，日後改名為森祇晶）完成單季三百五十次的三振，追平央聯紀錄，接下來面對到投手高橋一三（1946-2015）則是打破央聯紀錄。到了第四局面對上王貞治並將其三振後，則是成功追平稻尾和久在一九六一年所創下的三百五十三次日職紀錄。不過江夏豐這場破紀錄之旅最精采的地方還沒結束，接著在第五、第六局都沒有投出三振，在第七局時再度遇上王貞治，就讓王貞治成為破日職紀錄第三百五十四次的犧牲者，實現自己在賽前的目標。最終球季結束江夏豐就以四百零一次三振，成為日職單季最多三振的保持人，更比大聯盟「德州特快車」Nolan Ryan（1947-）在一九七三年所創下三百八十三次的大聯盟紀錄還要多。

不得不說，有江夏豐的加入，讓阪神虎在V9時期的央聯，一直維持高度的競爭力，除了一九七一年掉至第五名外，其餘八年都能待在A段班。江夏豐在阪神這段期間，除有單季四百次三振外，另有自新人球季起連續六年最多三振（一九六七年到一九七二年）、明星賽連續九人三振（一九七一年第一場）等諸多事蹟，都突顯出江夏豐作為央聯代表性投手的絕對實力。一九七六年後，江夏豐遊走四方，途中換了四支球隊，但因為投球型態的轉變，與他在阪神時期有著很大的差異，待後續篇章再來介紹。

食品業的大舉進入

一九七〇年代前後，日職許多球團都面臨到經營上的困難，因此出現不少更換母企業的案例。除了前面提到受到黑霧事件影響的西鐵外，比西鐵還早更換的包含有國鐵燕子、東京獵戶座（大每改名）、東映飛行者，其中後面三隊都是由食品業所接手。

首先談到國鐵燕子隊，早在一九六〇年初期，作為母企業的國鐵早已經出現沒有多餘資金可以投入球隊運作的窘境。同時間不斷挹注國鐵隊資金的產經新聞社，則逐漸擁有領導球隊的話語權，這也讓陣中主力投手金田正一感到不滿，最後憤而出走至巨人。一九六五年二月，產經新聞取代國鐵成為球隊的經營者，五月時將隊名從原來的國鐵燕子改名為「產經燕子」，老闆水野成夫（1899-1972）還喊出「三年內取得優勝」的宣言。同年底，球團公開徵選新的暱稱，最後由近代日本著名漫畫家手塚治虫（1928-1989）所創作的《原子小金剛》勝出，因此隔年便將隊名改為「產經原子小金剛」。除了隊名再次更換外，水野成夫另外以「業務提攜」（即建立商業夥伴關係）的方式，讓另一間專門製造乳酸飲料公司的養樂多共同加入球隊的經營。一九六九年，因產經集團開始慢慢退出球隊經營，只負責出資，而球隊經營則轉讓給養樂多，這年隊名又改為「原子小金剛」，是日職兩聯盟分立以來，首次球隊名稱上既沒有地名也沒有企業名。不過這個名稱僅使用一年，一九七〇年隊名改為「養樂多原子小金剛」，並使用到一九七三年，一九七四年以後就是現在所看到的「養樂多燕子」。

接著提到東京獵戶座隊。為能更貼近屬地主義，永田雅一不僅在一九六二年時建設「東京球場」（也被稱為「光之球場」），更在一九六四年將隊名從原先的「每日大映獵戶座」改名成「東京獵戶座」，要對比同在以東京為主場的巨人、東映更加在地化。然而投入大筆資金興建球場後，卻碰上母企業遇上產業夕陽化的問題，所幸在一九六九年也以「業務提攜」的形式，獲得甜點製造商羅德集團的資金贊助。而羅德贊助的其中一個條件，就是將隊名改為「羅德獵戶座」。羅德集團的加入，就像讓球隊注入一劑強心針，改名後的首年維持跟前一季相同的第三名，而在一九七〇年奪下聯盟冠軍，並實現每日老闆永田雅一所盼望在東京球場對上巨人的戲碼。十一月一日，是「日本一」的第四場比賽，也是第二天在東京球場，在此之前的三場比賽都由巨人獲勝。賽前，永田雅一透漏自己跟一位住在淺草且非常喜愛羅德的小球迷通過電話，該球迷因為家裡環境不好，沒辦法觀看「日本一」，但非常希望羅德能在東京球場得到勝利，進而實現「日本一」的夢想。永田雅一聽後表示非常感動，並承諾這位小球迷羅德一定會取得勝利。結果在三萬名滿場觀眾的見證下，羅德以六比五險勝巨人，這不僅是大每在東京球場所舉辦「日本一」的第一勝，同時也是永田雅一作為球隊老闆在「日本一」的首場勝利，不過卻也是唯一一勝。因為第五場羅德又再次輸球，最後就由巨人獲得「日本一」，達成六連霸。無緣優勝的永田雅一，隔年就退出球隊經營，將經營權全數讓予羅德，同年年底大映宣布破產。隨著大映的離去，東京球場也跟著易主。但原本就已經累積數億元赤字的東京球場，即便負責接手是永田雅一所信任的友人，也很難承受低迷的票房收入，僅一年球季就希望羅德能承接，不過羅德也不願意接手球場。在求助無門的情形下，永田雅一的友人只能忍痛關閉東京球場，結束短暫十一年的下町光輝。在沒有主場下的羅德，也在一九七三年展開多年的流浪生活。

最後談到東映飛行者，東映最早是來自一九四六年參議員隊，經過幾次更改隊名後在一九五四年成為東映飛行者。東映最好的時期，是前巨人監督水原茂七年的帶領下，都進入洋聯A段班，其中一九六二年，在正值顛峰的土橋正幸（1935-2013）、久保田治（1934-），以及年輕好手張本勳（1940-）與尾崎行雄（1944-2013）等人所組成堅強的投手陣與打擊群，不僅贏得隊史首座聯盟冠軍，更在「日本一」技壓有小山正明與村山實兩大王牌投手的阪神，獲得隊史第一次的優勝。但自從一九六八年水原茂離開後，球隊彷彿失去活力，不僅戰績年年下滑，母企業也是如此。東映是一家從事電影製作的企業，與東寶、松竹稱作日本電影業的「御三家」，卻不幸在一九六〇年代遭遇電影業的沒落，加上球隊高額薪資的壓力以及自家球員涉入黑霧事件的影響，使得老闆大川博開始思考要變賣球隊。結果大川博在一九七一年逝世後，他的繼任者順勢就將球隊賣給日拓房屋，於一九七三年將隊名改為「日拓房屋飛行者」。一九七三年正好是洋聯實施前後期賽制的開始，為能吸引球迷進場，球團在後期時依照出賽的日期，設計出七套不同顏色的球衣替換，就好像彩虹一樣，因此又有「彩虹球隊」之稱。只可惜這樣的做法並不能反映在球隊戰績上面，戰績從前一年的第四名又往下掉至第五名。戰績與票房收入不如預期，讓日拓球團的年輕老闆西村昭孝（1932-）想要找尋其他球隊進行對等合併，並試圖讓日職恢復到單一聯盟制。雖然西村昭孝成功找上羅德進行合併協商，但是單一聯盟制卻遭到包含南海、阪急、近鐵三支球團的極力反對，甚至後來羅德也被說服回絕這一方案。在無可奈何的情形下，西村昭孝就在十一月十九日，將日拓房屋棒球株式會社所有股份，全數讓渡給肉類加工商的日本火腿，日本火腿便成為球隊新的母企業，十二月十七日發表新隊名為「日本火腿鬥士隊」。

力圖轉型的太平洋聯盟

伴隨央聯巨人的V9王朝與黑霧事件的影響，使得洋聯在一九六〇年代末、一九七〇年代初期遭逢前所未有的低迷狀態。為了挽救洋聯日漸低迷的市場，洋聯決定在一九七三年時對賽制進行一項重大的改革，就是實施季後賽制。按照洋聯所制定的季後賽制，是將季賽分成前期與後期，由前期優勝隊與後期優勝隊在季末舉行五戰三勝的賽制，並由勝出球隊代表參加「日本一」。但如果前期與後期皆為同一支球隊，則當年就不進行季後賽。而這樣的制度有一個有趣的地方，即是全年度總成績的排名，不見得是能將球隊帶入季後賽的主要因素，因為像舉辦的第一年，是由全年度排名第一的阪急（後期冠軍），對上全年度排名第三的南海（前期冠軍）。

制度施行的第一年，作為前期優勝隊的南海，在已經確保有季後賽的情況下，後期主要就以練兵為主。而為爭奪後期的優勝，阪急與羅德兩支球隊格外拼命，最終則是由阪急勝出，而

表4-5｜1970-1985年太平洋聯盟進場人次與冠軍隊

年度	觀衆數（人次）	冠軍隊	備註
1970	303萬	羅德	
1971	259萬	阪急	
1972	253萬	阪急	
1973	406萬	南海*	導入季後賽
1974	350萬	羅德	
1975	320萬	阪急*	
1976	334萬	阪急	沒有實施季後賽
1977	411萬	阪急	
1978	411萬	阪急	沒有實施季後賽
1979	522萬	近鐵*	
1980	579萬	近鐵	
1981	554萬	日本火腿	
1982	481萬	西武*	
1983	499萬	西武	回到單一球季制
1984	516萬	阪急	
1985	472萬	西武	

備註：*並非年度勝率第一名。

羅德則是以全年度第二的姿態慘遭淘汰。第一的阪急與第三的南海之間的對抗，加上賽季期間阪急對上南海又都是全勝，賽前可說是瀰漫著「阪急絕對會贏」的聲音。不過南海以球員兼任監督的野村克也卻不是這樣認為，畢竟短期戰還是得取決於監督臨場調度的能力與球員當下狀況的調整，結果經歷五場的對戰，最終由南海勝出，野村克也替自己贏下自一九七〇年帶兵以來的首座聯盟優勝，同時也以球員身分獲得當年洋聯的MVP。至於季後賽的施行，是否有帶來球迷更多對洋聯的關注，答案是有的。表4-5是一九七〇年到一九八五年洋聯進場的觀眾人次。

從表格中可以看出在一九七三年時，觀眾人數從前兩年只有約兩百六十萬人次，一下暴增到四百萬人次，尤其是更改隊名的西鐵與迎接金田正一為監督的羅德，在球迷增加的人次是最多的。雖然一九七四年洋聯進場總人次略顯下滑，但從一九七五年就開始不斷攀升，甚至到一九八〇年已突破五百八十萬大關。當然季後賽制度的實施是洋聯球迷增長的主因，但也不能忽視其他潛在因素，當中在一九七五年指定打擊（Designated Hitter，簡稱DH）的引進，也可說是具有附加的效果。

但一個制度的施行也並非都能做到完善，以成果來說，季後賽制度確實達到進場觀戰人次的增加，但卻為洋聯賽程帶來編排的困擾，如就有球隊曾經被安排到三十一連戰的誇張賽程，當然這應該是少數的案例。隨著進場觀眾人數的不斷增加，顯然已達到設立季後賽最初的目標，於是就有聲浪認為是否要停辦季後賽，而贊成恢復到單一賽制的倡導者之一，就是在一九七三年時，率領阪急拿下洋聯最高勝率，卻在季後賽輸給南海的西本幸雄。一九八三年，洋聯取消發展十年的季後賽制度，恢復到單一球季，不過還是以另一種形式保留近似於季後賽的制度。此新制度就是當一百三十場比賽結束後，如果前兩名球隊勝率差在五場比賽內，則多進

表4-6｜1973-1982太平洋聯盟季後賽成績

年度	勝隊	成績	敗隊	MVP（勝隊）
1973	南海（前）	3-2	阪急（後）	佐藤道郎
1974	羅德（後）	3-0	阪急（前）	村田兆治
1975	阪急（前）	3-0	近鐵（後）	長池德二
1976	阪急為前後期優勝隊，故沒有舉辦			
1977	阪急（前）	3-2	羅德（後）	山田久志
1978	阪急為前後期優勝隊，故沒有舉辦			
1979	近鐵（前）	3-0	阪急（後）	山口哲志
1980	近鐵（後）	3-0	羅德（前）	平野光泰
1981	日本火腿（後）	3-1-1*	羅德（前）	柏原純一
1982	西武（前）	3-1	日本火腿（後）	大田卓司

備註：*勝－和－負。

行五場以決定冠軍（考量第二名球隊有可能逆轉）。只是作為一九八三、一九八五年優勝隊的西武，與一九八四年優勝隊的阪急，似乎給這一個替代方案狠狠開了天大的玩笑。因為西武在這兩年分別以十七與十五場的勝差贏得優勝，而阪急當年與第二名球隊也有著八點五場的勝差，等於改制後的三年期間，沒有一年的球季是符合新制度的標準，因此改制後的季後賽制度，可說是名存實亡。於是在一九八五年十一月，洋聯理事會就做出決議取消季後賽制度，而下一次洋聯實施季後賽制度，就要等到千禧年過後。最後在將這十年的季後賽成績呈現如表4-6。

表4-7｜巨人「日本一」九連霸逐年戰績表（含「日本一」）

年度	監督	順位	場次	勝利	敗戰	和局	勝率	對手	日本一成績
1965	川上哲治	1	140	91	47	2	0.659	南海	4勝1敗
1966	川上哲治	1	134	89	41	4	0.685	南海	4勝2敗
1967	川上哲治	1	134	84	46	4	0.646	阪急	4勝2敗
1968	川上哲治	1	134	77	53	4	0.592	阪急	4勝2敗
1969	川上哲治	1	130	73	51	6	0.589	阪急	4勝2敗
1970	川上哲治	1	130	79	47	4	0.627	羅德	4勝1敗
1971	川上哲治	1	130	70	52	8	0.574	阪急	4勝1敗
1972	川上哲治	1	130	74	52	4	0.587	阪急	4勝1敗
1973	川上哲治	1	130	66	60	4	0.524	南海	4勝1敗

V9的落幕與棒球先生的告別

一九七三年十月二十二日在甲子園球場，上演一場決定聯盟優勝的天王山之戰，由地主阪神迎戰要挑戰聯盟連霸的巨人。這場比賽為兩隊在賽季的最後一場，而賽前兩隊戰績接近，因此只要誰能取得這場比賽的勝利，便能奪下聯盟優勝。作為要挑戰九連霸的巨人，雖然在這一季走來跌跌撞撞，但球員還是努力堅持到最後一刻，靠著王牌高橋一三的完封及打擊的串聯，以九比零擊敗阪神，在滿場四萬八千名觀眾的見證下，成功達成央聯九連霸。接著在「日本一」對上洋聯季後賽勝隊南海，儘管陣中精神領袖長嶋茂雄在季末因右手無名指骨折，只能以壘指身分參與「日本一」，所幸巨人這一批球員的大賽經驗遠比南海隊豐富，即便第一場輸球，但很快就將狀況調整回來，接著就以四連勝擊敗南海，達到史無前例的「日本一」九連霸。

　　一九七四年，巨人再度夾帶力拼「十連霸」的氣勢迎接新球季。陣中強打王貞治持續前一賽季的絕佳表現，連續兩年達成「三冠王」，其中在全壘打王的獎項上，更是連續十三年登頂。雖說巨人在這一年賽季開始的戰績就從未落居到B段班，但卻碰上近年來不斷在陣容上有所強化的中日而屈居劣勢。中日在前巨人球星與那嶺要的帶領下，有著高木守道（1941-2020）、星野仙一（1947-2018）、谷澤健一（1947-）、木俣達彥（1944-）等球星，即使被巨人一路緊咬，但還是守住龍頭寶座，最終僅以零點零零一的勝率險勝巨人，阻斷其十連霸的美夢。球季結束後，無緣率領巨人挑戰十連霸的川上哲治，決定辭去監督一職，就連長期身為巨人隊場上精神領袖的長嶋茂雄也決定高掛球鞋，告別十七年的職棒生涯。

　　談到長嶋茂雄在日職的地位與影響，恐怕不是三言兩語就能說明清楚。長嶋茂雄自學生時期就是一顆閃亮之星，大學畢業前還創下當時六大學最多的八支全壘打，以超級新人的身分進入職棒。雖然在職棒生涯的第一場比賽就遭到金田正一連續四次三振的震撼教育，但長嶋茂雄並沒有就此一蹶不振，反而愈挫愈勇，職棒第一年就以全壘打、打點雙冠王之姿取得新人王，打響個人的名號。接著在隔年的六月二十五日「天覽試合」中，擊出關鍵的再見全壘打，經此一戰，讓「長嶋茂雄」的名字響徹於整個日本。而談到長嶋茂雄的球員生涯，不得不提到他與王貞治的「ON」連線，要不是有這兩位的橫空出現，恐怕歷史上是不會有巨人V9王朝。雖說長嶋與王二人在一九五九年時就成為隊友，但二人固定以三四棒作為連線，則是要自一九六二年開始，這一年也是王貞治首次獲得個人獎項。從一九六二年到一九七四年長嶋茂雄引退共十三年間，兩人可說在央聯打擊榜上未讓其他球員越雷池一步。以「打擊率」、「全壘打」、「打點」三個項目來說，十三年共三十九個獎項，總計二人共拿到三十四次。以「打擊率」來看，王五次、長嶋三次，「全壘打」則是王全部囊括，「打點」則是王九次、長嶋四次，幾乎可說完全稱霸打擊榜。至於長嶋另外的個人紀錄，還包含有五次ＭＶＰ、十次央聯最多安打、從新人到退休連續十七年單季擊出一百支安打與獲得三壘手最佳九人等等，不勝枚舉，在在顯現長嶋在球場上優越的身手。不過成績僅能是突顯長嶋茂雄作為球員的表現，實際上長嶋的人格魅力與在球場上的拚勁，或許才是他不論在場內外，都可以吸引球迷的地方。

當巨人挑戰十連霸夢碎後，長嶋茂雄就決定告別球場。早在一九七二、一九七三兩個賽季僅有兩成六打擊率的長嶋，似乎就已經感覺自己的身手無法再適應如此高強度的比賽，加上在一九七三年「日本一」前受傷而無法以球員身分參與九連霸等遠因，都是間接促使長嶋做出離開球場的決定。時間來到一九七四年十月十四日，這一天是巨人與中日在後樂園球場舉行賽季最後的雙重戰，不過因為中日已經確定封王，實際上這兩場等於是消化試合，而這也是長嶋茂雄在球員生涯最後一次的亮相。即使巨人與冠軍無緣，但作為長嶋茂雄的引退賽，還是湧進爆滿的五萬名觀眾，都要親眼見證一代球星在球場上最後的身影。在雙重戰的第一場比賽，以「第三棒．三壘手」先發的長嶋，在第二打席擊出生涯最後一支全壘打，讓自己的全壘打支數達到「四百四十四」。接著在第一場比賽結束並整理場地期間，觀眾席上時不時傳出「長嶋，不要引退」、「謝謝您」等球迷的吶喊聲，此時長嶋無預警的從一壘側往右外野移動，一路上揮舞著球帽向觀眾致意，隨後就是繞場一周，另一隻手則是不斷擦拭著臉上止不住的淚水。在第二場比賽，川上哲治監督一樣將長嶋安排在「第三棒．三壘手」，其他守備位置，則由V9主力球員們作為長嶋的先發隊友，讓V9的完整陣容再度、也是最後一次重現在球場，歡送長嶋的離開。在最後一場比賽中，長嶋敲出個人生涯最後一支的安打，而最後一打席則是以雙殺打作為終結。

比賽結束後，長嶋站在投手丘進行退休的感想演說，在三分四十三秒的演說中，長嶋回憶起自十七年前加入巨人到前幾天無緣十連霸的點點滴滴，都是自己棒球生命中的重要過程，並且也在演說中，說出「我們巨人軍是永久不滅」的經典名言。長嶋茂雄的引退，可說是象徵日職史上一個重要時代的完結。而隨著選秀制度的效益逐漸顯現，讓許多球隊都有問鼎「日本一」的機會，因此在V9王朝結束後，日職迎來「群雄割據」的時期。

第五幕——群雄割據

風雲再起

隨著一九七四年長嶋茂雄的引退與巨人V9王朝的結束，日職從單一球隊的獨霸走向群雄割據。在選秀制度的實施下，得以更加平衡各球隊的戰力，也讓不少球隊增加角逐「日本一」的機會。諸如先前一向被視為後段班球隊的廣島、養樂多、近鐵，都在一九七〇年代嚐到隊史首次的聯盟冠軍。

羅德的驚奇之旅

一九七二年球季，以第五名作為收場的羅德，不但放棄原來的東京球場，也決定替換監督，找來在一九六九年退休、當時身為球評的「四百勝投手」金田正一來擔任球隊的新監督，背號則是過去球員時代的「34」，給予金田最高的禮遇。

金田正一接任羅德監督的第一年，正好碰上洋聯實施前後期制度，而且球隊也成為沒有主場的流浪者，對金田而言可說充斥著各種未知的挑戰。一九七三年四月十四日賽季開始，羅德就迎來開幕的五連敗，不過很快形勢就有了反轉，接著羅德就拉出一波十連勝，到了五月中還是聯盟第二位。五月二十二日，羅德首次前往位於仙台的宮城球場（也就是現在東北樂天金鷲的主場），並在三萬名觀眾的支持下，以十三比零大勝來訪的近鐵。上半季結束，羅德以三十五勝、二十七敗、三和，勝率五成六五，僅次於南海位居第二名。到了下半季，羅德再接再厲，勝率上升到六成一四，但成績仍不敵阪急，最後全年度成績結算雖然是第二名，不過因未能取得季冠軍，因此也跟季後賽無緣。儘管錯失季後賽，但球隊年度觀眾進場人次從前一年三十一萬人次暴增到九十四萬人次，近三倍的漲幅也讓球團備感欣慰，而有這樣的成績，監督金田正一的表現是功不可沒。

羅德球迷的增加，有說法認為是金田正一個人魅力所致。像身為監督的金田正一時常在比賽中，不是坐在場邊指揮，而是直接擔任壘指下達指令。在擔任壘指期間，金田的肢體動作極其豐富，如指揮跑者繞壘時還會跳躍且雙手並用揮動，誇張的動作，感覺比球員更加投入在球場上。而提到金田正一在場上的激情演出，就不能不提到這一年發生在平和台球場的「遺恨試合」。這場「遺恨試合」可說是羅德以及太平洋兩隊的前身——每日與西鐵在一九五二年衝突的延續，是說何以兩隊在二十年後又發生衝突事件，據說這是由羅德與太平洋兩支球團高層所刻意營造，目的是為了製造新話題以此挽救洋聯低迷的票房。當中作為計畫要角的金田正一，毅然接受這項提議，並由他出面擔任「黑臉」來掀起球迷的關注。為了營造羅德與太平洋兩隊彼此仇恨的形象，金田正一公開指出太平洋隊就是一支「來自福岡鄉下的球隊」，而這樣的言論後來也被大肆的宣傳，可說徹底激怒太平洋隊的球迷。六月一日，羅德移師到平和台球場作客進行四連戰，現場瀰漫著濃濃煙硝味。比賽期間，在三壘側羅德休息區的上方，不時可聽見太平洋球迷謾罵金田正一，要他離開九州，甚至還從觀眾席丟擲空瓶到場內以宣洩不滿的情緒，導致場面是極度緊張。不過金田正一也不是省油的燈，在球員時代就以脾氣火爆聞名，即使當上監督也是一樣，於是就出現有金田手持球棒試圖毆打台上觀眾的經典畫面。這場比賽最終是由羅德獲勝，憤怒的太平洋球迷在賽後包圍球場，不讓羅德隊離開。最後羅德隊是在福岡警察的護送下，才順利離開球場回到下榻的宿舍。而由金田正一所營造兩隊的世仇對立，則持續到一九七四年球季。

一九七四年球季，可說是羅德隊在昭和時期最為風光的一年。球季開始前，透過交易找來金田正一在日拓的弟弟金田留廣（1946-2018），讓原本已有成田文男（1946-2011）、木尊正明（1947-）、村田兆治（1949-2022）的先發戰力，更為厚實，進而組成「四巨頭」。打擊群方面，主要球員也都屬年輕一代，包含有山崎裕之（1946-）、有藤道世（1946-）、弘田澄男（1949-），而較為特別是還倚重兩名洋將James K・Lefebvre（J・ラフィーバー，1942-）和George L・Altman（G・アルトマン，1933-），其中後者還身兼有教練一職。前半季羅德為聯盟第二名，輸給阪急有四點五場勝差，而下半季球隊則持續維持良好的競爭力，並在九月時成功拉開主要競爭對手的南海，勇奪下半季冠軍。全年度總成績的結算，羅德與前一賽季相同都是聯盟第二位，不過這次卻擁有季後賽的門票，而新加入的金田留廣則是獲得洋聯MVP。接著在季後賽遭遇近年來洋聯的霸主阪急，雖然賽前預測多是傾向阪急會取得勝利，不過羅德因士氣高昂，竟然就以三連勝橫掃阪急，最後一場羅德王牌村田兆治還投出一場精采的完封，繼一九七〇年後又再次挺進「日本一」，對手則是中斷巨人V9王朝的中日。

兩隊在十月十六日的名古屋球場點燃戰火，前四場比賽可說有來有往，中日取得第一與第三場勝利，而羅德則是取得第二與第四場勝利。第五場比賽，羅德派出木樽正明先發，為了洗刷在第二場只投五局就失掉三分的汙名，這場比賽完封九局，只被打出兩支零星安打，讓羅德率先聽牌。眼看就要面臨落敗的命運，第六戰中日壓上央聯最多勝的松本幸行（1947-），羅德則派出村田兆治先發。雙方在這一場比賽正規九局是二比二平手，十局上半羅德靠著弘田澄男在一出局三壘有人的情形下，擊出二壘安打打下超前分。接著十局下村田兆治成功守成，完投十局共投出一百四十五球，被擊出八支安打失掉兩分，並且投出十一次三振，助羅德贏得最後勝利，取得繼一九五〇年之後，隊史第二座「日本一」。而在第六戰擊出致勝安打的弘田澄男（1949-），則獲選為MVP。

十月二十六日，球隊從名古屋搭乘新幹線回到東京車站，隨即就展開慶祝遊行。遊行車隊從東京車站出發，一路行駛到新宿的羅德集團總公司，近兩小時的車程，據說沿途觀看遊行的人數多達兩百萬人。對羅德而言這次的「日本一」，不僅是球隊睽違二十四年之久，也是洋聯自一九六五年以來的第一座，意義非凡。不過這裡要稍微提到一個插曲，就是主要以仙台球場為主場的羅德（共二十七場），不但沒有選擇在此舉辦「日本一」比賽，連優勝遊行也沒有辦在仙台，這讓仙台的羅德球迷有所不滿。一九七五年，羅德在仙台安排有三十三場比賽，比起前一年多了六場，但整體進場人次卻少了十五萬人，似乎反映了仙台球迷對羅德球團的憤怒。等到一九七八年，羅德隊告別仙台，將主場確立在川崎，這才結束球隊五年的流浪生活。

阪急的黃金時代

巨人在一九六五年到一九七三年的所創下的V9王朝，似乎可說掩蓋其他球隊的光芒，但仍可注意有支球隊在這九年中，五次在「日本一」挑戰巨人，更在巨人之後也成功開啟屬於球隊的第一個王朝，那便是同樣為日職創始隊之一的阪急。

阪急雖然與巨人、阪神、中日同樣貴為日職的元老球隊，但直到一九六七年才初嘗冠軍的滋味，足足等待近三十年之久。阪急與阪神、南海同屬關西球隊且母企業又是鐵道公司，但不論是人氣與實力都不足以與這兩隊相比擬，即使兩聯盟分立後，阪急也始終未能將球隊實力提升到能與南海、西鐵競爭。一九六三年，阪急將球隊的投手教練、過去在一九六〇年曾帶領大每獲得洋聯冠軍的西本幸雄調升為監督，同時投手與打擊教練也換成過去的知名球員真田重藏與青田昇，力圖徹底改造阪急整支球隊的體質。西本幸雄接手阪急後，可說花了四年的時間才將改造後的成績表現出來，而對阪急而言，首重就是對團隊打擊的提升。事實上，阪急這時就已經有梶本隆夫（1935-2006）與米田哲也（1938-）兩大投手，但打擊卻沒有相對出色的球員。但在一九六四年加入有Daryl D・Spencer和Gordon R・Windhorn（ウインディ，1933-2022）後，開始讓球隊的打擊有覺醒的跡象。而在一九六六年，因選秀制度而加入的長池德二，則是為球隊增添新的本土打擊戰力。一九六七年，經過西本幸雄四年的改造，阪急首次登上聯盟冠軍寶座。除了前面所提到這幾位球員們都有打出成績外，入團第九年的足立光宏（1940-）投出生涯年，勇奪洋聯防禦率王與MVP，為球隊奪冠的大功臣。接著在一九六八、一九六九兩年，阪急繼續在洋聯稱王，強打少年長池德二則連續兩年都有三十支全壘打，其中在一九六九時更擊出有四十一支全壘打，持續在打擊群中擔任重要支柱。而在阪急首次洋聯三連霸期間，儘管三度在「日本一」挑戰巨人失利，但球團在補強上卻獲得極大的成功，特別是在一九六八年的選秀上，獲得生涯擁有兩百八十四勝的下勾球投手山田久志（1948-）、具有高超打擊能力的加藤秀司（1948-），以及生涯擁有一千零六十五次盜壘成功的福本豐（1947-），三位未來在一九七五年至一九七七年，為阪急奠定「日本一」三連霸的重要功臣。

表5-1｜1968年日職選秀各球團第一順位指名

東映	廣島	阪神	南海	原子	羅德
大橋穰	山本浩司	田淵幸一	富田勝	藤原真	有藤道世
近鐵	**巨人**	**大洋**	**中日**	**阪急**	**西鐵**
水谷宏	島野修	野村收	星野仙一	山田久志	東尾修

談到日本職棒的選秀史上，一定會提到一九六八年的選秀會，堪稱「空前絕後大豐收」的一年。之所以被稱作「空前絕後大豐收」，主要是這一年被選進的球員，在日後有不少人都入選棒球殿堂。

在這一份名單中，就有山本浩司（1946-）、田淵幸一（1946-）、星野仙一、山田久志、東尾修（1950-）等五位球員退休後皆入選棒球殿堂，至於另外像阪急第七位才指名的福本豐，也有入選棒球殿堂。而羅德第一指名的有藤道世、阪急第二指名的加藤秀司，以及中日第三指名的大島康德（1950-2021），日後也都成為有生涯兩千安的大打者，這樣簡單的介紹，就不難想見何以一九六八年的選秀會被形容成「空前絕後大豐收」的一年。另外阪急在第十二順位選有門田博光（1948-2023），只是門田因為順位過低而婉拒入團，隔年才以第二順位加入南海，不然阪急就會有另一位殿堂級球員的加入。

一九七〇年，阪急雖然落居聯盟第四，不過在一九七一年與一九七二年很快就恢復回來，重奪洋聯王座。這兩年奪冠之旅諸多球員都有絕佳的表現，如長池德二連續兩年獲得全壘打王，投手山田久志也有獲得防禦率王及勝投王，不過最令球迷感到驚嘆的應該是當年

表5-2｜第一屆（1972）三井金手套獎得主

中央聯盟	守備位置	太平洋聯盟
堀內恒夫（巨人）	投手	足立光宏（阪急）
大矢明彥（養樂多）	捕手	種茂雅之（阪急）
王貞治（巨人）	一壘手	大杉勝男（東映）
John Sipin（大洋）	二壘手	大下剛史（東映）
長嶋茂雄（巨人）	三壘手	有藤道世（羅德）
Birt Shirley（中日）	游擊手	大橋穰（阪急）
高田繁（巨人）	外野手	福本豐（阪急）
山本浩司（廣島）	外野手	池邊巖（羅德）
柴田勳（巨人）	外野手	廣瀨叔功（南海）

第七順位指名的福本豐，在一九七二年球季竟然創下日職史上單季最高一百零六次盜壘成功的紀錄。福本豐在加盟阪急前，與加藤秀司二人為社會人球隊松下電器的隊友，後來阪急球探在優先視察加藤秀司的當下也留意到福本豐，並告以球團知曉，因此阪急在同一年就將二人選進。監督西本幸雄在看到福本豐後，就深信福本會是球隊未來不可或缺的一員，在第二年就拉拔他為第一棒中外野手。成為固定先發後的福本豐，也沒有讓監督所失望，在第一個完整球季就以七十五次盜壘成功贏得盜壘王，而到一九八二年共十三個球季，洋聯都沒有任何人撼動福本豐在盜壘方面的寶座。而在一九七二年，福本豐創下一百零六次盜壘成功，贏得生涯唯一一座年度MVP，同時在這一年由三井集團所資助設立的「鑽石手套獎」（ダイヤモンドグラブ賞，一九八六年改為

三井金手套（三井ゴールデン・グラブ賞）獎），福本豐也成為首位獲獎的得主之一。

一九七四年，阪急更換監督，由板凳教練上田利治（1937-2017）接替西本幸雄。年僅三十七歲的上田利治，上任後繼續推行過去西本幸雄的帶隊方針，在帶隊第一年維持在聯盟第二，而在一九七五年即完成隊史第一個「日本一」優勝，接著到一九七七年更完成「日本一」的三連霸。而在阪急這三年的「日本一」中，在首年面對到創隊首次獲得聯盟冠軍的廣島，後面兩年則是V9過後，由長嶋茂雄率領的新生巨人。除了一九七六年是以四勝三敗有驚無險的擊敗對手，其餘兩年分別以四勝兩和與四勝一敗的成績輕取對手。一九七八年阪急依舊是洋聯冠軍，不過在「日本一」以三勝四敗不敵創立二十九年首次得到聯盟冠軍的養樂多，未能成功挑戰「日本一」四連霸。在一九七八年「日本一」關鍵的第七場比賽，由養樂多大杉勝男所擊出具有爭議的全壘打，而發生上田利治監督長達「一小時十九分」的抗爭事件，不過最終裁判仍舊做出維持全壘打的原判，終場阪急就以零比四輸給養樂多。隔天十月二十三日，上田利治因這起事件及錯失連霸，就召開記者會選擇辭去監督一職。

一小時十九分抗爭

一九七八年十月二十二日，在後樂園球場舉行阪急與養樂多「日本一」的第七場比賽，六下一出局時，養樂多打者大杉勝男擊出左外野邊線的全壘打，但阪急監督上田利治堅持那是一顆界外球，而與裁判爭執長達一小時又十九分鐘。不過裁判還是維持原判，養樂多最終也以四比零贏得比賽，以四勝三敗的成績獲得隊史第一次「日本一」。

上田利治離去後，監督一職由過去球隊的王牌投手梶本隆夫擔任，不過成績卻反而下滑，帶隊第二年更落到第五名，於是球團又再次找回上田。上田利治一九八一年重新執掌兵符後，就一直帶隊到一九九〇年，期間在一九八四年奪回洋聯冠軍，只不過未能取得「日本一」。而在這十年中，阪急就只獲得這麼一次的聯盟冠軍，因為在一九八〇年代，新崛起的西武獅隊，可說是獨霸整個洋聯，進而開啟許多臺灣球迷都耳熟能詳的「西武王朝」。

廣島的赤帽旋風

V9王朝結束後，央聯有一支長年都身處在B段班的球隊忽然異軍突起，不僅在一九七五年勇奪隊史首座聯盟優勝，更在一九七九、一九八〇兩年，繼巨人之後成為央聯第二支能在「日本一」達成連霸的球隊。因球隊在連霸期間的球帽是使用紅色，於是在球界便颳起一股「赤帽旋風」，而穿載赤帽的主人，正是靠著地方市民合力扶持的廣島鯉魚隊。

廣島隊是在一九四九年正力松太郎「球團擴張」的號召下所應運而生，但與其他球隊不同的是廣島隊本身是沒有單一母企業，而是仰賴廣島縣內的諸多企業聯合支持，因而有「市民球隊」之稱。而沿用至今的「鯉魚」暱稱，是因流過縣內的太田川是鯉魚的產地，而廣島城又被稱作「鯉城」。但畢竟沒有母企業的關係，加上各企業的整合未上軌道，初期廣島隊的營運是非常困難，而積欠球員薪資一事更是時常發生，因此球團首任監督石本秀一（1897-1982）還四處組織後援會，為球員募款。不僅如此，到後來還有將大型木桶放置於球場入口，鼓勵進場球迷資助球隊。經過多年的艱難經營下，在一九五五年以十個廣島縣內主力企業所構成的「二葉會」，成立「株式會社廣島鯉魚」這一間公司，負責球隊的運作，這時才讓球隊能夠穩定發展。接著在一九五七年，以東洋工業（現MAZDA「馬自達」）為首的企業，又出資在現今廣島原爆紀念公園旁邊建設一座屬於廣島隊專屬的新球場，也就是「廣島市民球場」，藉以凝聚市民對球隊的向心力與歸屬感。

不過即便廣島隊球團的運作日漸穩定，但因球隊的知名度始終無法與其他原有強隊相抗衡，加上很難吸引到知名的球員加入，球隊戰績始終在央聯的B段班，而這樣的情形需等到一九六八年才有重大的轉變。一九六七年十二月十七日，廣島隊名從「廣島鯉魚」改成「廣島東洋鯉魚」，主要是廣島隊的首要贊助商為東洋工業，但原則上東洋工業仍不算母企業，球隊也還是維持有市民球團的特色。球隊隊名變更後，監督也從過去球隊第一位百勝投手長谷川良平（1930-2006），換成根本陸夫（1926-1999），並在根本陸夫的帶領下，球隊以第三名姿態首次進入到央聯的A段班。廣島能成功打下隊史新高的成績，兩名主要先發投手外木場義郎（1945-）與安仁屋宗八（1944-）是關鍵的角色。兩位投手在這一年不僅都投出有二十勝、兩百次三振，防禦率也分占央聯前二位，其中外木場義郎在九月十四日對大洋一戰中，還投出有單場十六次三振的完全比賽，為當時日職的第十場。可惜接下來從一九六九年到一九七四年球隊又回到B段班，其中一九六九、一九七二到一九七四年的四個球季更是在央聯墊底。

一九七五年，連續三年墊底的廣島迎來一項新方針，就是聘請外國人Rollin J・Lutz（ルーツ，1925-2008）來擔任監督，球團代表則表示期望改造後的球隊首年就能重返A段班，並在兩三年後打造出能爭奪冠軍的球隊。Lutz監督上任後，球團不僅進行大量的球員交易，增添球隊戰力，另外還將球隊比賽用的球帽與頭盔都改成紅色，藉以象徵鬥爭的決心。結果Lutz監督大刀闊斧的改革，並在球季初正要帶領球隊跨出重要一步時，就因為在四月二十七日對阪神做出不當的抗議行為後，被球隊給解職，因此帶領球隊的重責大任，就落到接替監督一職的古葉竹識（1936-2021）身上。作為球隊先前的一軍守備教練，古葉很清楚球隊的狀況，尤其是有一批經過數年磨練的年輕球員們，正好現在是他們發光的時機。在這一批球員中，包含有經過阪急監督上田利治栽培過的「鐵人」衣笠祥雄（1947-2018），而最重要地還是透過選秀選進不少的好手，包含像是三村敏之（1948-2009）、水谷實雄（1947-）、山本浩司、池谷公二郎（1952-）、佐伯和司（1952-）等人。上述提到的這幾位球員，在一九七五年球季都有不錯的成績，如山本浩二（一九七五年從山本浩司改名）就以打擊率三成一九贏得最高打擊率，池谷公二郎與佐伯和司則分別貢獻有十八勝與十五勝，而前面介紹到的外木場義郎則投出二十勝、一百九十三次三振，獲得勝投王及最多三振。而從日本火腿轉隊來的大下剛史（1944-），則以四十四次盜壘成功贏得最多盜壘。不論是投手群或打擊群都有極佳的表現，也讓廣島得以初嘗聯盟冠軍的滋味。不過首次進入到「日本一」的廣島似乎因為經驗不足，就遭到阪急以四勝二和的成績給擊敗。

不過錯失「日本一」的廣島並沒有氣餒，又經過三年的沉澱，於一九七九年再次重返「日本一」的舞台，而這一次的廣島以更加堅強、完整的陣容迎來球隊的光榮時刻。此時陣中強打山本浩二已連續三年擊出四十支全壘打，新生代好手高橋慶彥（1957-）則有全隊最高打擊率及五十五次盜壘成功，其中在六月六日到七月三十一日之間，還創下連續三十三場擊出安打的日職紀錄。而在投手群方面，雖然外木場義郎走向球員生涯末期，但北別府學（1957-2023）適時補上空缺。而更為關鍵的一人，是在一九七八年透過金錢交易的方式，從南海換來的江夏豐。江夏豐在阪神時期主要是擔任先發投手，一九七六年轉隊至南海後，則以後援投手為主。雖然此時江夏豐的速球已不如全盛時期，但控球的提升則更有效在短局數中壓制打者。一九七九年來到廣島的第二年球季，江夏豐繳出九勝五敗，二十二次救援成功，並獲得當年央聯MVP。挺進「日本一」的廣島，這年所遇到的對手是隊史首次贏得洋聯冠軍的近鐵，而談到這年的「日本一」，就不得不提到已故知名棒球作家山際淳司（1948-1995）所描繪「江夏的二十一球」經典劇場。

首次對決的廣島與近鐵，在「日本一」就纏鬥到十一月四日的第七場，最終戰在大阪球場，而江夏豐在七上球隊以四比三領先的局勢下登板，並讓球隊保持領先至九下。九下近鐵首名打者羽田耕一（1953-），從江夏豐手中所投出的第一球就率先擊出穿越中線的安打站上一壘，第二名打者Christopher P・Arnold（C・アーノルド，1947-）上場打擊時更換代跑，由藤瀨史朗（1953-）取代羽田。藤瀨上場後就立刻盜壘，並在捕手沒有阻殺好的情形下順勢推進至三壘，隨後江夏豐保送Arnold，近鐵立即又更換代跑，讓吹石德一（1953-）替換一壘的Arnold。在第三名上場打者平野光泰（1949-2023）打擊時，吹石德一看準投捕手不會特別防範一壘，於是就藉機盜上二壘。在二、三壘有人的情形下，江夏豐選擇以故意四壞保送打者，在滿壘下進行防守。九下無人出局滿壘有人，這是江夏豐所面臨到此次「日本一」最重大的危機，不過早已身經百戰的江夏豐此時還是能保持冷靜，在面對第四名上場打者佐佐木恭介

（1949-），就以三振先製造第一個出局數。接著上場的是石渡茂（1948-），江夏豐先投出一記正中的慢速曲球，石渡沒有出棒，一好球。緊接著當江夏豐投出第二球時，近鐵下達「強迫取分」的戰術，於是石渡打算以觸擊方式設法碰到球，讓提前起跑的三壘跑者藤瀨能夠搶攻本壘。此刻江夏豐與捕手似乎早已預判對方會使用「強迫取分」的方式，於是江夏豐投出一顆外角高球讓打者追打，結果石渡硬是去碰球卻沒有碰到，此時跑向本壘的藤瀨瞬間停住，捕手水沼四郎（1947-）決定往三壘衝去要夾殺跑者。藤瀨見狀，原本要往回跑，不過原本在一、二壘的跑者都已推進至下一個壘跑，故藤瀨最後讓捕手觸殺出局。藤瀨出局後，局勢變成兩出局二、三壘有人，投打之間則是兩好球對投手絕對有利。第三球江夏豐投出一顆直球，石渡出棒但是擊成界外球，球數依然是兩好球。緊接著江夏豐投出這局的第二十一顆球，一記內角的曲球，石渡一樣出棒但是揮空慘遭三振，三出局比賽結束，廣島勇奪隊史首座「日本一」優勝。隔年，這齣「江夏的二十一球」劇場就被山際淳司發表在文藝春秋所發行的*Sports Graphic Number*上，日後成為家喻戶曉的職棒經典事件。

一九八〇年球季，廣島繼續穩坐央聯首位，並在「日本一」二度對上近鐵並再次擊敗對方，成為央聯第二支完成「日本一」連霸的球隊。接下來整個八零年代，廣島靠著一批批優秀球員的加入，除了一九八二年落到第四名外，其餘九年都在A段班，當中一九八四年與一九八六年獲得央聯冠軍，一九八四年則再次取得「日本一」。從一九七五年至一九八四年十年間，廣島拿下四次央聯冠軍，三次「日本一」，展現十足的「赤帽旋風」。在這段期間，球隊的山本浩二與衣笠祥雄接連完成「兩千安」與「五百支全壘打」的里程碑，兩人生涯所組成的「YK」連線有八十六次同場擊出全壘打，僅次於王貞治與長嶋茂雄，史上排名第二。其中衣笠祥雄在一九八七年更打破由曾經兩度來到日本參加交流賽的洋基名人堂球星Lou Gehrig，所創下「兩千一百三十場」連續出賽的世界紀錄（最終衣笠祥雄的連續出賽為兩千兩百一十五場）。這邊還要稍微提到帶領近鐵贏得兩次洋聯冠軍的西本幸雄監督，包含過去在大每與阪急合計拿過八次的聯盟冠軍，卻未曾一次成功奪下「日本一」，堪稱史上最悲情的監督。

空白的一日

一九七八年十一月二十一日上午九點，巨人球團發布一個重磅消息，那就是過去一年待在美國的江川卓（1955-）與巨人達成簽約。消息一出後，立刻掀起球界輿論的譁然，因為隔天二十二日就是選秀會議，怎麼可能在這時候有球團可以私自與球員簽約，還是一位在去年就已經投入選秀、並且還有交涉權在身上的球員。巨人方面對外宣稱江川卓在前一年與皇冠打火機的交涉權在二十日就已經中止，因此二十一日是可以與任何球團進行簽約。此話一出，立刻引起各球團的激憤，對於這種違背選秀制度不合理的解釋，自然無法讓人認同。而央聯的會長鈴木龍二在接獲消息後，直接擱置、沒有受理巨人與江川卓的契約，接著事態就演變成巨人球團與聯盟，長達八十天對江川卓契約解釋的僵局，這就是日職選秀史上著名的「空白的一日」事件。

這裡要先簡單介紹江川卓，何以會讓巨人願意冒險以對選秀制度的解釋漏洞簽下該球員。江川卓從小就接受父親在棒球上的訓練，高中時期進入到栃木縣宇都宮市的作新學院，開始打響他在全國的知名度。江川卓在高中時期就展現他超越同齡球員的絕對實力，特別是他的速球之快，更被冠以「怪物」之稱。與其球技相映的就是高中三年投出有十二場的無安打比賽，當中在二年夏季的地方比賽中，還曾經有連續三場無安打比賽的紀錄。至於江川卓在甲子園中的表現，有一九七三年的春甲大會上，投出有六十次的三振，至今依然是甲子園單一大會的最高紀錄。還有像在同年的夏甲首戰對上柳川商業高校時，單場投出二十三次的三振，有上述這些成績，很難不讓職棒球探所注意。同年選秀會上，江川卓被阪急以第一指名選中，不過因當事人早已聲明要去慶大就讀，所以就沒有立即投入職棒。不過江川卓後來未能通過慶大測驗，於是改而前往法大就讀。進入到東京六大學聯盟的戰場後，江川卓仍舊維持極高的宰制力，大學四年一共投出有四十七勝與四百四十三次三振，這兩項紀錄如今都還是六大學聯盟第二高的成績。而法政大學也在江川卓的領軍下，在一九七六與一九七七年的春秋賽季，完成隊史第二次的四連霸（法大一共完成三次），作為主戰投手的江川卓自然可說是頭號功臣。大學畢業後，江川卓再次投身職棒選秀，在首輪被皇冠打火機選中，但江川卓卻以「九州太遠」的理由回絕，事實上，此刻的江川卓早已下定決心非巨人不去。一九七八年四月五日，江川卓以「棒球浪人」的姿態，前往美國南加大進行棒球留學。接著在十一月二十日回到日本後的隔天，就與巨人隊達成簽約，於是就出現有前面提到「空白的一日」。

巨人隊會利用「空白的一日」與江川卓簽約，其實也有很大因素在於此時皇冠打火機獅正在變更母企業，準備易主給西武集團，而原先皇冠打火機與江川卓的交涉權是否有跟著移轉給西武，就出現爭議。但即便如此，巨人本身也不會因為是否有交涉權移轉的有無而停手。巨人隊將與江川卓的契約遞交給聯盟後卻不被受理，於是就拒絕出席二十二日的選秀會議。而在選秀會議上，江川卓被南海、阪神、近鐵、羅德四隊選為第一指名，最後則由阪神抽中其交涉權。不過所有人都心知肚明，即使阪神抽中與江川卓的交涉權，江川卓也不可能加入阪神，只會讓前兩次的拒絕簽約持續上演。況且據稱巨人為了抗議聯盟，還打算脫離央聯，另外成立新的聯盟。時任聯盟委員長金子鋭（1900-1982）為能解決這個難題，提出讓阪神先與江川卓簽約，然後在以交易的形式讓江川卓轉到巨人，以緩和這股緊張的情勢。不過當金子委員長提出方案後，阪神球團的小津正次郎（1915-1997）第一時間就回絕這樣的提案，並公開揚言球團是不會把江川卓交易出去。接著在十二月至一月期間，阪神數次與江川卓進行交涉，但都被江川卓回絕，這也讓阪神不得不考慮將金子委員長所提的方案納入考量。

一九七九年一月三十一日，正在羽田機場等候班機準備前往宮崎參加春訓的巨人隊選手小林繁（1952-2010），被球團告知自己將要被交易至阪神隊。得知消息後的小林繁顯得不知所措，因為他自己沒有想到會被球團拿來作為與阪神交易江川卓的人選。實際上，當阪神球團思考與巨人交易後，就開始物色適當的交易人選，後來就挑上連續三年都有十勝的小林繁。小林繁當天晚上就同意巨人球團的指示，轉隊至阪神。二月一日凌晨十二時十五分，巨人與阪神兩球團就對外發表兩位球員交易的消息。同日下午，阪神與江川卓達成簽約，背號為「3」號，但江川卓卻從來沒有穿上過這一件球衣。二月八日，在實行委員會上，對於造成球界近兩個多月混亂的巨人球團代表，向各球團宣布在球季最初兩個月，不會讓江川卓在一軍出賽，以表歉意。而金子委員長自認在這一起「空白一日」事件上並未處理妥當，於是請辭委員長一職。

經過將近八十天的風波後，江川卓如願穿上他心中所嚮往巨人的球衣，但因為巨人代表有事先表態在球季最初兩個月不會讓江川卓在一軍登板，因此江川卓職棒一軍的首場比賽，是要等到六月二日在後樂園球場對上阪神。第一年的新人球季，江川卓繳出九勝十敗，防禦率二點八零（央聯第三名）的成績單，雖稱不上完美，但還是在可以接受的範圍。至於被交易到阪神的小林繁，則一躍成為阪神的王牌，投出單季個人最高的二十二勝，也繼一九七七年後，個人第二次獲頒澤村賞。而在小林繁的二十二勝之中，更有八勝是來自於老東家巨人，當時就有人調侃說巨人之所以當年名次會在第五名，就是因為小林繁的關係。江川卓與小林繁日後為巨人與阪神所帶來的影響好壞就見仁見智，不過由江川卓所引起「空白的一日」事件，確實也造成其個人形象在球迷間的兩極化。最後聊到一個趣聞，一九八九年日本年號從昭和改成平成，而《朝日新聞》就進行一項關於職業棒球的「全國輿論調查」，在喜歡職棒的受訪者當中，最受歡迎的球隊是巨人，不過最討厭的球隊也是巨人，其中特別是女性球迷就提到之所以討厭巨人的主因，就是因為有江川卓。

西武王朝

時間來到一九八〇年代，央聯與洋聯各自的傳奇打者王貞治與野村克也，在同一年選擇褪去球衣、卸下球員身分。而原本走向球隊末日的西鐵隊，在西武集團接手後，不僅將主場從九州搬至埼玉，球隊還找來根本陸夫這位號稱「球界的權謀家」、「知曉職棒全部的男人」來指導、管理球隊，並在短時間內將西武從黑暗期給帶出來，並在監督廣岡達朗的領軍下，開創西武王朝的黎明期。

告別球場

一九八〇年，央聯與洋聯各有一位球迷耳熟能詳的大打者宣布離開球場，這兩人分別是巨人隊「世界的全壘打王」王貞治，以及日職生涯首位完成三千場出賽的野村克也。這一左一右二位球界代表性的強打者在激烈的職棒舞台上都待超過二十年，且生涯所留下的成績在打擊各項榜上也都是佼佼者，雖說在前文已經有介紹二位在一九六〇年代的表現，不過筆者還是覺得有必要在此將二位於一九七〇年代的事蹟在多做介紹。

首先講到王貞治，王貞治不僅在一九六四年創下有當時最高單季五十五支全壘打紀錄，另外自一九六二年到一九七四年，連續十三年為央聯最多全壘打打者。當中，在一九七三與一九七四兩年，王貞治分別以三成五五、三成三二打擊率，五十一支、四十九支全壘打，一百一十四、一百零七分打點，連續兩年都得到打擊「三冠王」的殊榮。隨著王貞治生涯全壘打支數的不斷增加，日本球迷就在期待王貞治個人的全壘打數能否超越大聯盟的紀錄。一九七六年球季開打前，王貞治生涯已累積六百六十八支全壘打，距離「棒球之神」Babe Ruth所創下生涯「七百一十四支」全壘打不到五十支。但因為在一九七五年球季王貞治只有擊出三十三支全壘打，所以球迷估計認為七百支應當是沒有問題，至於挑戰Babe Ruth可能就要留到下一季。不過王貞治並沒有讓球迷等太久，因為狀況調整比起前一個球季還要來得順利，在明星賽未開打前的七月三日，就擊出第六百九十九支。因為隨時都有可能發生擊出七百支全壘打的瞬間，之後王貞治的每場比賽，都有大批媒體守候要拍攝出歷史性的一刻，無形中讓王貞治感到前所未有的壓力。接下來將近有三週的時間，王貞治都沒有擊出全壘打，球隊也從北海道的札幌，在到九州的鹿兒島、熊本，跨越整個日本。終於在七月二十三日，王貞治於川崎球場對上大洋的比賽中，睽違近三十個打席，擊出生涯第七百支全壘打。即使並非在巨人主場，仍受到滿場球迷的道賀。緊接著王貞治在十月十一日後樂園球場對上阪神的比賽中，順利擊出第七百一十五支全壘打，球擊中全壘打柱子的瞬間，王貞治還興奮到跳起來。

成功跨越Babe Ruth的紀錄後，接下來日本球迷就期望能看到王貞治挑戰大聯盟全壘打王Hank Aaron（1934-2021），在一九七六年所創下「七百五十五支」的全壘打紀錄。從一九七七年球季還未開打前，王貞治便成為整個日本最關注的公眾人物，畢竟在前一年Hank Aaron已經退休，因此王貞治在這一個球季，很有機會成為世界最多全壘打的球員。球季開打後，伴隨全壘打數愈來愈接近七百五十五支，球迷目光也更加聚焦在王貞治身上。在王貞治的口述回憶中提到，在即將要追上這項紀錄時，住家每天都會聚集上百位的小球迷，自己都要花上一小時的時間簽名，簽名完之後再去球場。而在比賽中，自己每一次打擊的結果，都會讓現場球迷的情緒隨之起伏，譬如如果是一般飛球，則是嘆息聲包覆整座球場，而如果是要被四壞球保送，則將是對投手的噓聲四起。八月三十一日，王貞治擊出生涯第七百五十五支全壘打，追平Hank Aaron所創下的世界紀錄。緊接著王貞治在九月三日，於後樂園球場對上養樂多之戰，第二打席就從先發投手鈴木康二朗（1949-2019）手中，擊出破紀錄的七百五十六支全壘打。為了能親眼見到兒子打破紀錄，王貞治的雙親從接近紀錄的開始就一直親臨球場，希望能共享這個時刻，聯盟也特別安排王貞治的雙親將祝賀板，親手交到兒子的手上。兩天後的九月五日，王貞治從當時日本首相福田赳夫（1905-1995）手中，獲頒象徵日本國民最高榮譽的「國民榮譽賞」，成為史上第一位，同時也是目前唯一非日本籍的獲獎者。

成功打破Hank Aaron的紀錄後，王貞治接下來每打一支全壘打，都是在豎立新的里程碑。雖然王貞治在退休前曾坦言希望能打到九百支全壘打，不過隨著年齡的增長與挑戰紀錄的企圖心降低，都讓王貞治的成績開始明顯下滑，尤其是在打擊率的部分最為明顯。一九八〇年球季，王貞治仍不放棄要精進個人的球技，但無奈現實的情況並不允許他這樣做。十一月四日，王貞治正式發表退休消息，並預計擔任新上任巨人監督藤田元司的助理教練。最終，王貞治在日職一軍二十二年，一共打出「八百六十八」支的全壘打，是世人知曉王貞治豐功偉業中最知名的一個數字。

說完王貞治，接著談到野村克也。野村克也在一九七五年五月二十二日擊出生涯第六百號後的賽後記者會中，曾說過「如果王（貞治）與長嶋（茂雄）是向日葵，那我就是在日本海邊默默地綻放的月見草」這一句話是野村克也道出雖然同在一個時代，也都是有實力的球員，但論知名度與人氣而言，卻無法與王和長嶋二人相比擬的感慨。當然這一句話應可適用在同時期日職任何一位球星，但野村卻是最接近他們二人。在前文已經提到，野村克也在一九六〇年代已經是南海的中心打者，在一九六一年至一九六八年間，不僅連續八年都是洋聯擊出最多全壘打的選手，一九六五年，還成為日職戰後的第一位打擊三冠王。只可惜，因為一九六五年開始的巨人V9王朝，很快就將野村的鋒芒掩蓋過去。

雖說野村克也的名氣無法與王和長嶋相比，但他也有與二人在球員時期不同的地方，就是有球員兼任監督的經驗。一九七〇年，南海隊讓野村克也接替前一年帶兵不佳的飯田德治，成為南海隊史第九位監督，並以一九六七年到一九六九年的隊友Don L・Blasingame（ブレイザー，1932-2005）擔任板凳教練，來從旁協助野村。一九六七年來到日本後的Blasingame，帶來當時日本所沒有雙殺守備動作的正確觀念，另外還有許多技術層面的指導，都很大影響野村克也自身棒球思維的改觀。尤其野村克也特別推崇Blasingame所強調的「思考棒球」（Thinking Baseball），這與過去日本球界強調的「根性論」（精神）完全不同，這也是造就後來野村克也「ＩＤ棒球」（ＩＤ，即Important Data，重視資訊）的起源。新官上任後的野村克也，沒有讓球團失望，立即就將南海從前一季還是墊底的球隊帶到第二名，自己同時還有四十二支全壘打與一百一十二分打點的表現。

一九七三年，洋聯實施前後期的季後賽制度，野村克也深知南海整體的實力不如當時的阪急，於是在策略上，就是要力拼前期優勝，直接拿到季後賽門票。如同野村克也所預期，南海順利拚到前期優勝，而後期優勝則是阪急。而在季後賽，球迷與媒體賽前預測都傾向在季賽時對南海取得全勝的阪急，應該會順利取得勝利。不過賽前野村克也早已擬定好策略，因為就野村個人的分析，相較實力差的球隊很難直接三連勝或是四連勝，於是他採取重視「奇數戰」的方式，就是凡是奇數（一、三、五）的場次，就必定要獲勝。而當年季後賽就好像按照野村克也的劇本在走一樣，南海果真在奇數場都贏得勝利的情形下，以三勝兩敗的成績打破眾人眼睛，驚險挺進「日本一」，要對上是已經完成八連霸的巨人。野村克也曾說過他希望成為像川上哲治一樣的監督，因此一九七三年的「日本一」可說是野村要挑戰自己偶像的舞台。基本上遇到當時日本最強的球隊，野村克也的策略一樣是以「奇數戰」勝利為最高宗旨，而第一場比賽也確實順利贏得勝利。不過野村克也曾在自己的書中提過，像當時的巨人以及一九八〇年代的西武，都有將第一場比賽作為試探對手實力的方針，反而第二場的勝利才是贏得「日本一」最核心的關鍵。結果巨人雖然輸掉第一場比賽，但第二場在延長賽逆轉勝南海後，就將團隊的氣勢打開，最終就以四連勝之姿贏得「日本一」九連霸。野村克也的策略並沒有成功運用在這次「日本一」上，而自己卻成為巨人V9王朝有始有終的見證者（巨人一九六五年首次冠軍與一九七三年最後一次冠軍的對手都是南海）。

一九七七年，野村克也因「私生活問題」登上媒體版面，南海決定解任野村監督的職位，而當時已經四十二歲的野村克也，同時也面臨到是否要退休的抉擇。這時羅德監督金田正一找上野村，並拉攏他入隊，於是一九七八年球季野村就離開他待了二十四年的南海，前往羅德。一九七九年，在羅德只待上一年的野村克也，季後被羅德戰力外，緊接著就被母企業易主、主場移至埼玉的西武獅所網羅。西武獅的監督根本陸夫為重整球隊，大量補進不少中生代或是具有豐富經驗的球員，當中包含有從阪神轉隊來的強打捕手田淵幸一、羅德的安打製造機且是出身於埼玉本地的山崎裕之，以及野村克也。特別是野村克也來到西武後，先發出賽場次不多，不過當他蹲捕的時候，主要都是搭配年輕的投手，而這也是根本陸夫監督找來野村的最大目的，就是希望透過野村在捕手方面的臨場經驗，讓年輕的投手群能更快成長，是他在球員時代最後的任務。一九八〇年八月一日，野村克也成為日職生涯首位完成三千場出賽的球員，同年底宣布引退。即便球員時代的鋒芒被同時期的長嶋茂雄與王貞治所掩蓋，但野村克也所留下的種種紀錄，也還是為其留下崇高的歷史地位。

堤義明的霸業

一九七五年夏日的某一天，當時橫濱市市長飛鳥田一雄（1915-1990）前往位於東京原宿一間名為國土計畫株式會社的公司大樓，造訪該公司的社長堤義明。飛鳥田一雄市長此行的目的，是希望堤義明能出手協助橫濱市建造一座全新的球場。一九七二年，已使用多年的橫濱公園和平球場老舊，因此不少的橫濱市民都期望市區內能有一座新球場，然後作為在地球隊的大洋鯨，能從川崎球場移到新建的橫濱球場。接著，就出現有「球場再建推進協議會」在號召橫濱市民進行連署，並在短時間內獲得近十八萬人的響應。有了這樣的連署成績，「球場再建推進協議會」就將新球場建設的陳述書上呈給市長。飛鳥田一雄市長接獲陳述書後，對於在市區

表5-3｜野村克也、長嶋茂雄、王貞治生涯成績一覽

姓名	野村克也	長嶋茂雄	王貞治
出生年	1935	1936	1940
年資	27年，1954-1980	17年，1958-1974	22年，1959-1980
球隊	南海－羅德－西武	巨人	巨人
出賽數	3017	2186	2831
打席	11970	9201	11866
打數	10472	8094	9250
打擊率	0.277	0.305	0.301
安打	2901	2471	2786
全壘打	657	444	868
打點	1988	1522	2170
得分	1509	1270	1967
被三振	1478	729	1319
四壞球保送	1252	969	2390
盜壘	117	190	84
個人獎項	MVP＊5 打擊率王＊1 全壘打王＊9 打點王＊7 最佳九人＊19 金手套獎＊1	MVP＊5 打擊率王＊6 全壘打王＊2 打點王＊5 最佳九人＊17 金手套獎＊2	MVP＊9 打擊率王＊5 全壘打王＊15 打點王＊13 最佳九人＊18 金手套獎＊9
特殊獎項	三冠王＊1	新人王＊1	三冠王＊2

建設新球場是持肯定的態度，但眼下最困難的地方就是沒有資金。因一九七二年正值全球第一次的石油危機，市政財政緊縮等種種問題，單就橫濱市政府來說，是無力負擔球場建設所需的資金。故後來經過幾年對於球場建設經費來源的摸索後，飛鳥田一雄決定親自前往東京，

實際上，橫濱市建設新球場的資金來源不僅有國土計畫的堤義明，自然也包含地主隊的大洋鯨。從一九五五年就以川崎球場作為主場的大洋鯨，老闆中部謙吉（1896-1977）對於遷至新球場也持肯定的立場。按理，如果橫濱要建設新球場，身為地主隊的大洋鯨應該要率先表態出資，不過因母企業大洋漁業同樣面臨到財政困難，而無法有效出手。自一九六〇年代起，隨著動保意識的崛起，全球興起禁止捕撈鯨魚的聲浪，這就連帶影響到以捕鯨為生的大洋漁業。捕鯨數量的銳減，母企業的收入也就大幅度的下滑，這就造成大洋無力自主負擔新球場建設的所有資金，是故中部謙吉以讓出百分之四十五的股份給國土計畫，尋求其資金的支援，而堤義明也欣然接受。一九七六年十一月，在《運動新聞》上有一篇報導，其斗大標題為「大洋、西武合併」，這裡要簡單說明西武就是西武集團，而國土計畫公司便是西武集團旗下的子公司。消息一出，就有不少媒體來詢問堤義明是否真有此事，但堤義明卻稱自己對於經營職棒球隊沒有興趣而搪塞過去。

當下堤義明並沒有明說是否入主職棒，不過新橫濱球場的建設是早已成了定局。一九七七年四月，新橫濱球場開始動土，並預計在隔年三月完成，以便趕上一九七八年的新賽季。在此

要稍微往前說到一九七七年一月，大洋漁業老闆中部謙吉逝世，在中部謙吉個人逝世前，本來有意讓自己手上所持有大洋百分之十的股份，給予堤義明，使其成為最大股東。只不過在中部謙吉過世後，這件事也就不了了之。如果當初中部謙吉有另將自己的股份給予堤義明，則堤義明就可說是大洋鯨實質的老闆。一九七七年十一月，大洋鯨正式對外宣布要將主場從川崎球場移往即將完工的新橫濱球場，雖然消息發布後仍有激起川崎當地球迷的反彈，不過為讓球隊能有更好的發展，還是選擇移到新球場。至於大洋鯨離開川崎後，在外流浪五年的羅德隊，則順勢接手川崎球場，成為球場的新主人。一九七八年四月四日，橫濱球場進行完工後第一場日職比賽，這時大洋鯨為更加強調在地經營，而將隊名改為「橫濱大洋鯨」，並在首場比賽，邀請到當初推動新球場建設的最大功臣、前市長飛鳥田一雄來開球。但同樣是功臣之一的堤義明，卻與飛鳥田一雄不同，此時他的心思已經從橫濱移往到埼玉，因為西武集團即將也要在埼玉縣的所澤市建造一座新球場。

一九七八年，福岡棒球株式會社的老闆中村長芳有感皇冠打火機獅的營運已到極限，累積球團債務多達數十億日圓，而心生轉賣球隊的念頭。此時中村長芳耳聞西武集團正在所澤興建一座新的球場，加上堤義明又曾出資大洋鯨，這些動作似乎都表明堤義明有意入主職棒。於是在夏季的某一天，中村長芳直接來到國土計畫公司的總部與堤義明會面，並直接徵詢堤義明是否有意願買下福岡棒球株式會社。之後雙方在經過一個多月的討論，堤義明同意接受中村長芳的提案，買下福岡棒球株式會社，不過他同時也提出兩個條件，那就是球隊的主場需從福岡遷往埼玉，以及要聯盟其他十一支球團都同意西武的加入。基本上，聯盟對於西武的加入是沒有意見，唯獨堤義明要先解決同時擁有兩支球團持有權的問題。按照棒球協約的規定，一個公司是不能同時有兩個球團以上的經營權，堤義明之前已經有大洋鯨百分之四十五的股份，如果西武要加入，則堤義明需要放棄大洋鯨的股份才可以。十月十二日，堤義明與中村長芳簽署球團轉讓契約，西武獅正式誕生。十月二十二日，堤義明則將在大洋鯨所持有的股份，分別轉賣給ＴＢＳ與日本放送，解決最後一個入主職棒的問題。

重建王朝

當十月十二日福岡棒球株式會社轉賣的消息被報導出來後，當地球迷很不能接受，於是就有人發起共同集資，打算將球隊購買回來，並期望能塑造成與廣島鯉魚相同的「市民球隊」。而在同一時間，西武球團則開始著手準備新球隊的一切事宜。首先是球隊的隊徽，隊徽取自漫畫家手塚治虫所畫《森林大帝》（另外有翻譯成《小白獅王》）中，主角白獅雷歐成年後的獅頭像。這也是繼原子小金剛後，手塚治虫的漫畫第二次被職棒球隊所相中。據說選擇白獅雷歐是由堤義明所決定，倘若當時如果沒有取得手塚治虫的同意，有可能在球隊的暱稱上，就會放棄原有的獅子。而在球隊旗幟、球帽與球衣的設計上，則是以天空藍為底，因為在設計者的理念中藍色是日本人最喜歡的顏色，而且也能表現出更多的樂趣。提到球隊從福岡移轉到埼玉的過程也是滿有趣，西武集團妥善利用旗下的資源做一條龍式的服務，讓球員能從上到下感受到新東家所做的付出。譬如在球員房子的準備上，有西武不動產，而在搬家的運送上則可利用西武運輸，另外在生活的日常用品購買上，則可以透過西武百貨來購買，可說非常便利。十二月十八日，仍在建造中的新球場也決定好球場名稱，命名為「西武獅球場」，這也是日職第一座直接以球隊名稱命名的球場。

一九七九年，新生的西武獅準備迎來第一個賽季，球隊監督仍續用前一季在皇冠打火機獅帶兵的根本陸夫。至於說到西武獅在陣容上的補強，就不得不提到以田淵幸一為首「四對二」的大型交易案。一九七八年十一月十四日深夜，阪神強打田淵幸一接到一通來自球團的電話，要他兩點前到梅田阪神飯店，社長有事要找。抵達飯店會見社長後，田淵幸一就被告知自己即將被交易到西武獅隊。田淵幸一當下非常錯愕，始終無法相信應該會在阪神退休的他竟然會被球隊交易出去，當然球隊的決定作為球員只能遵從。當田淵幸一告辭社長後，走出會議室門口隨即被等候的記者所包圍，田淵不僅訴說自己的無奈，同時淚水也從眼眶中流出。十一月十七日，田淵幸一再次與社長會面，社長也向田淵說明被交易的理由。主要在於田淵不在新任監督Blasingame重組球隊的規劃中，另外一個理由，則是西武監督根本陸夫的希望。十一月二十三日，根本陸夫與田淵幸一會面，作為法大的學長，根本非常誠摯地向田淵述說他對於西武獅的展望，而對於新生的西武獅來說，田淵將在這支球隊中有著舉足輕重的定位，這也就得到田淵的理解並接受轉隊的事實。十二月九日，西武與阪神兩球團對外正式發表「四對二」的交易案，西武以真弓明信（1953-）、若菜嘉晴（1953-）、竹之內雅史（1945-）以及竹田正史（1950-）四人，與阪神交換田淵幸一和古澤憲司（1948-2023）。

球隊繼「四換二」的交易案後，又從羅德交易來山崎裕之、網羅野村克也等有經驗的選手，要以「母雞帶小雞」的方式，重新出發。只不過從九州來到埼玉，以及新球團種種全新的方針，球員們都還沒有辦法立即適應，即便春訓也遠至美國，到了球季開始前球隊的狀況都還是沒有辦法做好調整。一九七九年四月七日為兩聯盟新球季的開幕，球隊四月三日才從美國結束五十四天的春訓回來，在球員的疲勞感都未能有效恢復的情形下，在球季的第一個月就遭遇很大的挫敗。西武從四月七日的第一場比賽，到四月二十二日之間一共出賽有十四場比賽，苦吞十二敗二和，特別是開幕後的連敗，還被體育報刊揶揄說從美國春訓帶回來的土產是「炭團」。這裡所說的「炭團」，指得是木炭在製造過程中所生成的炭粉，經由後製成黑丸狀的固態燃料。因為在戰績表上會用「黑星（●）」代表敗場，而「黑星」又容易聯想到相似形狀的「炭團」，剛好又符合從開幕就一直連敗的西武，因此才有體育報刊這樣的說法。西武連敗不勝的戰績，不僅受到報刊的調侃，過去曾是V9巨人成員、時任《日刊體育》評論員的黑江透修

（1938-），還公開評論西武作為職業球隊真是太羞恥了。四月二十四日，西武總算靠著球隊倚重的新人松沼博久（1952-）八局兩失分的好投，贏得西武球團史上的第一場勝利。經過一年的奮戰後，西武以四十五勝、七十三敗、十二場和局，在洋聯敬陪末座。雖然西武戰績還是跟上一賽季相同仍屬於B段班，不過在球團積極地宣傳下，進場觀眾人數反而有顯著的增加，從前一季的七十六萬六千人，大幅增加到一百三十六萬五千人。而在洋聯六支球團的全年度總進場人數，也首次突破五百萬人次。

一九八〇年初，老闆堤義明有鑑於上季球隊到美國長時間的春訓，而導致開季十四連不勝，因此決定將春訓留在日本，並由根本監督全權主導，最後地點選擇在高知縣的春野綜合運動公園。不過選擇留在日本春訓的西武，到了開季時顯然還是調整緩慢，前面十一場比賽只留下二勝八敗一和的成績。而被球隊寄予厚望的洋將們在上半季表現不佳，連帶影響到團隊的成績，最終西武在上半季又是居於洋聯墊底。到了下半季，西武打線開始甦醒，特別是中心打者田淵幸一帶動全隊的長打攻勢，不僅自己在季末追平個人生涯最佳的四十三支全壘打，團隊全壘打數也突破兩百大關，為投手群提供適當的火力援助，最終西武以全年度第四名收場。一九八一年，西武不僅透過選秀補強即戰力的內野手石毛宏典（1956-），另外還找了大聯盟的Terry Whitfield（テリー，1953-），兩位在球季都繳出有三成打擊率，石毛宏典還獲選新人王。這年西武在上半季曾有拉出一波十連勝，並以些微之差獲得第二名，可惜下半季因連敗場次過多，又落到第五名，最後全年度總成績仍與上一季相同為第四名。綜合來看，雖說團隊的長打力下滑，但打擊率仍能維持同樣水平，反倒是投手群的防禦率攀升到聯盟第一。

一九八一年球季結束後，西武進行一項重大的人事異動，就是將監督根本陸夫升任為球團管理部長，而監督一職要由誰來接任，就浮現出不少的人選，當中就包含一九八〇年底辭去巨人監督的長嶋茂雄、曾在一九七八年帶領養樂多奪冠的廣岡達朗，以及創造阪急王朝的上田利治。西武早在一九八〇年球季結束後就開始在尋覓新的監督，後來因故沒有辦法在一九八一年的球季前確定，就讓根本陸夫多帶一年，不過仍不斷思考新監督的人選。經過一年時間的思索，最終監督人選由前養樂多監督、時任日本電視台球評的廣岡達朗出線。過去根本陸夫在一九六九年至一九七一年擔任廣島監督時，就曾找上廣岡擔任內野守備教練，並給予廣岡在指導球員上高度的評價。儘管西武球團內部對於選擇廣岡達朗仍有不少的反對聲浪，但在根本陸夫的堅持下，堤義明決定依照根本的意思，聘用廣岡為新任的西武監督，「根本－廣岡」體制就此成形。

「根本－廣岡」體制針對球隊未來的準備，第一步驟就是放在一九八一年底的選秀會。該年選秀在根本的指揮下，在第一順位與第六順位分別選入捕手伊東勤（1962-）與投手工藤公康（1963-），這一對投捕搭檔在日後的西武王朝中可說扮演相當重要的角色。至於成為新監督的廣岡達朗，一改先前根本陸夫寬鬆的帶兵風格，改以過去在養樂多時期執教的「管理棒球」，來嚴格訓練球員。廣岡達朗的「管理棒球」又可稱作為「海軍式棒球」，將球隊視作軍隊進行管理與訓練。「管理棒球」除了在練習時禁止球員們竊竊私語，私下也禁止球員們在生活上吸菸、飲酒、打麻將，並且對球員的飲食也是嚴加控管。廣岡達朗為球隊帶來的變革，最初對於一些資深的球員是不太能接受這樣的做法，而年輕一輩的球員反倒是積極地吸收，監督與球員之間就以這樣矛盾的情感，迎來一九八二年的新球季。

西武在新球季開始後，儘管球隊內部矛盾尚未能有效解決，但改革還是能反映在戰績上，至少在四、五月時都是洋聯榜首。不過從五月底球隊卻面臨到連敗的低潮，六月初將首位讓給阪急，同時在球場上，王牌投手東尾修與監督在想法上的衝突擴大，讓球隊陷入到低氣壓之中。所幸球員之間緊急私下召開會議，並邀監督一同加入，當面述說球員內心的想法。經由這次的會議後，球員與監督之間的矛盾縮小，在球隊內相處的立場更趨向一致。六月二十一日，西武從阪急手中奪回王座，接著在六月二十五日，便以三十六勝二十七敗二和的成績，贏得上半季的優勝。到了下半季，田淵幸一、山崎裕之等資深選手狀況不佳，導致成績只能在第二、三名浮沉。但在確定有季後賽可打的情況下，廣岡的策略就是讓球員進行養傷與調整，自己則思考季後賽可能的對手及應對方針。而最後不出廣岡的預測，下半季冠軍隊為日本火腿，而日本火腿陣中的老將江夏豐便是廣岡首要提防的球員。

前文曾提及江夏豐從阪神轉隊到南海後就以後援投手為主，經歷南海、廣島，在一九八一年又轉隊至日本火腿。一九八二年江夏豐出賽五十五場，八勝四敗與二十九次的救援成功，防禦率一點九八，其中對西武登板十六場，拿下四勝一敗八次救援成功，防禦率二點七七，這樣的對戰成績讓廣岡認為會是西武贏球的最大阻礙。十月九日西武與火腿的季後賽開打，在廣岡預先的指示下西武隊員可謂做足對戰的準備。在第一戰八局江夏豐上場時，靠著戰術的成功執行，就讓江夏豐在一局內掉了四分，順利取得首場勝利。第二戰江夏豐在七局火腿領先且無人出局一壘有人的情勢下登板救援，結果西武趁著江夏豐投出保送後，接連擊出兩支安打反倒逆轉，連續兩天讓江夏豐苦吞敗投。第三場火腿再次派出第一場先發的洋聯勝投王工藤幹夫（1960-2016）來止敗，而工藤也順利以完投勝將戰線拉到第四場。第四場西武則是與火腿不斷纏鬥，直到第五局靠著洋將Whitfield擊出滿貫全壘打，一舉將比數逆轉超前，便一路領先到比賽結束，西武就以三勝一敗進入到「日本一」。

西武首度打進「日本一」的對手，是在季末以零點五場勝差奪得央聯冠軍的中日。就兩隊在季賽的成績來看，其實是不相上下，廣岡達朗與參謀森昌彥以為決定勝負的關鍵會是在投手群，特別是在後援投手的調度。如在第一場比賽，先發投手松沼博久在三局投完六比三領先下，立刻就換上東尾修接手，東尾修接手剩下六局都沒讓中日得分，順利為球隊取下第一勝。這裡要先說明，東尾修雖然在球季中是先發投手，不過此次在「日本一」被廣岡定位在救援，在適當時機就立即上場投球。第二場西武也一樣以相同方式取得第二勝，在中日主場搶得先機。不過第三、第四場，中日靠著頑強的韌性將戰局扳成二比二平手。來到關鍵的第五戰，中日在三局上兩人出局二壘有人，打者平野謙（1955-）面對投手一顆外角變化球，順勢擊成沿著一壘邊線的滾地球，一壘手田淵幸一來不及接到，球穿越過去，結果卻擊中身後不遠處的一壘審村田康一（1936-），使得球沒有滾到外野而是滾到二壘手山崎裕之前面。山崎裕之急忙撿起球並看向已經繞過三壘的跑壘員田尾安志（1954-），中日三壘壘指以為球會滾到外野，並指示衝向三壘的田尾直接往本壘衝去，但後來田尾在三壘與本壘間瞥見球還在內野，於是就在壘間猶豫了一下，後來決定返回三壘。山崎裕之當下見田尾要跑回三壘，立即將球傳向三壘手，三壘手Steven R・Ontiveros（スティーブ，1951-）在提前一步接到球後，就將回壘不及的田尾觸殺在三壘前，讓中日錯失一個大好得分機會。機緣或許就是如此，沒有取得這一分的中日士氣大傷，第五戰西武以三比一獲勝。賽後記者訪問到一壘審村田康一，他卻說球會往二壘滾去不是打到自己，而是「小石頭」的緣故。率先聽牌的西武，為免夜長夢多，在第六戰讓狀況好的投手連番上陣，最終靠著東尾修守下最後一局，讓西武獲得「日本一」優勝，東尾修也憑藉兩勝一救援的成績獲得MVP。監督廣岡達朗則是繼前輩三原脩（西鐵、大洋）、水原茂（巨人、東映）之後，第三位帶領兩支球隊拿到過「日本一」的監督（廣岡前一支球隊為一九七八年的養樂多）。西武也從這一年起，正式擠入日職的強權之一，陣中諸多年輕新秀也即將在球界大放異彩，為球隊鋪好建立王朝的道路。至於西武在昭和末期成為最後一支連霸球隊的故事，就留待下一節在說。

戰後日美棒球的重啓與大聯盟的交流

日本棒球在歷史的發展上，有一個特殊的面向，就是長期與美國棒球有著深厚的交流，特別是日本對棒球的觀念與技術層面的學習上，可說是「以美為師」。就以職棒來說，一九三一年與一九三四年兩次的日美交流賽，大聯盟球星所帶來的棒球實力，就讓日本球員與球迷大開眼界。雖然之後有十多年的時間因戰爭的關係，兩國棒球交流一度中斷，不過在戰爭結束後，又迅速地重新搭建起這一座橋梁。

前文提及在一九四九年，由GHQ的Marquat少將所主導的舊金山海豹隊訪日，是戰後第一支美國球隊來到日本。一九五〇年十一月一日，前一年率領海豹隊訪日的總教練O'Doul再次來到日本，但這次他並沒有帶領球隊，不過身旁卻跟著一位風度翩翩的男士，兩人此行來日本主要是進行棒球指導與慰問駐日美軍。十一月四日，這位與O'Doul一同訪日的男士，身穿他在大聯盟母隊紐約洋基隊的球衣，現身在後樂園球場。Joe DiMaggio（1914-1999），一九四〇年代大聯盟最知名球星，曾在一九四一年創下連續五十六場比賽都擊出安打的大聯盟紀錄，此刻在後樂園球場出現，吸引無數的球迷進場觀摩，示範其卓越的打擊與守備。隔天，同樣在後樂園球場，舉行巨人與國鐵的例行賽，賽前特別安排DiMaggio與川上哲治進行一場全壘打競賽，娛樂進場的球迷。雖說這場全壘打競賽是DiMaggio輸給川上哲治，不過在看過DiMaggio流暢的打擊動作後，當時巨人監督水原茂都不惜讚嘆DiMaggio的到來，是送給戰後日本職棒重要的紀念品。接著在十一月二十二日於明治神宮球場所舉行首次「日本一」的第一場比賽，由O'Doul擔任投手、DiMaggio擔任打者、Marquat少將擔任捕手所進行的開球儀式，可說象徵日本職棒邁向新的里程。

有了O'Doul在戰後兩次訪日所帶來日本對美國棒球的重新認識，時任讀賣新聞的副社長安田庄司希望能複製戰前兩次日美交流賽的經驗，再次邀請美國明星隊造訪日本，於是就麻煩原田恒男處理。同一時間，安田庄司另外安排以小西德郎監督為中心，並由人在美國的O'Doul招待，帶著川上哲治、藤村富美男、小鶴誠及杉下茂四位球星，到加州莫德斯托（Modesto）的春訓基地進行觀摩與訓練，這是戰後日本第一次有職棒選手前往美國。而一同前往美國的原田，在回到日本後，向巨人球團高層提議聘用優良的日裔美籍球員來日本打球，如此就能促進職棒的進步，於是就有前文提過與那嶺要加盟巨人一事，進而開啟日裔球員來日的濫觴。一九五一年九月，鈴木惣太郎受正力松太郎所託飛往美國洽談交流賽事宜，九月三十日日美雙方達成共識，決定仍有O'Doul組軍，球員代表則為DiMaggio兄弟。十月十七日，由O'Doul領軍的全美選拔隊造訪日本，進行多達十五場的比賽。而在這次交流賽中，最令日本球迷為之振奮一事，就是日本總算在十一月十三日的岡山球場，贏得雙方交流賽以來的第一場勝利，也是繼一九二二年三田俱樂部（由慶應大學棒球部畢業生所組成的球隊）以來，再次於國際交流賽中擊敗美國選拔隊。此外，讓日本球迷也意想不到的是這一年DiMaggio在回到美國後就宣布引退，因此DiMaggio在職棒場上的最後身影，就是出現在日本。

有了一九五一年日本選手前往美國春訓及日裔美籍選手來日這兩起事件後，日本職棒與美國大聯盟的交流有了更加明顯的發展。一九五三年，日本結束長達多年的盟軍占領時期，恢復到獨立國家，同時這一年也是日本發生「黑船事件」的一百週年。這年日本同樣邀請到美國大聯盟球員訪日，但特別的是有兩支球隊，一支是由讀賣新聞所邀請到紐約巨人隊，另外一支則是每日新聞社所邀請的洛培特全明星隊（Eddie Lopet All Stars）。此次兩支球隊到訪日本一共舉辦高達二十六場的比賽，比賽地點也北至札幌、南到下關，所到之處都吸引大批球迷進場，可說非常成功。不過對兩間報社而言，同一時段有兩支以上的大聯盟球隊來日本，其實就某種層面來說還是會有瓜分市場的可能，而且也會讓「新鮮感」不會這麼強烈。於是兩間新聞社就協議，之後如果要在舉辦交流賽，原則上就以一間新聞社為主，且一年就邀請一支大聯盟球隊前來。

一九五五年，由每日新聞社首先邀請紐約洋基隊。而在讀賣新聞內部，則在日美交流賽的負責人上面做出調整。一向擔任讀賣新聞與美方中間橋梁人物的O'Doul與原田，在其大聯盟球員選拔上的路線逐漸與讀賣新聞的高層有所落差，遂決定將交流賽的主導權從O'Doul手中取回。一九五六年三月，鈴木惣太郎前往美國，首先與O'Doul會面，並告知O'Doul日後有關日美交流賽的事宜，將不會讓其主導，正式宣告讀賣新聞與「O'Doul—原田」路線的訣別。之後鈴木惣太郎與大聯盟委員長Ford Frick（1894-1978）見面，Frick指出聯盟中有不少球隊老闆對於每年安排大聯盟球隊訪日頗有意見，因此如果日本希望繼續有交流，美國傾向是由日本主動與各隊聯繫，大聯盟不會積極介入，但也同時表明不會再派明星隊出訪日本。隨後鈴木惣太郎將上述Frick所說的意思傳回日本，讀賣新聞高層經過討論後，決定仿效一九五五年每日新聞社的模式，邀請單一球隊。四月四日，鈴木惣太郎向Frick傳達讀賣新聞的提議，並獲得Frick的贊同，而讀賣新聞的日美交流賽新模式所要邀請的第一支球隊，便是一九五五年獲得世界大賽冠軍的洛杉磯道奇。

從一九五六年開始，出訪日本的大聯盟球隊都為單一個隊，並規定兩年一次。期間來訪的大聯盟球隊，除了道奇外，還包含有聖路易紅雀（St. Louis Cardinals）、舊金山巨人（紐約巨人改名）、底特律老虎（Detroit Tigers）、巴爾的摩金鶯（Baltimore Orioles）、紐約大都會、辛辛那提紅人（Cincinnati Reds）與堪薩斯皇家（Kansas City Royals）。而在這幾次的交流賽中，也是有不少日後成為名人堂的球星來到日本，如大聯盟第一位非裔美籍的黑人球員Jackie Robinson（1919-1972）、全方位打者的Stan Musial（1920-2013）、全能球員Willie Mays（1931-2024）、全壘打王Hank Aaron、守備好到有「人間吸塵器」之稱的Brooks Robinson（1937-2023）、賽揚強投Tom Seaver（1944-2020）、安打製造機Pete Rose（1941-2024）等人。隨著大都會在一九七四年來到日本的Hank Aaron，還在後樂園球場與王貞治上演一場世紀的全壘打對決。而在與單一球隊交流的過程之間，在一九七九年有美聯與國聯各派一支明星隊與日本明星隊進行比賽，這也是雙方首次是以「全明星」的陣容進行對抗。後來在一九八六年，由曾經身為讀賣巨人一員的Davey Johnson（1943-）所率領的大聯盟全明星隊訪日後，大聯盟就改以全明星隊的新形式迎接日美對抗賽的轉型。

表5-4｜1951-1988年後訪日美國隊的成績表

年分	球隊名稱	戰績（勝－和－敗）
1951	全美選拔軍	13-1-2
1953	紐約巨人	12-1-1
1953	洛培特全明星隊	11-0-1
1955	紐約洋基	15-0-0
1956	洛杉磯道奇	14-1-4
1958	聖路易紅雀	14-0-2
1960	舊金山巨人	11-1-4
1962	底特律老虎	12-2-4
1966	洛杉磯道奇	9-1-8
1968	聖路易紅雀	13-0-5
1970	舊金山巨人	3-0-6
1971	巴爾的摩金鶯	12-4-2
1974	紐約大都會	9-2-7
1978	辛辛那提紅人	14-1-2
1979	美聯・國聯全明星隊	1-0-1
1981	堪薩斯皇家	9-1-7
1984	巴爾的摩金鶯	8-1-5
1986	全美明星隊	6-0-1
1988	全美明星隊	3-2-2

餘暉

一九八九年一月，昭和天皇病逝，昭和時代也宣告結束。而在大時代結束前的日職，一樣有著諸多精彩的故事。譬如央聯傳統人氣球隊阪神虎在祝賀球團創立五十週年的一九八五年，順利取得隊史的首座「日本一」優勝。而在昭和最後的階段，象徵打擊最高榮譽的「三冠王」竟在短短五年時間，出現三位球員共六次的紀錄。另外西武隊也繼前身西鐵與阪急之後，再次完成洋聯球隊「日本一」的三連霸。至於南海與阪急這兩支元老球隊在日本改朝前夕的轉賣，巧合地表達出對舊時代的揮別。

浪花的猛虎

一九八五年四月十七日，巨人與阪神在甲子園球場進行該年賽季首次系列戰的第二場比賽。來到七局下半，輪到地主隊阪神的進攻，而他們要面對的巨人投手，是這場比賽先發六局只失一分的槙原寬己（1963-）。不過在這一局開始，槙原卻出現些許亂流，不僅被第一棒上場打者擊出安打，而且也投出保送，雖說順利在未失分下拿到兩出局，但也造成一二壘上有跑者。此時身為巨人監督的王貞治，並未採取更換投手的決定，反而讓槙原繼續留在場中，與阪神即將上場的中心棒次進行對決。

這時阪神輪到第三棒的Randy Bass（R・バース，1954-）上場，Bass在前三個打席分別是一次保送、兩次內野滾地球，其中一次還是雙殺打。按照Bass前三打席的結果來看，槙原的投球策略就是設法再讓Bass擊出滾地球，於是槙原決定第一球就先投自己拿手的噴射球。反觀Bass似乎早有預想到對手的投球策略，猜想第一球應該會是速球，於是當槙原投出後，Bass毫無遲疑對準進入到內角的好球，便一棒將球擊出中外野的大牆，比分變成四比三，由阪神逆轉取得領先，整座球場瞬間沸騰起來。被擊出全壘打的當下，槙原轉身蹲下面對外野看台，似乎不敢置信會是這個結果。接著阪神輪到第四棒的掛布雅之（1954-），掛布前三個打席是兩次保送、一次三振，整體來看狀況一般，於是巨人選擇讓槙原繼續投球。槙原與掛布二人進行本場的第四次交手，很快在一好球、一壞球下，槙原投出一顆正中快速直球，掛布沒有放過，竟同樣將球擊出中外野的全壘打牆。連續兩支全壘打的出現，讓原本沉默的阪神球迷陷入狂熱的狀態，迫不及待地想看到下一棒、且在本場已經敲出兩支安打的岡田彰布（1957-），是否也能跟隨Bass與掛布的腳步，再次擊出全壘打。而已經被擊出兩支全壘打的槙原，在面對到岡田時，經由與捕手佐野元國（1958-）的討論，決定改變配球策略，從原本的速球改成以變化球為主。槙原面對岡田的第一顆球就是一記攻進好球帶的滑球，岡田沒有出棒，於是搶下一好球。接著槙原投出第二球，打者岡田認為投手在前兩打席被全壘打都是因為速球，猜測投手在這一打席可能都會以變化球來對付自己，於是當槙原第二球也是滑球時，岡田毫不遲疑出棒，結果球竟又以同樣方向飛出中外野大牆，比數變成六比三。槙原從面對到Bass開始，僅投六球就被打出三支全壘打，失掉五分，眼看情勢控制不住，王貞治急忙就讓鹿取義隆（1957-）上場救援。雖然鹿取義隆有成功控制住戰局，之後巨人也在第九局得到兩分，但終場還是以一分之差輸球。賽後，擔任巨人中外野手的Warren Cromartie（W・クロマティ，1953-）對媒體坦言自己過去在大聯盟從來都沒遇過這樣的情況，回想起來仍舊感到不可思議。在英文的棒球術語「Back Screen」一詞，指當投手投球時，打者、捕手、主審所能看見中外野後方的區域，而由Bass、掛布、岡田連續三人所擊出中外野全壘打這一起事件，就史稱「バックスクリーン（Back Screen）三連発」。如果只是連續三支全壘打，恐怕還不至於會讓廣大的球迷都熟知，但「バックスクリーン三連発」事件之所以會讓球迷印象深刻，就在於這一年阪神隊內發生太多起大事，其中最重要的一件事就是獲得隊史首座「日本一」優勝。阪神自從在一九六四年得到央聯冠軍後，有將近二十年未曾在「日本一」出現，更是當時央聯唯一還沒取得「日本一」的球隊。前文曾提到，阪神在巨人稱霸的V9時期，除了一九七一年外，都還能維持在A段班。

但是當V9結束後，球隊戰績不僅沒有顯著成長，在一九七八年還創下隊史首次墊底的難堪成績。這段期間球團高層也嘗試不斷替換監督，期望能扭轉球隊的逆境，只可惜天不從人願，依舊只能在A、B段班之間徘徊。一九八四年底，阪神聘用第二次擔任球隊監督的吉田義男（1933-2025），吉田義男過去曾在一九七五年至一九七七年擔任阪神監督，後來因與教練團之間有嫌隙，而離開球隊。此次吉田義男再次被球團聘請回來，只是近幾年球隊低迷的戰績，讓大阪媒體與自家球迷都對吉田義男重新執掌兵符，不抱有太大的期望。

球季開打後，阪神第一個對戰組合就碰上前一年拿到「日本一」優勝的廣島，並取得一勝一敗。四月十六日，阪神在甲子園與巨人進行三連戰，結果令球迷感到意外，是創下六年以來第一次在系列戰橫掃巨人，其中第二場比賽就發生開頭所提到的「バックスクリーン三連発」事件。開幕五戰下來就有四勝一敗的成績，似乎讓阪神球迷開季就燃起希望。不過球隊在五月初時遇到亂流，一度經歷五連敗，但所幸四月的成績優異，讓球隊的勝率避免低於五成。在這一年球季阪神最明顯的改變，就是長打火力的提升，不僅洋將Bass與掛布雅之二人都能維持穩健的長打，「核彈頭」真弓明信與岡田彰布也都在六月底前擊出雙位數的全壘打，四人合計在六月結束時，就貢獻有七十九支全壘打。來到七月，阪神在幾次的連敗下，將首位拱手讓給廣島，並與巨人在二、三名之間展開拉鋸戰。待明星賽過後的七月二十六日，阪神接連在與大洋與中日的系列戰中取得勝利，拉近與廣島的差距，接著在八月十日就奪回央聯榜首。然而，球團與球迷都還來不及高興，八月十二日卻發生一起日本航空（Japan Airline）的空難事件，機上近五百名的乘員幾乎無一倖免，其中一位乘客還是當時球團社長中埜肇（1922-1985）。突來的噩耗，讓阪神球團上下呈現出低氣壓，連帶影響到球隊戰績，從空難事件發生後六連敗，迫使首位再度讓給廣島。為了儘早讓球隊走出陰霾，身為時任隊長的岡田彰布向隊員們進行精神喊話，同時也向吉田監督提出建議，讓狀況不佳的投手群重新做適當的調度與佈局。也不知是否因為岡田的緣故，球隊還真的走出低潮，到八月底又重返首位。接著來到關鍵的九月，央聯爭冠的焦點依然擺在阪神、廣島、巨人三隊，戰局逐漸白熱化。九月十一日，位居榜首的阪神率先點亮魔術數字，隨著魔術數字的減少，阪神球迷情緒更顯高漲，進場意願跟著提高，之後在甲子園的比賽都是場場爆滿。進入到十月，巨人率先從爭冠行列中退出，而阪神也將與廣島的勝差拉大至五場以上。十月一二、十四日兩天，阪神在對廣島最後的二連戰中皆取得勝利，將魔術數字降至1。十月十六日，阪神與養樂多在神宮球場之戰，此戰對阪神而言，只要能夠和局就確定封王，結果阪神真的與養樂多打成平手，順利取得央聯冠軍。遠在大阪的阪神球迷得知球隊封王的那一刻，有不少人跳入位於難波的道頓堀川裡，以表達封王的喜悅。也是在這一晚，有把持不住高亢情緒的球迷，將酷似Bass的知名連鎖速食店肯德基的桑德斯上校銅像，丟進道頓堀川裡。

暌違二十一年再次奪得央聯冠軍的阪神，將在「日本一」對上由廣岡達朗所領軍的西武。

廣岡達朗在一九八二年接任西武監督後，頭兩個賽季都帶領西武拿到「日本一」，雖然一九八四年只排在第三位，但這年開始成功讓球隊進行世代交替，在一九八五年又重新贏回洋聯冠軍。這裡先簡單提到，過去廣岡達朗與阪神的吉田義男兩位監督，在球員時代就是在游擊位置上的競爭對手，同時廣岡還曾一度可能成為阪神監督，只是在任期年限的要求上與阪神球團高層有分歧，才沒有加入阪神。雖說賽前預測是看好已經連續兩年獲得「日本一」的西武較具優勢，但西武球團並沒有因此鬆懈，反而還提早做出準備。西武球團清楚知道如果遇到阪神，那就要特別注意在比賽中阪神球迷狂熱的應援，為讓球員能提前適應阪神的應援，球團還特地在主場練習時，用球場擴音機不間斷地撥放阪神隊歌《六甲颪》。而在阪神球迷這邊，因為已經有二十一年未進入到「日本一」，當預售票開賣後，很快就搶購一空。其中更有大批球迷希望能提早進場，在十月二十六日「日本一」首場比賽的前一晚，就聚集在球場外過夜。

十月二十六日，「日本一」就在滿場球迷與兩百五十名警察的警戒下，在所澤西武獅球場點燃戰火。首戰阪神率先拔得頭籌，在先發投手池田親信（1959-）的完封與Bass的三分全壘打下，以三比零獲勝。第二戰西武由資深投手高橋直樹（1945-）先發，結果也難逃Bass的兩分打點全壘打的狙擊，以一比二輸球。這兩場比賽也另外創下一個紀錄，就是兩隊的分數都是由全壘打所產生（西武的一分是來自石毛宏典的全壘打）。接著第三戰至第五戰，轉移到阪神的甲子園球場，如同前面所說阪神球迷早早就將門票搶購一空，尤其阪神在前兩戰都取得勝利，使阪神迷都認為很有機會，可以在甲子園球場親眼目睹隊史首次的「日本一」。然而，苦吞二連敗的西武當然不會這麼快放棄，也不知是否有大賽前針對阪神應援的訓練奏效，西武打者群成功在第三、第四場衝破阪神的防線，兩場都以兩分差的比數險勝。第五戰時，阪神再度派出第一場投出完封的池田，配合福間納（1951-）、中西清起（1962-）的「勝利方程式」，以及掛布雅之的全壘打帶動下，以七比二獲勝，順利在甲子園球場率先完成聽牌。第六戰回到所澤，西武派出第二戰的先發高橋直樹要來止敗，而阪神同樣也派出第二戰的先發Rich Gale（G・ゲイル，1954-）。阪神在一局上半靠著第六棒的長崎啟二（1950-）的滿壘全壘打，開局就將比數拉開，而前一場先發取得勝利的Gale，在這場比賽更是投得虎虎生風，在隊友火力支援下完投九局，終場就以九比三獲勝，帶領阪神順利奪得隊史第一座的「日本一」。這一年正好是球隊創立五十週年，因此奪下「日本一」更別具紀念意義。

這次「日本一」阪神能擊敗西武，極大的原因來自堅強的打擊陣容。阪神在當年團隊擁有高達兩成八五的打擊率及兩百一十九支全壘打，以獲得打擊「三冠王」的Bass為首，加上掛布雅之、岡田彰布和真弓明信共四人有三十支全壘打，驚人的長打力彌補相對不振的投手群。另外一點，則是阪神球迷的應援，讓日本球迷真正體會到阪神球迷對自家球隊的熱愛。尤其是「日本一」在甲子園的三場球賽，都超過五萬名觀眾進場，當時日職對於進場觀眾人數沒有嚴格統計，只有「日本一」時才會確實計算人數。在球迷踴躍的進場下，三場都超過五萬人進場，創下當時「日本一」單場及場均的最高紀錄。不過讓阪神球迷想不到的是，費盡千辛萬苦奪得「日本一」，球隊卻在不久後又回到一段黑暗時期，等再次重返「日本一」舞台時，又是相距二十年後的事。而前面所提到的肯德基桑德斯上校銅像，便被球迷稱作是「桑德斯上校的詛咒」，形成阪神長期無法奪冠的都市傳說。

三冠王的時代

一九八五年，阪神在陣中強打Randy Bass領軍下，成功獲得隊史首次「日本一」。而Bass個人在季賽打出三成五零打擊率、五十四支全壘打、一百三十四分打點，為央聯打擊「三冠王」，自己也囊括年度MVP與「日本一」的MVP，可謂來到日本後最為風光的一年。不過當時Bass獲得三冠王時，已經是日職進入八零年代後的第三人，而且距離第一位也不過只有相隔三年。既然有對Bass做出介紹，那就更不能不提到另外兩位球員，其中一位球員還在五年內獲得三次的「三冠王」。

一九七八年，當時已經二十五歲的落合博滿（1953-），以選秀第三輪順位加入羅德。落合博滿在大學未畢業下加入社會人球隊，一待就是五年，而在社會球界期間，落合就開始展現他的打擊天賦。一九七八年時，過去曾為巨人球員、時任羅德球探的城之內邦雄，就特別注意到落合，認為他是一位擅長打變化球、且評價為投手不好對付的打者。有了球探的讚譽，落合在社會球界打滾五年後，總算順利加入職棒。落合進入球隊後，也同時被新上任的監督山內一弘所注意，山內還特別指導落合及調整他的打擊動作。在落合入隊前兩年球季，因球隊陣容完整，並沒有在一軍有穩定的出賽，反而是在一、二軍之間徘徊，倒是長打能力有提前展現出來。如在一九八〇年時，落合在二軍就有過連續五場比賽擊出全壘打的紀錄，在當年一軍則是一百六十六個打數中，擊出十五支全壘打，長打率接近六成。有了這樣的成績，山內一弘監督就期望落合能有更穩定的出賽機會，於是在一九八一年球季的春訓，就訓練落合成為二壘手。羅德在打線上本來就有老將有藤道世、Leron Lee（L・リー，1948-）與Leon Lee（レオン，1952-）兩位正值巔峰的兄弟檔，如今又增加落合博滿，打線上更是趨於完整，新球季開始後，落合博滿就以「七棒・二壘手」迎來他的開幕戰。羅德在王牌投手村田兆治開幕十一連勝的帶領下，順利拿到洋聯前期冠軍，此時落合也已經是陣中不可或缺的先發球員。不過到下半季，羅德的投打群卻沒有維持上半季的表現，最終以第三名坐收。季後賽對上日本火腿，不幸以一勝三敗一和落敗，連續兩年在季後賽鎩羽而歸。球季結束後，老將張本勳高掛球鞋，二十三年的日職生涯累積三千零八十五支安打，至今仍然高懸在日職安打榜上第一位。至於落合博滿，則完成生涯第一個完整賽季，不但擊出有三十三支全壘打，更以三成二六打擊率贏得生涯首座打擊獎。一九八二年球季，羅德更換監督，結果總成績從全年度第三名一下滑落至全年度第五名，而在全隊所有球員成績普遍下滑的情形下，落合博滿依舊維持他的打擊手感，再次以三成二五的打擊率獲得打擊王。除此之外，三十二支全壘打與九十九分打點也都是洋聯第一，因此落合博滿就繼王貞治之後，成為日職史上第四位的打擊「三冠王」，這年落合博滿不過才二十八歲，是日職在昭和時期最年輕的「三冠王」打者。

而落合博滿的「三冠王」之旅其實還沒有結束，但在此先將焦點放在阪急的洋將Boomer Wells（ブーマー，1954-）身上。一九八三年，Boomer與他新婚的夫人抵達兵庫縣的丹東機場，阪急監督上田利治親自到機場迎接。Boomer給球迷最有深刻的印象，應該就屬他那兩百公分的身形，非常符合阪急球探所要尋找「大砲」的特徵。當然身形是一回事，更重要還是在成績方面。Boomer在一九八二年時是大聯盟明尼蘇達雙城隊（Minnesota Twins）的球員，不過多半時間都在三A。這年Boomer在三A的成績為三成三六打擊率、二十八支全壘打與一百零七分打點，當中打擊率與打點都是所屬聯盟的榜首。阪急球團跨海找上Boomer，並開出十萬美金的年薪（當時折合日圓約兩千五百萬），這對當時雙城只能給到兩萬美金的年薪，有著五倍落差。最初Boomer是不願意離開雙城到日本，但雙城球團心意已決要將合約讓與阪急，於是Boomer只好放棄追尋大聯盟的夢想而來到日本，但後來年薪是提高到Boomer想要的十五萬美金（約三千七百五十萬日圓）。一九八三年球季，Boomer雖有三成打擊率，但卻只擊出十七支全壘打，似乎有損其高額的身價。對於年薪與成績不成正比，Boomer的內心自然也過意不去，而對他個人而言，認為第一年的表現不理想，是由於身體還在適應日本的氣候型態，畢竟跟過往在美國、波多黎各、委內瑞拉所待的地區大不相同。為能在打擊表現上有所改變，Boomer效法隊友福本豐，開始透過VTR（Video Tape Recorder，即錄影帶）仔細研究各隊的投手，以瞭解每位投手的習性。隨著身體逐漸適應日本的氣候與研究投手習性之舉的奏效，Boomer在一九八四年球季徹底打出他的身價。在幾近全勤的出賽中，打出三成五五打擊率、三十七支全壘打及高達一百三十分的打點，三項數據皆為洋聯第一，成為日職史上首位洋將的「三冠王」。Boomer在確定獲得該殊榮後，都還是不敢相信自己能做到，並還特別提到能與王貞治同樣能完成「三冠王」感到無比光榮。而在記者追問為何能達成「三冠王」時，Boomer坦言是整季身體狀況都維持很好，這也可對應到先前Boomer所提過對於日本天氣的適應問題。在Boomer突出的打擊下，阪急繼一九七八年後，再度挺進「日本一」，只可惜卻遭到廣島的頑強對抗，而Boomer本人在二十八個打數中僅有六支安打、沒有任何全壘打，可說被廣島投手完全封鎖，最後只能看著廣島封王。而讓球迷沒想到的是這次的「日本一」，卻是阪急球團所參加的最後一次。

在Boomer獲得「三冠王」後，落合博滿曾感慨自己不夠努力，於是在一九八五年更對自己的打擊訓練下足功夫，並在球季開幕前誓言要再次拿回「三冠王」。對於自我要求甚高的落合博滿，也確實做到自己的承諾，成功挑戰生涯第二次的「三冠王」。充滿自信的落合博滿，

表5-5｜昭和時期打擊「三冠王」一覽表

年分	球員	成績（打擊率－全壘打－打點）
1938年秋	中島治康（巨人）	0.361-10-38
1965年	野村克也（南海）	0.320-42-110
1973年	王貞治（巨人）	0.355-51-114
1974年	王貞治（巨人）	0.332-49-107
1982年	落合博滿（羅德）	0.325-32-99
1984年	Boomer Wells（阪急）	0.355-37-130
1985年	落合博滿（羅德）	0.367-52-146
1985年	Randy Bass（阪神）	0.350-54-134
1986年	落合博滿（羅德）	0.360-50-116
1986年	Randy Bass（阪神）	0.389-47-109

在四月就擊出八支全壘打，五到六月則陷入到小低潮只有十五支，但在最後三個月又擊出二十九支，全年度總計五十二支，是繼野村克也之後洋聯再次有人突破五十支全壘打大關。至於打點則有一百四十六分，比作為競爭對手、第二名的Boomer多出二十四分打點。打擊率方面則高達三成六七，超越原先締造三成六六打擊率的前南海名將廣瀨叔功的紀錄，為當時右打者的新里程碑。不過當年職棒的目光也並非全部都在落合身上，阪神備受期待的洋將Bass，同時也在央聯展現他驚人的打擊實力，在日職第三年也完成「三冠王」，而且更讓落合欽羨的是Bass還與隊友一同分享「日本一」的美酒。落合與Bass二人在同一年皆完成打擊「三冠王」的壯舉，為日職史上的首次，也是繼一九三三

年大聯盟的Jimmy Foxx與Charles Klein（1904-1958）之後，再有職棒聯盟同年出現有兩位「三冠王」。不過落合與Bass二人的「三冠王」之旅並沒有停止在一九八五年，因為隔年二人又一同摘下「三冠王」的桂冠，其中落合博滿還成為日職首位連續兩年達成五十支全壘打的球員。當時羅德監督稻尾和久曾詢問落合是否要嘗試挑戰王貞治的紀錄，不過落合卻極其自信地表示等明年在來挑戰。而提到Bass，不僅達成連續七場擊出全壘打，另有三成八九的打擊率與七成七七的長打率，其中打擊率仍是至今日職單季最佳的紀錄。雖然後來有不少打者都試圖挑戰這項記錄，但最終都是鎩羽而歸。而由落合博滿在一九八二年所起頭，在到與Bass第二度共享榮譽的一九八六年，短短五年期間共有三人獲得六次「三冠王」，為日職在昭和時期最後的階段，展現打者所創造的輝煌時刻。

昭和最後的王朝

提到日職在昭和末期最後的強權，勢必會與西武畫上等號，主要是西武在昭和時代結束前完成隊史第二次（包含西鐵）的三連霸。

雖說以下內容前面都已經有介紹過，不過在此還是簡單再重複一下西武隊的前史。西武自從搬到埼玉後，經歷根本陸夫的操盤、廣岡達朗的「管理棒球」後，擺脫過去西鐵末期、皇冠打火機時期的低潮，在一九八二、一九八三年達成二連霸。而在一九八四年，雖說球隊落居到第三名，不過年輕的球員包含伊東勤、辻發彥（1958-）、秋山幸二（1962-）、渡邊久信（1965-）等人，都在先發球員不穩定的情形下，得以獲得更多出賽的機會，而這批年輕的球員確實也在日後成為西武王朝的中流砥柱，因此這一年被稱作是廣岡監督所策劃的「世代交替」。球隊經歷一年的轉換後，在一九八五年重返洋聯首位，雖然在「日本一」敗給阪神，不過許多年輕球員都有不錯的表現，說明「世代交替」的顯現，是有目共睹，特別許多球員的成長都讓球迷留下深刻的印象。

來自熊本縣八代高中的秋山幸二，於一九八〇年高中畢業後，因有意前往大學就讀，而在該年選秀中沒有被任何一支球隊所青睞。不過當秋山對外稱自己還是想進入職棒，於是就立即有多支球隊打算以「選秀外」的形式爭取秋山的加盟，最後秋山選擇西武。秋山進入職棒的前四年，大多時間都是在二軍渡過，期間曾有連續三年前往美國進行棒球留學的經驗。一九八四年因球隊進行世代交替，秋山開始有在一軍出賽的機會，而一九八五年賽季，就被廣岡監督提拔為先發三壘手。秋山成功把握生涯第一個完整賽季，在一百三十場比賽全勤下，擊出四十支全壘打與九十三分打點，適時補上在前一年退休的田淵幸一在打擊上的空缺。隔年，在新上任監督森祇晶（森昌彥的改名）的指示下，秋山的守備位置從原先的三壘手開始向中外野移防，並逐漸成為球隊陣中不動的中外野手，甚至是日職史上堪稱能力最高的中外野手；介紹完秋山幸二，接著在提到另一位球員，是來自臺灣的郭泰源（1962-）。郭泰源以一名未曾在職業舞台上投過球，卻能吸引到日職球隊廣泛的注意，究其源由是郭在國際賽場上的表現，特別是在一九八四年的洛杉磯奧運。當年洛杉磯奧運將棒球列為表演項目，並邀請八個國家的代表隊共襄盛舉，而當時代表臺灣（中華台北）的郭泰源在賽前就已受到大聯盟與日職的關注。郭泰源在日職的球探中，最被注意的莫過於是他接近一百五十八公里的速球。在當時日職的選秀中，雖然不乏具備優質變化球的投手，但擁有超過一百五十公里速球的投手可說是極為罕見，因此像郭泰源能投超過一百五十五公里以上的速球，對球探們來說可謂是極品。而在奧運結束後，日職兩大球隊西武與巨人，就來到臺灣展開一場激烈的強人大戰，最終由西武勝出。同年十一月三十日，郭泰源就在西武位於東京池袋的球團事務所達成簽約，簽約金八千萬、年薪六百萬日圓，背號為十二號。何以郭泰源會選擇西武，而非巨人，根據坊間許多的說法，應屬郭泰源在高中時期就與西武結緣這一說法是最被採信（至少記者會上是根據這套說詞）。深得球團信任的郭泰源，在一九八五年賽季的第二場例行賽，就被安排為先發投手，而他也不負眾望在日職生涯的第一場比賽就投出完投勝，打響個人「東方特快車」的異名。緊接著郭泰源在六月四日對上日本火腿一戰，更成為日職第五十四人、第六十五次的無安打比賽的締造者。在明星賽前，郭泰源就已經累積有九勝、防禦率二點五二的優異成績，並入選洋聯的明星隊。只是不幸郭泰源在明星賽前因右肩肌腱板受傷，只能選擇辭退，這傷勢就一路影響到球季結束，不僅讓成績停留在明星賽前，也讓西武在「日本一」損失一名主戰投手。說到郭泰源辭退明星賽後，洋聯就須有替補人選，有趣的是此人選不但與郭同為職棒新人、也同為來自臺灣，該名選手便是羅德隊的莊勝雄（1959-）。在郭與莊同年進到日職後，加上早他們四年進入職棒的前輩、中日隊的郭源治（1956-），三人在一九八五年開始一同在日職奮鬥數十年，開啟臺灣球迷耳熟能詳且又記憶深刻的「二郭一莊」時代。

談到西武王朝的建立，又需另外在說到一九八五年的選秀會。在這一年的選秀會中，出身大阪ＰＬ學園的兩位甲子園明日之星——桑田真澄（1968-）與清原和博（1967-）這一組「ＫＫ組合」（以兩位球員姓氏的英文開頭，Kuwata與Kiyohara），在選秀會中掀起一波的熱潮。桑田與清源二人在高中一年級就成為球隊的主力，並在第一年的夏甲就獲得優勝，隨即在高校球界颳起一股「ＰＬ旋風」。後來二人在高校時期，一共五次進軍甲子園，其中在最後一次的一九八五年夏甲中，又帶領ＰＬ學園成功獲得優勝，為高校生涯留下完美的結局。在五次的甲子園中，桑田真澄取得有二十勝、防禦率一點五五，而清原和博則有十三支全壘打與四成四零的打擊率，其中清原的全壘打數依然是目前甲子園最高的紀錄。而在甲子園結束後，桑田與清原二人自然成為選秀會上的焦點。不過，桑田真澄在選秀前表明自己將會去早稻田大學就讀，提前從選秀新聞中離開，而清原則稱自己雖然被社會人球隊日本生命所內定，但他還是希望能加入職棒，特別是央聯的巨人。沒有桑田，選秀會當天清原必然是最受注目的球員，沒有意外他將得到最多球團的指名，其中也包含他最想要加入的巨人。然而出乎眾人預料之外，是當天共有六支球團第一指名選擇清原，但卻不見巨人，因為在第一輪裡巨人竟然「單獨」指名桑田。原本滿心期待能被巨人指名的清原，在知道自己未獲巨人指名後，就落下了男兒淚。而在選秀會場，巨人的王貞治監督被記者團團包圍，詢問為何選擇將報考早大的桑田而非是確定要打職棒的清原。王貞治監督向媒體解釋到巨人所預定第一指名的球員就是以桑田、清原二人為目標，只是最終考慮到投手戰力的補強而選擇桑田，並且含蓄說道接下來球團對與桑田的交涉是極具挑戰，顯示巨人也沒有把握能說服桑田。對於選秀前表達出只想加入央聯球隊，如果被洋聯球隊指名就要前往日本生命的清原，當下感覺有種被背叛的感覺，在選秀會後經過一個多月的思考加上西武根本管理部長親自的勸說下，清原還是同意加盟西武，並在加盟記者會上發出豪語「要成為日本代表性的全壘打打者」。至於桑田真澄，自然沒有前往早大，而是選擇加盟巨人。當初選秀會巨人會「單獨」指名桑田，就已經流傳雙方私底下早就達成協議，因為在選秀三天後桑田就拒絕參加早大的入學考試。但不管如何，桑田與清原二人可說都如願加入職棒，並且分屬於不同的聯盟，使得不少球迷都期待著兩位甲子園的英雄能否在「日本一」碰頭，特別是清原，又是否能成功向桑田與巨人上演精采的「王子復仇記」。

隨著強打少年清原和博的加入，西武的陣容無疑是更加完善，面對手中有一手好牌，就考驗新上任的監督森祇晶要如何操盤新陣容。由老將東尾修先發、郭泰源成功關門的一九八六年球季開幕戰，西武就成功取得賽季首勝，這也是西武球團正式入主後，首次在開幕戰贏球，可說為好彩頭。而在第二場比賽，清原和博就擊出日職生涯的首發全壘打。不過在四、五月期間，球隊陷入一陣子的低潮期，一直到五月結束時，球隊都還只排名第四位。但從六月開始，球隊戰績就開始急速攀升，在十八場比賽只輸兩場的戰績下，六月結束時已經是第二名，接著在七月後，球隊就沒有再離開A段班。而在最後關鍵的九、十兩月，與近鐵呈現拉鋸戰，兩隊一直激戰到全年倒數第二場比賽，才確定由西武艱苦的勝出。而在這一年球員的表現中，投手當屬渡邊久信表現最為出色，在先發與救援兩頭跑的情形下，還獲得洋聯最高勝率與最多勝。打者部分除了備受球迷與媒體關注的清原和博以平當時新人紀錄的三十一支全壘打獲得新人王外，當家游擊手石毛宏典扮演稱職的內野司令塔，兼顧守備與打擊，最終以三成二九打擊率、二十七支全壘打與八十九分打點，強壓獲得「三冠王」的落合博滿，贏得洋聯MVP。擔任監督首年就進軍「日本一」的森祇晶，要迎戰同樣是首年帶隊的阿南準郎（1937-2024）所率領的廣島。此次「日本一」的焦點除了有兩位新人監督的對決外，也包含「赤帽先生」山本浩二與清原和博這兩位不同世代的強打對決。而這年「日本一」罕見地打了八場（雙方在第一場和局）比賽才分出勝負，而最後西武更以三敗一和的絕對劣勢下，上演絕地大反攻，以連續四場勝利扭轉戰局，獲得「日本一」。關鍵球員工藤公康，在第二戰時是先發投手，在第五戰則是改以救援身分於十局上半登板，不但沒讓廣島得分，還在十局下半上場打擊時擊出再見安打，保住西武的一線生機。之後工藤又在第六、第八戰以終結者身分守住勝利，於是就以一勝兩救援的成績獲選MVP。此外，在第八戰的六局下半，埋伏在六棒的秋山幸二，在擊出追平比分的兩分打點全壘打要回到本壘時，上演一個後空翻的表演，讓全場瞬間沸騰。這個後空翻是秋山首次在「日本一」上演出，至此就成為他在場上讓球迷難忘的經典場面。另外在挫敗的廣島隊方面，「赤帽先生」山本浩二也在大賽結束後宣布引退，告別奮鬥十八年的廣島隊，他所留下生涯五百三十六支全壘打，到今日依然是廣島隊史及央聯右打者最多的紀錄。

一九八七年，西武以「前進」為口號試圖繼續連霸，球隊一如往常呈現開低走高的局勢，但很快在六月中就將成績拉起來。這年西武團隊打擊意外地居於聯盟墊底，沒有任何一位打者打擊率有三成，除秋山以四十三支全壘打得到全壘打王外，其他打者就沒有較為突出的表現。雖說打者群不如預期，但投手群反而就很爭氣，在一百三十場的比賽中，投出高達有六十六場的完投，其中主力投手東尾修、工藤公康、郭泰源都投出十場以上的完投，團隊防禦率更是不到三。在投手群的爭氣下，順利連三年稱霸洋聯，而即將對戰的對手則是王貞治所帶領的巨人。由西武與巨人所對決的「日本一」，其觀戰焦點毫無疑問就是在桑田與清源兩人身上，當然森祇晶與王貞治這一組V9戰友之間的對決也是另一個觀戰重點。這邊先簡單提到桑田真澄，桑田的新人球季並不像清源立刻成為球隊即戰力，而是先在二軍作調整，直到五月才初登板，總計新人年出賽十五場，留下二勝一敗，防禦率五點一四，不過在六十一局投球局數中投出有五十七次三振。到了第二年，桑田在季初便加入由槙原寬己、西本聖（1956-）、江川卓所組成的先發輪值陣容，而桑田也沒讓前輩們專美於前，不僅投出央聯最多的兩百零七局，且以二點零七防禦率獲得生涯首座個人獎，更拿到象徵投手最高殊榮的「澤村獎」。兩隊在賽前被媒體預測是「矛」（巨人）與「盾」（西武）的交鋒，並在首場比賽的首局，就上演球迷所期盼見到的桑田與清源之間的「ＫＫ對決」。擔任西武第五棒的清源，在第一打席向準桑田所投出的第二球，就擊出飛往中外野的落地安打，接著第二打席則是選到保送，兩人的初次對決照帳面成績看為清源獲勝。不過這場比賽西武雖在第一局就取得兩分，可惜在第三局被巨人一陣猛攻失掉四分，後巨人靠著桑田之後的三名投手控制戰局，反倒是由巨人搶得第一場勝利。接著第二到第四戰，西武的工藤公康、郭泰源，巨人的槙原寬己三位投手，接續上演完投與完封勝，讓戰局形成二比二平手。而到關鍵的後半戰，巨人卻出現嚴重的守備狀況，在第五戰第一局巨人連續發生失誤就掉三分，而西武靠著東尾與工藤聯手就順利摘下第三勝。到了第六戰，前一戰還是終結者身分的工藤，僅休息一天後被賦予先發的重任，繼第二場完封勝後，又再次完投九局，只被原辰德（1958-）擊出陽春全壘打失掉全場巨人所攻得唯一一分，西武就以三比一險勝巨人，完成「日本一」二連霸。工藤則以兩勝一救援的精采表現，連續兩年獲得「日本一」ＭＶＰ。值得一提，此次在巨人主場的後樂園球場，三場比賽都湧進超過四萬的球迷進場，除了是為所屬球隊加油吶喊，更是對後樂園球場做最後的告別。

一九三七年，特別為職棒發展而建造而成的後樂園球場，歷經近五十年的寒暑，從職棒在一九四六年重啟後，見證戰後首場職棒比賽、首場夜間比賽、首次明星對抗賽、天覽試合、首場電視實況轉播比賽，當然也包含V9巨人王朝、長嶋茂雄引退、王貞治打破世界紀錄的七百五十六支全壘打等著名事蹟，承載無數球迷的棒球記憶。除此之外，後樂園球場所擁有的人工草皮、電子計分板及大型螢幕，在當時主要比賽球場中，算是較早使用這些新設施的球場。後樂園球場在「日本一」結束不久後，即開始進行拆除作業，而取代其功能的是同時間正在隔壁趕工的東京巨蛋。現在球迷耳熟能詳的東京巨蛋，其建設構想起於一九八四年，落成於一九八八年初，是耗資六百億日圓所完成的大型全天候室內球場，為日本第一座的室內棒球場。原先在後樂園球場所使用的人工草皮、電子計分板及大型螢幕設施，在後樂園球場拆除後則是直接轉移到東京巨蛋。興建東京巨蛋的最大目的，無疑是希望能將受氣候影響的因素降至最低，而這樣的思考在球場啟用後的第一場正式比賽就得到應驗。一九八八年四月八日，由聯盟所排定在東京巨蛋的首場開幕戰，日本竟然下起八十年來罕見的春天大雪，主要影響地區為關東與東北。同一天位在所澤球場的西武與南海開幕戰，就因天氣因素取消比賽，不過在東京巨蛋的巨人與養樂多之戰，則是照常舉行。即便東京早晨室外溫度只有三度，但在巨蛋內卻能感受到二十度以上的暖和溫度，於是在賽程確定如期舉行下，巨人隊一早就到球場熱身準備迎接下午一點的比賽。這一場在東京巨蛋落成以來首場的正式比賽，就在號稱五萬的進場觀眾與皇太子

（後來的平成天皇）夫妻的見證下，拉開日後「巨蛋時代」的序幕。

退場

一九八八年球季開打前，球界焦點除了有日本第一座全天候球場的啟用外，另一個被關注的焦點則是傳聞有球隊即將面臨轉賣，而這支將被轉賣的球隊，竟然是身為洋聯元老級的南海鷹。不過即使謠言滿天飛，時任南海電鐵老闆川勝傳（1902-1988）卻堅持駁斥這樣的謠言，並在公開場合中聲言自己「有生之年絕不會將老鷹賣出去！」。結果命運弄人，在球季開打後不久的四月二十三日，身體欠佳的川勝傳就在醫院以八十六歲之齡逝世，因此南海球團的命運，便只能交至他人的手上。而川勝傳的繼承人，在考量到企業營運的狀況後，似乎無意留下球隊，這也大大提昇南海球團被轉賣的可能性。

談到南海鷹所陷入的轉賣風波，一切的根源或許得往前追溯到一九八四年。在前文所談西武隊的歷史可以知道，當一九七八年西鐵被西武買下後，球隊就從福岡移到埼玉，這也就造成福岡在地沒有任何一支職棒球隊。福岡過去曾有西鐵所造就的輝煌歷史，眼下隨著球隊的出走，讓不少在地球迷都感到遺憾，同時也期望能有球隊願意在來到九州。按棒球史學者山室寬之近年所出版的研究成果，認為一九八四年是一個起點，當時在福岡市內就有一篇〈市民球團創設〉的文章出現，呼籲仿效廣島隊，成立一支福岡市的專屬球隊。之後，福岡青年會議所開始有組織性地動員宣傳與提倡，特別在一九八六年一月十三日的紀念會上，邀請到過去西鐵傳奇球星、時任羅德總教練的稻尾和久進行演講，而稻尾和久也喊出「將職棒帶進福岡」的一席話。既然找到稻尾和久，想必讀者或許就能猜到接下來可能發生的事。在更早之前的一九八三年底，羅德找上稻尾和久，希望他取代上一任監督山本一義（1938-2016）的位置，稻尾則趁勢提出一項條件，即希望羅德能將主場搬到福岡。在有了現役職棒監督的支持下，福岡青年會議所就在五月二十日，派出代表前往羅德總公司說明讓球隊遷往福岡一事。之所以選擇羅德，主要在當時洋聯的球隊中，羅德的球迷算是排在後段班。即便在一九七八年後羅德不再流浪，而是有川崎作為主場，但票房始終不理想，因此對福岡懷有深厚情感的稻尾，認為要改變羅德就是要改變主場，而福岡自然是第一選擇。在一九八六年紀念會結束後，福岡青年會議代表便向羅德球團提出請願，並於七月二十七日成立有「職業棒球招攬準備委員會」（下稱「準備委員會」），開始著手一切準備事宜。同年球季結束後，稻尾和久因連續三年帶兵不佳，決定辭去監督一職，雖然讓準備委員會錯失一位重要的推手，但準備委員會與羅德球團的交涉仍舊在持續的進行。一九八七年五月，羅德球團社長松井靜郎（1908-1997）就向準備委員會提出方案，原則上就是以成為「市民球隊」為優先。準備委員會收到松井靜郎社長所開條件後，立即就向福岡的財經界與政府尋求協助。十月，準備委員會將所有資料彙整好後，便前往東京羅德本社將資料遞交給松井靜郎球團社長。但出乎準備委員會代表的預期，松井靜郎球團社長當下並沒有立即同意，反而還告知要延後回覆，主要原因在羅德社長重光武雄（1922-2020）的指示下，羅德母企業的重心正放在韓國市場的開發，特別是韓國首座大型遊樂場——「樂天世界」（此處「樂天」是指日本的羅德集團）的建設。

雖說當時羅德集團的重心放在開發韓國市場，但球隊是否遷移的事情依然懸宕在社長重光武雄的內心之中。在建設「樂天世界」過程裡，重光武雄認識經營百貨業的大榮集團社長中內功（1922-2005），並聽聞對方有意願經營職業球隊，於是重光武雄考慮將球隊賣給大榮，但同時又保有將球隊遷往福岡的選擇。一九八八年一月，千葉的新球場開始動工，並預計將球場取名為「千葉海洋球場」。「千葉海洋球場」不僅全新，加上位置又鄰近原本的川崎球場，於是重光武雄考慮將球隊移置千葉，而放棄福岡。一九八八年的夏季，羅德確定日後要將主場移到千葉，這也代表中內功得放棄與羅德的交涉，於是將收購目標全力轉向南海鷹。誠如前面提到在川勝傳逝世後，繼任者無意再留下南海鷹，這也就讓中內功有機會可以入主職棒。八月二十八日，部分運動報刊開始揭露南海電鐵將球隊轉賣給大榮集團的消息，從報導中可以知道大榮集團買下南海鷹球團，並打算將新球隊移往到福岡的平和台球場，也就是過去西鐵的主場。但隨著當事人的大榮、南海鷹、福岡市皆出面否認這樣的說法，使得轉賣消息一事又沉靜下來。不過到了九月中旬，轉賣消息又再次浮出水面，因為南海電鐵社長吉村茂夫（1918-

2009）在十二日的夜晚，就在自宅向邀請的記者們告知轉賣一事，並說明球隊在轉賣給大榮集團的前提下，希望「留下老鷹」、「留任監督杉浦忠」以及「改善選手待遇」這三個條件。吉村茂夫公開發表後，原本也一直沉默的大榮集團中內功社長，雖然此時人在中國北京，但在國外也接受媒體的採訪承認收購球隊，並且同意吉村社長所提的三項條件。隔天，中內功社長又加碼對媒體說明，集團將在博多灣附近建設一座巨蛋球場。九月二十一日，大榮的中內功社長與南海的吉村茂夫老闆在大阪展開會談，正式確定球隊轉賣的事宜。十月一日，洋聯召開老闆會議，承認球團轉讓與變更地域，新球隊名稱為「福岡大榮鷹」。這一年正好是南海球團創立的五十週年，在五十年的球季裡，南海鷹留下三千一百三十三勝、兩千八百零九敗與兩百五十五場和局，獲得十次洋聯冠軍、兩次「日本一」。最後提到球隊老將門田博光以四十歲高齡，在南海最後一季擊出四十四支全壘打、一百二十五分打點及四成二九上壘率，不僅囊括三項打擊獎，最終也獲得年度MVP。

接著將時間往後到十月十九日，這天在川崎球場上演羅德與近鐵的雙重戰。此雙重戰為近鐵在球季最後的兩場比賽，倘若都能取得勝利，則年度勝率將會超越現居榜首的西武，成為洋聯冠軍，故雙重戰的勝利對近鐵而言是極其重要。第一場比賽近鐵派出小野和義（1965-）先發，主投七局失掉三分，退場時球隊落後兩分，幸好接替投球的吉井理人（1965-）沒讓羅德得分。近鐵在第八局時將比數追平，不過如果最終是和局的話，西武照樣取得冠軍，所以近鐵是一定要堅持到最後。九局上半，近鐵兩人出局二壘有人，監督仰木彬換上今年球季要引退的梨田昌孝（1953-）上場代打，面對到可能是自己生涯最後一個打席，梨田昌孝奮力將球擊出，白球飛過游擊手上方，跑者鈴木貴久（1963-2004）聽從三壘指導員的指示沒有減速直接奔向本壘。而白球在落地後一個彈跳就被羅德中外野手接到，並迅速傳回本壘，可惜球傳偏，於是捕手往三壘方向跑出去接球。不過因球回傳方向正好在跑者路線上，捕手提前將球接到後伸出手要觸殺跑者，鈴木貴久見到捕手伸出手後，並將身體往左邊移動，巧妙躲過觸殺，順利撲進本壘拿下近鐵隊寶貴的一分。九局下半，近鐵派出陣中主力先發投手、兩天前才以一百二十八球完投的阿波野秀幸（1964-）上來把關，雖然一度讓羅德攻占滿壘，但最後仍以再見三振結束比賽，讓近鐵持續保有爭冠的機會。比賽結束後，兩隊都在休息等候稍晚的第二場比賽時，忽然在記者群中瀰漫緊張的氛圍，原來是各家媒體都收到一則驚人訊息——阪急勇士轉賣。

當天下午五時，位於大阪的飯店內有一場記者會，阪急電鐵社長小林公平（1928-2010，小林一三的孫女婿）向在場媒體表示，阪急球團已經完成應盡的使命，並考量到今後企業新的經營策略，決定將球隊轉售，至於負責接手球團的企業，則是日本租賃業的龍頭——東方租賃株式會社。對於能接手阪急隊，東方租賃社長宮內義彥（1935-）對此感到喜悅，表明自己既出身於神戶、又在關西學院就讀有十年以上，對於這個地區是非常熟悉，很榮幸能成為這一支擁有五十年以上歷史球隊的經營者。東方租賃之所以買下阪急勇士，主要目的是更加提升公司在全國的知名度。新球隊的隊名因應阪急球團轉賣時的請求，決定保留勇士暱稱，加上社長宮內義彥決議改變公司名稱，於是「歐力士勇士」就此誕生。實際上，阪急球員對於球隊在十月十九日突然被轉賣一事都感到非常錯愕，特別是陣中兩位老將福本豐與山田久志更是不捨，其中福本豐決定選擇與球隊共患難告別球場，最終留下日職生涯最多的一千零六十五次盜壘成功。而原本季初就決定退休的山田久志，則在阪急於十月二十三日的最後一場正式比賽中投出完投勝，為自己球員生涯與阪急球團留下一個完美的結局。

簡述完阪急轉賣的故事後，將焦點重新拉回到近鐵與羅德雙重戰的第二場比賽。對近鐵球員而言，距離睽違八年再次挺進「日本一」只差一步之遙，憑藉前一場逆轉勝的氣勢，似乎近鐵所有球員與球迷都認為可以再次見證到奇蹟。不過，儘管已經確定是洋聯墊底的羅德，團隊還是展現十足的拚勁，並與近鐵纏鬥到最後一刻。最終雙方在近四小時的纏鬥後以和局收場，羅德的奮力抵抗摧毀了近鐵所殘存奪冠的一絲希望，遠在埼玉所澤等候結果的西武全體球員，當聽到是和局的消息後，都集中在投手丘，將森祇晶監督拋向空中慶祝，共同祝賀球隊以零點零零二的勝率險勝近鐵，完成洋聯四連霸。十月二十二日，當阪急與羅德還在西宮球場進行消化試合，西武就與由「鬥將」星野仙一所領軍、十四年未獲得央聯冠軍的中日隊，在名古屋球場進行「日本一」。擁有「日本一」二連霸經驗的西武隊持續展現作為王者的實力，首戰在渡邊久信與東尾修合作下順利摘下第一勝。第二戰先發郭泰源在前七局只失三分的優質好投，但第八局遇亂流多掉四分責失，反倒讓中日逆轉。中日先發小松振雄同樣六局失三分優質投球，第七局換上獲得央聯最優秀救援的郭源治接替投球，投三局沒有失分獲得勝利。二郭於第七局同時登板，為「日本一」史上首次同場有兩位臺灣出身的投手亮相。第二戰輸球的西武很快就重新振作，第三、第四場靠著工藤公康與森山良二（1963-）連續兩場完投勝，率先聽牌。第五戰雙方形成打擊戰，兩隊投手採取車論戰的方式要抑制失分，正規九局打完六比六平手。十一局下半西武一人出局時，清原和博安打上壘，下一棒的石毛宏典採取犧牲打將清原送上二壘得點圈，接著輪到捕手伊東勤上場打擊，伊東勤積極進攻，將球擊到右外野方向，清原和博賣力奔回本壘得到最重要的一分，終場西武就靠著伊東勤的再見安打氣走中日，完成隊史第二次的「日本一」三連霸。而中日被擊出再見安打的投手不是別人，正是球隊最引以為傲的守護神郭源治。

球季結束後，除了前面提到南海、阪急兩支元老球隊的轉賣，還有福本豐與山田久志兩位球星的引退外，阪神的強打三壘手、曾在一九八五年上演「バックスクリーン三連発」其中一員的掛布雅之，因受腰傷所苦，不得不在三十三歲之齡選擇退休。加上同年Bass因長子生病問題必須返回美國，而離開球隊，阪神頓時失去兩位主砲，使得球隊戰力大幅下降，間接導致之後阪神經歷一段十多年的黑暗期。另外無緣在巨蛋元年為巨人隊守住霸主位置的王貞治，也引咎辭職，這也是王貞治在正式比賽中，身穿巨人隊球衣的最後身影。

到這裡，本書的寫作也準備接近尾聲，因為昭和時代即將要結束。在這一年的九月中旬，原本要去參觀大相撲表演的昭和天皇因身體不適臨時取消行程，經由新聞報導說明天皇的身體狀況是日漸惡化，加上又高齡八十七歲了，狀況頗不樂觀，於是日本在此時興起提倡「自肅」的風氣，即大規模停止公共娛樂活動和規模，期望國民能在較為嚴肅、自律的氛圍下，共同為天皇祈求身體康復。在這樣「自肅」的影響下，學生球界大賽代表之一的「明治神宮棒球大會」決定取消。而在十月八日，當中日隊在名古屋球場勇奪央聯冠軍時，也都沒有大規模的祝賀活動，譬如沒有將監督拋上空中，也沒有賽後冠軍的記者會。散場後，中日全體球員到達預定的慶祝會場內，在沒有酒精的催化下，是喝著果汁平靜地慶祝得來不易的冠軍。一九八九年一月七日早晨六時三十三分，臥病在床的昭和天皇經過搶救後仍舊回天乏術，病逝於吹上御所，享年八十七歲。而昭和天皇的病逝，也象徵著昭和時代的結束，皇太子明仁即位，是為平成天皇，則標示新時代的到來。

二月二十四日，日本政府為昭和天皇舉行「大喪之禮」，這一天原訂日職各隊的春訓也全部取消。作為前一年「日本一」優勝隊的西武，這段時間正好在四國的高知縣進行春訓，當天正午十二點整時，全體球員在所住旅館桂松閣前面集合，並面向東北方向進行一分鐘的默哀。從四國遙望東北方位，正好是遠在東京的皇居位置，這次的默哀不僅是送別昭和天皇，同時也代表著職棒界對昭和時代所做的告別。

閉幕

代結語　立足日本、走向世界

平成天皇登基後，正式宣告昭和時期的結束，而本書在此也即將告一段落。回顧日職在昭和時期的創立，可說是極其不易。首先，就當時的大環境而言，對於棒球運動是否能作為「職業」一事，普遍受到社會大眾的質疑。再者，日本正逐漸籠罩在走向全面戰爭的肅殺氛圍中，種種不利的因素都讓職棒的成立面臨不可預知的挑戰。然而，讀賣新聞社長正力松太郎在考慮擴大《讀賣新聞》的市場占有率後，決定孤注一擲，且藉由兩次日美交流賽的成功，讓職棒成立一事有了曙光。後來更在另外三家報社與三家鐵道公司的支持下，於一九三六年共同組成「日本職業棒球聯盟」，讓日本棒球邁向新道路。

不過就如書中所述，一九三六年所成立的職棒，因為正逢國家向軍國主義靠攏，必然在許多制度的規劃與執行上有所受限，更重要是需要配合國家政策的實施，如舉辦獻納大會、術語的日本化、球帽與球衣改成軍服用的卡其色等等，都充分顯示職棒發展初期，存在濃厚的軍事色彩。且由於戰爭的影響，球員們因徵兵之故不得已只能放下手套與球棒離開球場，改換成步槍與手榴彈走入戰場。從一九三七年首位被徵兵的球員算起至一九四五年戰爭結束，職棒內有超過百位的球員曾投身於戰場，有人幸運存活，並在戰後持續在職棒界發光發熱，但遺憾也有不少人因此失去其生命，成為戰爭無情下的犧牲者。待一九四五年八月十五日戰爭結束後，原本因戰爭而被迫中止的職棒，以四場的東西對抗賽加上大下弘那如同彩虹一樣的全壘打，成為點燃起在焦土生活中日本人民希望的一盞明燈。

一九四六年職棒重啟後，不少企業秉持重建社會的使命，又或者是要擴大企業知名度的想法，於是出現有投入職棒球隊經營的理念，因而在職棒重啟後的十年間，就有近二十家企業先後參與到職棒的運作。一九五八年，職棒總算走到正力松太郎所期盼的兩聯盟、各六球團的穩定體制，同時來自學生球界超級巨星長嶋茂雄進入職棒，為職棒界注入一股全新的活力。特別是長嶋茂雄於一九五九年六月二十五日，在天皇、現場及觀賞電視實況轉播的球迷們眼前擊出再見全壘打的那一刻起，可說改變職棒在日本人心中的地位。但即使職棒逐漸趨向穩定發展，但還是產生不少的問題，如球隊之間實力與人氣差距的懸殊、假球案的爆發，都讓職棒的人氣產生影響。而聯盟自然也嘗試做出改善的方式，諸如選秀制度的推行、或者單一賽季前後期制度的實施，確實達到不小的成效。其中選秀制度讓過去單一球隊獨霸的局面減少，讓各個球隊都有問鼎「日本一」的機會，因而在一九七〇年代中期後出現「群雄割據」的局面，多支球隊都是在這一段時間初嘗優勝的美酒。

來到一九八八年球季開幕，亞洲第一座大型室內運動場東京巨蛋正式啟用，為球迷帶來現場觀賞球賽的全新體驗。不過到了球季末，兩支元老級鐵道球隊南海與阪急，卻先後轉賣給新興百貨業的大榮與租賃業的歐力士，令許多球迷感慨萬千。而在球隊轉賣不久後的隔年一月，又恰逢在位六十三年的昭和天皇駕崩，這一串事件的發生，也正好為職棒揮別「昭和」，走向新的「平成」時代，立下一個轉折點。最後筆者要在本書的結尾稍加略述「平成」時代的職棒將面臨何種的現實情勢轉變與挑戰。

「昭和」與「平成」兩個時代，看似斷裂的關係，但實際上是有著極其緊密的繼承關係，就以職棒發展的現象來看，可說是非常顯著，這裡筆者要聚焦在文化交流的部分。讀者從本書第一章內容就能知道日本職棒起源是在「日美交流」的基礎上所成立，最初聯盟所使用的各種制度，無一不是參考大聯盟而來，即便在戰爭時期曾一度與美國棒球分道揚鑣，但隨著戰後日本被美國所託管，雙方又重新搭建起棒球合作的橋樑。之後世界進入到以美蘇二國為主導的冷戰時期，日本因被歸屬在美國的民主陣營內，所以在政治、經濟、社會、文化等方面依然與美國保持密切聯繫，棒球自然也不例外。就以職棒來說，在這一段時間日本與大聯盟不下於十次的交流賽，並藉比賽吸收來自美國的棒球觀念與技術，設法迎頭趕上並超越這一項文化上的母國。只是在這一階段不難發現，日職的對外交流始終侷限在日美兩國之間的交流賽，無法像業餘球界能夠參與到國際級的賽事，更別說向世界棒壇展現日本職棒的實力。

日職與國際球界之間的互動，是具體能突顯昭和時代與平成時代的巨大差異。在昭和時代的日職是不鼓勵球員走出日本，在本書中有介紹過的村上雅則，當初也是以「留學生」身分去到美國學習，在偶然機緣下才有機會登上大聯盟，見識到世界棒球的最高殿堂。只可惜在他之後到整個昭和時代結束的二十五年裡，就沒有任何一位日職選手有機會前進大聯盟。而日職球員與大聯盟的正式接觸，是在一九九五年，選擇以「任意引退」方式離開日職的野茂英雄，與洛杉磯道奇簽約後展開。相信不少讀者也清楚知道野茂在大聯盟成功颳起的「野茂旋風」，是促成日本選手勇敢跨海挑戰大聯盟的重要契機。接著在「野茂旋風」後的二〇〇一年，第一位以野手身分挑戰大聯盟的鈴木一朗（1973-），不僅打破大聯盟單季新人的安打紀錄，同時還榮獲美國聯盟的新人王與ＭＶＰ，證明日本野手也可以在大聯盟站穩腳步。但畢竟日職輸出選手至大聯盟成功一事，尚且不能體現出日本球界整體實力的水平，因此要能充分展現日本棒球的實力，唯一的途徑就是積極參與國際賽事並且獲得佳績。

一九八四年，洛杉磯奧運將棒球搬上奧運這項全球關注的大型體育賽場，雖然僅僅是列為表演項目，但確實讓「棒球」開始成為「全球」注目的運動賽事，而由「業餘」球界所組成的日本隊也不負眾望，成功獲得金牌。接著有一段長達數十年的時間，日本對外所參加大型賽事如奧運、世界盃，都是以業餘球員為主，原因在於當時國際棒球總會還不允許職棒球員參加。直到一九九九年，日本在第二十屆亞洲盃錦標賽才有職棒球員參與其中，並在二〇〇三年同樣的盃賽中，首次以日本職棒的全明星隊陣容出賽。除了奧運外，在平成時期又相繼出現有「世界棒球經典賽」（World Baseball Classic，簡稱ＷＢＣ）與「世界棒球十二強賽」（WBSC Premier 12）兩大全球性的棒球盛會，其中前者還開放現役大聯盟的球員參賽，更受世界的棒球迷所關注。而在參與這些大賽的過程中，不僅讓日本棒球的能見度提升，也讓過去只能從美國單向輸入的棒球文化、知識、技術，藉著日本國家隊的優異表現與成績，讓日本棒球同樣可以向外輸出到世界各地，使得棒球運動的推廣更加多元且豐富。

棒球在平成時代走入國際化，實際上可以看成是順應潮流的過程，其中一個主要因素是在國內體壇的人氣上面臨到挑戰。提到昭和時代最能代表日本的球類運動，毫無疑問就是棒球，除了有職棒的運作外，另外還有歷史更久遠的甲子園、各都道府縣的大學聯盟，以及社會人對抗大會，均有相當龐大支持者。不過一九九〇年代日本體壇呈現百花齊放的景象，在相撲界出現有「若（乃花）貴（乃花）風潮」，另外像一級方程式賽車（F1）與K1這類世界級的格鬥競賽出現於日本民眾的視野之中，不過在所有運動當中，對棒球發展最具影響力的則是同樣成立職業聯盟的足球。一九九三年五月十五日，日本足球界迎來一樁大事，那就是國內第一個職業足球聯盟「Ｊ聯盟」（Japan Professional Football League）的開幕。Ｊ聯盟在動漫《足球小將翼》與世界盃足球賽（World Cup）的推波助瀾下，很快在球迷心中的人氣超越日職。日本電視網協議會調查會（ＮＮＳＲ）曾在兩大職業聯盟首度並存的一九九三年底，對全國三萬人進行問卷調查，其中全體百分之五十三的人喜歡日職，另外百分之四十五的人則喜歡J聯盟。然而在小學生的喜愛程度上，J聯盟卻獲得有高達百分之七十的支持率，遠比日職高出百分之四十，尤其男性更有百分之八十是支持J聯盟，這樣的數據反映熱愛職棒的人口是相對受到擠壓，尤其是對於青年來說，更是如此。

面對來自各項運動的進逼，棒球界也嘗試做出許多的回應，例如從基層培養球迷的「底邊擴大」政策，就成為棒球界在平成時期發展非常重要的環節。至於對職棒界來說，不僅須承擔「底邊擴大」的重任，還要思索如何面對J聯盟的崛起與在職業運動市場上的競爭，以及如何將棒球與國際進行接軌，種種的考驗都牽動著職棒未來該何去何從，這也是職棒從昭和時代進入到平成時代的重大變遷。

附表一　年度冠軍

（一）單一聯盟時期

年度	球隊	年度	球隊
1936秋	巨人	1942	巨人
1937春	巨人	1943	巨人
1937秋	大阪	1944	阪神
1938春	大阪	1946	近畿
1938秋	巨人	1947	大阪
1939	巨人	1948	南海
1940	巨人	1949	巨人
1941	巨人		

（二）日本一

年度	日本一球隊	對戰球隊	比賽結果（勝）	MVP
1950	每日	松竹	每日（4）－松竹（2）	別當薰
1951	巨人	南海	巨人（4）－南海（1）	南村不可止
1952	巨人	南海	巨人（4）－南海（2）	別所毅彥
1953	巨人	南海	巨人（4）－南海（2）	川上哲治
1954	中日	西鐵	中日（4）－西鐵（3）	杉下茂
1955	巨人	南海	巨人（4）－南海（3）	別所毅彥
1956	西鐵	巨人	西鐵（4）－巨人（2）	豐田泰光
1957	西鐵	巨人	西鐵（4）－巨人（0）	大下弘
1958	西鐵	巨人	西鐵（4）－巨人（3）	稻尾和久
1959	南海	巨人	南海（4）－巨人（0）	杉浦忠
1960	大洋	大每	大洋（4）－大每（0）	近藤昭仁
1961	巨人	南海	巨人（4）－南海（2）	宮本敏雄
1962	東映	阪神	東映（4）－阪神（2）	土橋正幸、種茂雅之
1963	巨人	西鐵	巨人（4）－西鐵（3）	長嶋茂雄
1964	南海	阪神	南海（4）－阪神（3）	J. Stanka
1965	巨人	南海	巨人（4）－南海（1）	長嶋茂雄
1966	巨人	南海	巨人（4）－南海（2）	柴田勳
1967	巨人	阪急	巨人（4）－阪急（2）	森昌彥
1968	巨人	阪急	巨人（4）－阪急（2）	高田繁
1969	巨人	阪急	巨人（4）－阪急（2）	長嶋茂雄
1970	巨人	羅德	巨人（4）－羅德（1）	長嶋茂雄
1971	巨人	阪急	巨人（4）－阪急（1）	末次利光
1972	巨人	阪急	巨人（4）－阪急（1）	堀內恒夫
1973	巨人	南海	巨人（4）－南海（1）	堀內恒夫

（二）日本一

年度	日本一球隊	對戰球隊	比賽結果（勝）	MVP
1974	羅德	中日	羅德（4）－中日（2）	弘田澄男
1975	阪急	廣島	阪急（4）－廣島（0）	山口高志
1976	阪急	巨人	阪急（4）－巨人（3）	福本豐
1977	阪急	巨人	阪急（4）－巨人（1）	山田久志
1978	養樂多	阪急	養樂多（4）－阪急（3）	大杉勝男
1979	廣島	近鐵	廣島（4）－近鐵（3）	高橋慶彥
1980	廣島	近鐵	廣島（4）－近鐵（3）	J. Lyttle
1981	巨人	火腿	巨人（4）－火腿（2）	西本聖
1982	西武	中日	西武（4）－中日（2）	東尾修
1983	西武	巨人	西武（4）－巨人（3）	大田卓司
1984	廣島	阪急	廣島（4）－阪急（3）	長嶋清幸
1985	阪神	西武	阪神（4）－西武（2）	R. Bass
1986	西武	廣島	西武（4）－廣島（3）	工藤公康
1987	西武	巨人	西武（4）－巨人（2）	工藤公康
1988	西武	中日	西武（4）－中日（1）	石毛宏典

備註：此表不算入和局。

附表二 年度MVP

單一聯盟時期（1937-1949）

年度	球員	成績
1937春	澤村榮治（巨人）	**24**勝4敗**0.81**
1937秋	Harris（鷲）	0.310-1全**24**點7盜
1938春	苅田久德（參議員）	0.299-5全15點7盜
1938秋	中島治康（巨人）	**0.361-10**全**38**點3盜
1939	V. Starffin（巨人）	**42**勝15敗1.73
1940	須田博（巨人）	**38**勝12敗0.97
1941	川上哲治（巨人）	**0.310**-4全**57**點5盜
1942	水原茂（巨人）	0.225-0全16點2盜
1943	吳昌征（巨人）	**0.300**-2全20點54盜
1944	若林忠志（阪神）	**22**勝4敗**1.56**
1946	山本一人（巨輪）	0.314-4全**95**點32盜
1947	若林忠志（阪神）	26勝12敗2.09
1948	山本一人（南海）	0.305-8全68點23盜
1949	藤村富美男（阪神）	0.332-46全142點12盜

備註1：投手成績＝勝－敗　防禦率（防）。
備註2：打者成績＝打擊率－全壘打（全）打點（點）盜壘（盜）。
備註3：粗體字為當年度最高。

兩聯盟時期（1950-1988）

中央聯盟			太平洋聯盟	
球員	成績	年度	球員	成績
小鶴誠（松竹）	0.355-**51**全**161**點28盜	1950	別當薰（每日）	0.335-**43**全**105**點34盜
川上哲治（巨人）	**0.377**-15全81點14盜	1951	山本一人（南海）	0.311-2全58點19盜
別所毅彥（巨人）	**33**勝13敗1.94	1952	柚木進（南海）	19勝7敗**1.91**
大友工（巨人）	**27**勝6敗**1.86**	1953	岡本伊三美（南海）	**0.318**-19全77點30盜
杉下茂（中日）	**32**勝12敗**1.39**	1954	大下弘（西鐵）	0.321-22全88點11盜
川上哲治（巨人）	**0.338**-12全79點17盜	1955	飯田德治（南海）	0.310-14全75點42盜
別所毅彥（巨人）	**27**勝15敗1.93	1956	中西太（西鐵）	0.325-**29**全**95**點15盜
與那嶺要（巨人）	**0.343**-12全48點10盜	1957	稻尾和久（西鐵）	**35**勝6敗**1.37**
藤田元司（巨人）	29勝13敗1.53	1958	稻尾和久（西鐵）	**33**勝10敗**1.42**
藤田元司（巨人）	**27**勝11敗1.83	1959	杉浦忠（南海）	**38**勝4敗**1.40**
秋山登（大洋）	21勝10敗**1.75**	1960	山內和弘（大每）	0.313-**32**全**103**點5盜
長嶋茂雄（巨人）	**0.353-28**全86點14盜	1961	野村克也（南海）	0.296-**29**全89點8盜
村山實（阪神）	25勝14敗**1.20**	1962	張本勳（東映）	0.333-31全99點23盜
長嶋茂雄（巨人）	**0.341**-37全**112**點16盜	1963	野村克也（南海）	0.291-**52**全**135**點4盜
王貞治（巨人）	0.320-**55**全**119**點6盜	1964	J. Stanka（南海）	26勝7敗2.40

兩聯盟時期（1950-1988）

中央聯盟			太平洋聯盟	
球員	成績	年度	球員	成績
王貞治（巨人）	0.322-**42**全**104**點2盜	1965	野村克也（南海）	**0.320-42**全**110**點3盜
長嶋茂雄（巨人）	**0.344**-26全105點14盜	1966	野村克也（南海）	0.312-**34**全**97**點8盜
王貞治（巨人）	0.326-**47**全**108**點3盜	1967	足立光宏（阪急）	20勝10敗**1.75**
長嶋茂雄（巨人）	0.318-39全**125**點8盜	1968	米田哲也（阪急）	29勝13敗2.79
王貞治（巨人）	**0.345-44**全103點5盜	1969	長池德二（阪急）	0.316-**41**全**101**點21盜
王貞治（巨人）	**0.325-47**全93點1盜	1970	木樽正明（羅德）	21勝10敗2.53
長嶋茂雄（巨人）	**0.320**-34全86點4盜	1971	長池德二（阪急）	0.317-40全114點8盜
堀內恆夫（巨人）	**26**勝9敗2.91	1972	福本豐（阪急）	0.301-14全40點**106**盜
王貞治（巨人）	**0.355-51**全**114**點2盜	1973	野村克也（南海）	0.309-28全96點3盜
王貞治（巨人）	**0.332-49**全**107**點1盜	1974	金田留廣（羅德）	**16**勝7敗0救援2.90
山本浩二（廣島）	**0.319**-30全84點24盜	1975	加藤秀司（阪急）	0.309-32全**97**點12盜
王貞治（巨人）	0.325-**49**全**123**點3盜	1976	山田久志（阪急）	**26**勝7敗5救援2.39
王貞治（巨人）	0.324-**50**全**124**點1盜	1977	山田久志（阪急）	16勝10敗7救援**2.28**
若松勉（養樂多）	0.341-17全71點12盜	1978	山田久志（阪急）	18勝4敗4救援2.66
江夏豐（阪神）	9勝5敗**22**救援2.66	1979	C. Manuel（近鐵）	0.324-**37**全94點0盜
山本浩二（廣島）	0.336-**44**全**112**點14盜	1980	木田勇（火腿）	**22**勝8敗4救援**2.28**
江川卓（巨人）	20勝6敗0救援**2.29**	1981	江夏豐（火腿）	3勝6敗**25**救援2.82
中尾孝義（中日）	0.282-18全47點7盜	1982	落合博滿（羅德）	**0.325-32**全**99**點8盜
原辰德（巨人）	0.302-32全**103**點9盜	1983	東尾修（西武）	**18**勝9敗2救援**2.92**
衣笠祥雄（廣島）	0.329-31全**102**點11盜	1984	Boomer（阪急）	**0.355-37**全**130**點2盜
R. Bass（阪神）	**0.350-54**全**134**點1盜	1985	落合博滿（羅德）	**0.367-52**全**146**點5盜
北別府學（廣島）	**18**勝4敗0救援**2.43**	1986	石毛宏典（西武）	0.329-27全89點19盜
山倉和博（巨人）	0.273-22全66點3盜	1987	東尾修（西武）	15勝9敗0救援2.59
郭源治（中日）	7勝6敗**37**救援1.95	1988	門田博光（南海）	0.311-**44**全**125**點2盜

備註1：投手成績＝勝－敗－救援成功（救援）　防禦率（防）。
備註2：打者成績＝打擊率－全壘打（全）打點（點）盜壘（盜）。
備註3：粗體字為當年度最高。

附表三　年度新人王

兩聯盟時期（1950-1988）

中央聯盟			太平洋聯盟	
球員	成績	年度	球員	成績
大島信雄（松竹）	20勝4敗**2.03**	1950	荒卷淳（每日）	**26**勝8敗**2.06**
松田清（巨人）	23勝3敗**2.01**	1951	蔭山和夫（南海）	0.315-6全28點42盜
佐藤孝夫（國鐵）	0.265-14全33點45盜	1952	中西太（西鐵）	0.281-12全65點18盜
權藤正利（洋松）	15勝12敗2.77	1953	豐田泰光（西鐵）	0.281-27全59點25盜
廣岡達朗（巨人）	0.314-15全67點9盜	1954	宅和本司（南海）	**26**勝9敗**1.58**
西村一孔（大阪）	22勝17敗2.01	1955	榎本喜八（每日）	0.298-16全67點12盜
秋山登（大洋）	25勝25敗2.39	1956	稻尾和久（西鐵）	21勝6敗**1.06**
藤田元司（巨人）	17勝13敗2.48	1957	木村保（南海）	21勝11敗2.46
長嶋茂雄（巨人）	0.305-**29**全**92**點37盜	1958	杉浦忠（南海）	27勝12敗2.05
桑田武（大洋）	0.269-**31**全84點25盜	1959	張本勳（東映）	0.275-13全57點10盜
堀本律雄（巨人）	**29**勝18敗2.00	1960	無	
權藤博（中日）	**35**勝19敗**1.70**	1961	德久利明（近鐵）	15勝24敗3.26
城之內邦雄（巨人）	24勝12敗2.21	1962	尾崎行雄（東映）	20勝9敗2.42
無		1963	無	
高橋重行（大洋）	17勝11敗2.76	1964	無	
無		1965	池永正明（西鐵）	20勝10敗2.27
堀內恒夫（巨人）	16勝2敗**1.39**	1966	無	
武上四郎（產經）	0.299-3全27點5盜	1967	高橋善正（東映）	15勝11敗2.46
高田繁（巨人）	0.301-9全30點23盜	1968	無	
田淵幸一（阪神）	0.226-22全56點1盜	1969	有藤道世（羅德）	0.285-21全55點4盜
谷澤健一（中日）	0.251-11全45點6盜	1970	佐藤道郎（南海）	18勝6敗**2.05**
關本四十四（巨人）	10勝11敗2.14	1971	皆川康夫（東映）	11勝14敗3.44
安田猛（養樂多）	7勝5敗**2.08**	1972	加藤初（西鐵）	17勝16敗3.95
無		1973	新美敏（日拓）	12勝13敗3.65
藤波行雄（中日）	0.289-1全15點1盜	1974	三井雅晴（羅德）	6勝5敗4救援3.24
無		1975	山口高志（阪急）	12勝13敗1救援2.93
田尾安志（中日）	0.277-3全21點0盜	1976	藤田學（南海）	11勝3敗0救援1.98
齊藤明雄（大洋）	8勝9敗0救援4.40	1977	佐藤義則（阪急）	7勝3敗1救援3.85
角三男（巨人）	5勝7敗7救援2.87	1978	村上之宏（南海）	5勝8敗3救援3.61
藤澤公也（中日）	13勝5敗0救援2.82	1979	松沼博久（西武）	16勝10敗0救援4.03
岡田彰布（阪神）	0.290-18全**54**點4盜	1980	木田勇（火腿）	**22**勝8敗4救援**2.28**
原辰德（巨人）	0.268-22全67點6盜	1981	石毛宏典（西武）	0.311-21全55點25盜
津田恒美（廣島）	11勝6敗0救援3.88	1982	大石大二郎（近鐵）	0.274-12全**41**點47盜
槙原寬己（巨人）	12勝9敗1救援3.67	1983	二村忠美（火腿）	0.282-13全35點6盜

兩聯盟時期（1950-1988）

中央聯盟			太平洋聯盟	
球員	成績	年度	球員	成績
小早川毅彥（廣島）	0.280-16全59點8盜	1984	藤田浩雅（阪急）	0.287-22全69點3盜
川端順（廣島）	11勝7敗7救援2.72	1985	熊野輝光（阪急）	0.295-14全60點13盜
長富浩志（廣島）	10勝2敗2救援3.04	1986	清原和博（西武）	0.304-31全78點6盜
荒井幸雄（養樂多）	0.301-9全38點2盜	1987	阿波野秀幸（近鐵）	15勝12敗0救援2.88
立浪和義（中日）	0.223-4全18點22盜	1988	森山良二（西武）	10勝9敗0救援3.46

備註1：投手成績＝勝－敗－救援成功（救援）防禦率（防）。
備註2：打者成績＝打擊率－全壘打（全）打點（點）盜壘（盜）。
備註3：粗體字為當年度最高。

附表四 年度最高打擊率

單一聯盟時期（1936-1949）

年度	球員	成績
1936秋	中根之（名古屋）	0.376
1937春	松本謙次郎（大阪）	0.338
1937秋	景浦將（大阪）	0.333
1938春	中島治康（巨人）	0.345
1938秋	中島治康（巨人）	0.361
1939	川上哲治（巨人）	0.338
1940	鬼頭數雄（獅王）	0.321
1941	川上哲治（巨人）	0.310
1942	吳昌征（巨人）	0.286
1943	吳昌征（巨人）	0.300
1944	岡村俊昭（近畿）	0.369
1946	金田正泰（大阪）	0.347
1947	大下弘（東急）	0.315
1948	青田昇（巨人）	0.306
1949	小鶴誠（大映）	0.361

兩聯盟時期（1950-1988）

中央聯盟			太平洋聯盟	
球員	成績	年度	球員	成績
藤村富美男（大阪）	0.362	1950	大下弘（東急）	0.339
川上哲治（巨人）	0.377	1951	大下弘（東急）	0.383
西澤道夫（名古屋）	0.353	1952	飯島滋彌（大映）	0.336
川上哲治（巨人）	0.347	1953	岡本伊三美（南海）	0.318
與那嶺要（巨人）	0.361	1954	L. Raines（阪急）	0.337
川上哲治（巨人）	0.338	1955	中西太（西鐵）	0.332
與那嶺要（巨人）	0.338	1956	豐田泰光（西鐵）	0.325
與那嶺要（巨人）	0.343	1957	山内和弘（每日）	0.331
田宮謙次郎（大阪）	0.320	1958	中西太（西鐵）	0.314
長嶋茂雄（巨人）	0.334	1959	杉山光平（南海）	0.323
長嶋茂雄（巨人）	0.334	1960	榎本喜八（大每）	0.344
長嶋茂雄（巨人）	0.353	1961	張本勳（東映）	0.336
森永勝治（廣島）	0.307	1962	J. Bloomfield（近鐵）	0.374
長嶋茂雄（巨人）	0.341	1963	J. Bloomfield（近鐵）	0.335
江藤愼一（中日）	0.323	1964	廣瀨叔功（南海）	0.366
江藤愼一（中日）	0.336	1965	野村克也（南海）	0.320

兩聯盟時期（1950-1988）

中央聯盟			太平洋聯盟	
球員	成績	年度	球員	成績
長嶋茂雄（巨人）	0.344	1966	榎本喜八（東京）	0.351
中曉生（中日）	0.343	1967	張本勳（東映）	0.336
王貞治（巨人）	0.326	1968	張本勳（東映）	0.336
王貞治（巨人）	0.345	1969	永淵洋三（近鐵） 張本勳（東映）	0.333
王貞治（巨人）	0.325	1970	張本勳（東映）	0.383
長嶋茂雄（巨人）	0.320	1971	江藤慎一（羅德）	0.337
若松勉（養樂多）	0.329	1972	張本勳（東映）	0.358
王貞治（巨人）	0.355	1973	加藤秀司（阪急）	0.337
王貞治（巨人）	0.332	1974	張本勳（東映）	0.340
山本浩二（廣島）	0.319	1975	白仁天（太平洋）	0.319
谷澤健一（中日）	0.355	1976	吉岡悟（太平洋）	0.309
若松勉（養樂多）	0.358	1977	有藤道世（羅德）	0.329
水谷實雄（廣島）	0.348	1978	佐佐木恭介（近鐵）	0.354
F. Millan（大洋）	0.346	1979	加藤英司（阪急）	0.364
谷澤健一（中日）	0.369	1980	L. Lee（羅德）	0.358
藤田平（阪神）	0.358	1981	落合博滿（羅德）	0.326
長崎啓二（大洋）	0.351	1982	落合博滿（羅德）	0.325
真弓明信（阪神）	0.353	1983	落合博滿（羅德）	0.332
篠塚利夫（巨人）	0.334	1984	Boomer（阪急）	0.355
R. Bass（阪神）	0.350	1985	落合博滿（羅德）	0.367
R. Bass（阪神）	0.389	1986	落合博滿（羅德）	0.360
篠塚利夫（巨人） 正田耕三（廣島）	0.333	1987	新井宏昌（近鐵）	0.366
正田耕三（廣島）	0.340	1988	高澤秀昭（羅德）	0.327

附表五 年度最多全壘打

單一聯盟時期（1936-1949）

年度	球員	成績
1936秋	藤村富美男（大阪） 山下實（阪急） 古谷倉之助（金鯱）	2
1937春	中島治康（巨人） 松本謙治郎（大阪）	4
1937秋	高橋吉雄（鷲）	6
1938春	Harris（鷲）	6
1938秋	中島治康（巨人）	10
1939	鶴岡一人（南海）	10
1940	川上哲治（巨人）	9
1941	服部受弘（名古屋）	8
1942	古川清藏（名古屋）	8
1943	岩本章（名古屋） 加藤正二（名古屋） 古川清藏（名古屋）	4
1944	金山次郎（產業）	3
1946	大下弘（參議員）	20
1947	大下弘（東急）	17
1948	青田昇（巨人） 川上哲治（巨人）	25
1949	藤村富美男（大阪）	46

兩聯盟時期（1950-1988）

中央聯盟			太平洋聯盟	
球員	成績	年度	球員	成績
小鶴誠（松竹）	51	1950	別當薰（每日）	43
青田昇（巨人）	32	1951	大下弘（東急）	26
杉山悟（名古屋）	27	1952	深見安博（西鐵、東急）	25
藤村富美男（大阪）	27	1953	中西太（西鐵）	36
青田昇（巨人）	31	1954	中西太（西鐵）	31
町田行彥（國鐵）	31	1955	中西太（西鐵）	35
青田昇（大洋）	25	1956	中西太（西鐵）	29
佐藤孝夫（國鐵） 青田昇（大洋）	22	1957	野村克也（南海）	30
長嶋茂雄（巨人）	29	1958	中西太（西鐵）	23
森徹（中日） 桑田武（大洋）	31	1959	山内和弘（大每）	25

兩聯盟時期（1950-1988）

中央聯盟			太平洋聯盟	
球員	成績	年度	球員	成績
藤本勝巳	22	1960	山內和弘（大每）	32
長嶋茂雄（巨人）	28	1961	野村克也（南海） 中田昌弘（阪急）	29
王貞治（巨人）	38	1962	野村克也（南海）	44
王貞治（巨人）	40	1963	野村克也（南海）	52
王貞治（巨人）	55	1964	野村克也（南海）	41
王貞治（巨人）	42	1965	野村克也（南海）	42
王貞治（巨人）	48	1966	野村克也（南海）	34
王貞治（巨人）	47	1967	野村克也（南海）	35
王貞治（巨人）	49	1968	野村克也（南海）	38
王貞治（巨人）	44	1969	長池德二（阪急）	41
王貞治（巨人）	47	1970	大杉勝男（東映）	44
王貞治（巨人）	39	1971	大杉勝男（東映）	41
王貞治（巨人）	48	1972	長池德二（阪急）	41
王貞治（巨人）	51	1973	長池德二（阪急）	43
王貞治（巨人）	49	1974	C. Jones（近鐵）	38
田淵幸一（阪神）	43	1975	土井正博（太平洋）	34
王貞治（巨人）	49	1976	C. Jones（近鐵）	36
王貞治（巨人）	50	1977	L. Lee（羅德）	34
山本浩二（廣島）	44	1978	B. Mitchell（火腿）	36
掛布雅之（阪神）	48	1979	C. Manuel（近鐵）	37
山本浩二（廣島）	44	1980	C. Manuel（近鐵）	48
山本浩二（廣島）	43	1981	T. Solaita（火腿） 門田博光（南海）	44
掛布雅之（阪神）	35	1982	落合博滿（羅德）	32
山本浩二（廣島） 大島康德（中日）	36	1983	門田博光（南海）	40
宇野勝（中日） 掛布雅之（阪神）	37	1984	Boomer（阪急）	37
R. Bass（阪神）	54	1985	落合博滿（羅德）	52
R. Bass（阪神）	47	1986	落合博滿（羅德）	50
R. Lance（廣島）	39	1987	秋山幸二（西武）	43
C. Ponce（大洋）	33	1988	門田博光（南海）	44

附表六 年度最多打點

單一聯盟時期（1936-1949）

年度	球員	成績
1936秋	古谷倉之助（金鯱）	23
1937春	景浦將（鷲）	47
1937秋	中島治康（巨人）	37
1938春	景浦將（鷲）	31
1938秋	中島治康（巨人）	38
1939	川上哲治（巨人）	75
1940	中島治康（巨人）	67
1941	川上哲治（巨人）	57
1942	中島治康（巨人）	60
1943	青田昇（巨人） 野口明（西鐵）	42
1944	藤村富美男（阪神）	25
1946	山本一人（巨輪）	95
1947	藤村富美男（大阪）	71
1948	藤村富美男（大阪）	108
1949	藤村富美男（大阪）	142

兩聯盟時期（1950-1988）

中央聯盟			太平洋聯盟	
球員	成績	年度	球員	成績
小鶴誠（松竹）	161	1950	別當薰（每日）	105
青田昇（巨人）	105	1951	飯田德治（南海）	87
西澤道夫（名古屋）	98	1952	飯田德治（南海）	86
藤村富美男（大阪）	98	1953	中西太（西鐵）	86
杉山悟（名古屋） 渡邊博之（大阪）	91	1954	山內和弘（大每）	97
川上哲治（巨人）	79	1955	山內和弘（大每）	99
宮本敏雄（巨人）	69	1956	中西太（西鐵）	95
宮本敏雄（巨人）	78	1957	中西太（西鐵）	100
長嶋茂雄（巨人）	92	1958	葛城隆雄（大每）	85
森徹（中日）	87	1959	葛城隆雄（大每）	95
藤本勝巳（大阪）	76	1960	山內和弘（大每）	103
桑田武（大洋）	94	1961	山內和弘（大每）	112
王貞治（巨人）	85	1962	野村克也（南海）	104
長嶋茂雄（巨人）	112	1963	野村克也（南海）	135

兩聯盟時期（1950-1988）

中央聯盟		年度	太平洋聯盟	
球員	成績	年度	球員	成績
王貞治（巨人）	119	1964	野村克也（南海）	115
王貞治（巨人）	104	1965	野村克也（南海）	110
王貞治（巨人）	116	1966	野村克也（南海）	97
王貞治（巨人）	107	1967	野村克也（南海）	100
長嶋茂雄（巨人）	125	1968	G. Altman（東京）	100
長嶋茂雄（巨人）	115	1969	長池德二（阪急）	101
長嶋茂雄（巨人）	105	1970	大杉勝男（東映）	129
王貞治（巨人）	101	1971	門田博光（南海）	120
王貞治（巨人）	120	1972	野村克也（南海） 大杉勝男（東映）	101
王貞治（巨人）	114	1973	長池德二（阪急）	109
王貞治（巨人）	107	1974	長池德二（阪急）	96
王貞治（巨人）	96	1975	加藤秀司（阪急）	97
王貞治（巨人）	123	1976	加藤秀司（阪急）	82
王貞治（巨人）	124	1977	L. Lee（羅德）	109
王貞治（巨人）	118	1978	B. Marcano（阪急）	94
山本浩二（廣島）	113	1979	加藤秀司（阪急）	104
山本浩二（廣島）	112	1980	C. Manuel（近鐵）	129
山本浩二（廣島）	103	1981	T. Solaita（火腿）	108
掛布雅之（阪神）	95	1982	落合博滿（羅德）	99
原辰德（巨人）	103	1983	水谷實雄（阪急）	114
衣笠祥雄（廣島）	102	1984	Boomer（阪急）	130
R. Bass（阪神）	134	1985	落合博滿（羅德）	146
R. Bass（阪神）	109	1986	落合博滿（羅德）	116
C. Ponce（大洋）	98	1987	Boomer（阪急）	119
C. Ponce（大洋）	102	1988	門田博光（南海）	125

附表七 年度最多盜壘

單一聯盟時期（1936-1949）

年度	球員	成績
1936秋	苅田久徳（參議員）	16
1937春	山口政信（大阪）	29
1937秋	島秀之助（金鯱） 鬼頭數雄（獅王）	22
1938春	江口行男（金鯱）	14
1938秋	佐佐木常助（金鯱）	20
1939	山田傳（阪急） 五味芳夫（金鯱）	30
1940	石田政良（名古屋）	32
1941	坪内道則（朝日）	26
1942	坪内道則（朝日）	44
1943	山田傳（阪急）	56
1944	吳昌征（阪神） 吳新亨（巨人）	19
1946	河西俊雄（近畿）	39
1947	河西俊雄（南海）	53
1948	河西俊雄（南海）	66
1949	木塚忠助（南海）	59

兩聯盟時期（1950-1988）

中央聯盟			太平洋聯盟	
球員	成績	年度	球員	成績
金山次郎（松竹）	74	1950	木塚忠助（南海）	78
土屋五郎（國鐵）	52	1951	木塚忠助（南海）	55
金山次郎（松竹）	63	1952	木塚忠助（南海）	55
金山次郎（松竹）	58	1953	L. Raines（阪急）	61
吉田義男（大阪）	51	1954	鈴木武（近鐵）	71
本多逸郎（中日）	42	1955	森下正夫（南海）	59
吉田義男（大阪）	50	1956	河野旭輝（阪急）	85
飯田德治（國鐵）	40	1957	河野旭輝（阪急）	56
岡嶋博治（中日）	47	1958	R. Barbon（阪急）	38
岡嶋博治（中日）	41	1959	R. Barbon（阪急）	38
中利夫（中日）	50	1960	R. Barbon（阪急）	32
近藤和彥（大洋）	35	1961	廣瀨叔功（南海）	42
河野旭輝（中日）	26	1962	廣瀨叔功（南海）	50
高木守道（中日）	50	1963	廣瀨叔功（南海）	45

兩聯盟時期（1950-1988）

中央聯盟		年度	太平洋聯盟	
球員	成績	年度	球員	成績
古葉竹識（廣島）	57	1964	廣瀨叔功（南海）	72
高木守道（中日）	44	1965	廣瀨叔功（南海）	39
柴田勳（巨人）	46	1966	山本公士（阪急）	32
柴田勳（巨人）	70	1967	西田孝之（東京）	32
古葉竹識（廣島）	39	1968	安井智規（近鐵）	54
柴田勳（巨人）	35	1969	阪本敏三（阪急）	47
東条文博（養樂多）	28	1970	福本豐（阪急）	75
高田繁（巨人）	38	1971	福本豐（阪急）	67
柴田勳（巨人）	45	1972	福本豐（阪急）	106
高木守道（中日）	28	1973	福本豐（阪急）	95
中塚政幸（大洋）	28	1974	福本豐（阪急）	94
大下剛史（廣島）	44	1975	福本豐（阪急）	63
衣笠祥雄（廣島）	31	1976	福本豐（阪急）	62
柴田勳（巨人）	34	1977	福本豐（阪急）	61
柴田勳（巨人）	34	1978	福本豐（阪急）	70
高橋慶彦（廣島）	55	1979	福本豐（阪急）	60
高橋慶彦（廣島）	38	1980	福本豐（阪急）	54
青木實（養樂多）	34	1981	福本豐（阪急）	54
松本匡史（巨人）	61	1982	福本豐（阪急）	54
松本匡史（巨人）	76	1983	大石大二郎（近鐵）	60
高木豐（大洋）	56	1984	大石大二郎（近鐵）	46
高橋慶彦（廣島）	73	1985	松永浩美（阪急）	38
屋鋪要（大洋） 平野謙（中日）	48	1986	西村德文（羅德）	36
屋鋪要（大洋）	48	1987	西村德文（羅德） 大石第二朗（近鐵）	41
屋鋪要（大洋）	33	1988	西村德文（羅德）	55

附表八

年度最高上壘率

兩聯盟時期（1950-1988）

中央聯盟			太平洋聯盟	
球員	成績	年度	球員	成績
		1962	張本勳（東映）	0.440
		1963	J. Bloomfield（近鐵）	0.396
		1964	張本勳（東映）	0.426
		1965	D. Spencer（阪急）	0.423
		1966	榎本喜八（東京）	0.439
王貞治（巨人）	276	1967	張本勳（東映）	0.439
王貞治（巨人）	275	1968	張本勳（東映）	0.437
王貞治（巨人）	272	1969	張本勳（東映）	0.421
王貞治（巨人）	263	1970	張本勳（東映）	0.467
王貞治（巨人）	246	1971	江藤慎一（羅德）	0.408
王貞治（巨人）	249	1972	張本勳（東映）	0.443
王貞治（巨人）	280	1973	張本勳（日拓）	0.448
王貞治（巨人）	294	1974	張本勳（火腿）	0.452
王貞治（巨人）	236	1975	小川亨（近鐵）	0.394
王貞治（巨人）	257	1976	加藤秀司（阪急）	0.376
王貞治（巨人）	272	1977	加藤秀司（阪急）	0.401
王貞治（巨人）	247	1978	佐佐木恭介（近鐵）	0.398
山本浩二（廣島）	220	1979	加藤英司（阪急）	0.437
山本浩二（廣島）	240	1980	栗橋茂（近鐵）	0.412
掛布雅之（阪神）	243	1981	門田博光（南海）	0.431
田尾安志（中日） 掛布雅之（阪神）	232	1982	落合博滿（羅德）	0.428
山本浩二（廣島）	234	1983	Steve Ontiveros（西武）	0.419
谷澤健一（中日）	231	1984	Steve Ontiveros（西武）	0.443
R. Bass（阪神）	0.428	1985	落合博滿（羅德）	0.481
R. Bass（阪神）	0.481	1986	落合博滿（羅德）	0.487
落合博滿（中日）	0.435	1987	門田博滿（南海）	0.428
落合博滿（中日）	0.418	1988	門田博滿（南海）	0.429

備註1：1962年洋聯開始採計（計算方式：安打＋四死球／打數＋四死球）。
備註2：1967年央聯開始採計出壘數（安打＋四死球）。
備註3：1985年兩聯盟共同改成現今的算法（計算方式：安打＋四死球／打數＋四死球＋高飛犧牲打）。

附表九 年度最優秀防禦率

單一聯盟時期（1936-1949）

年度	球員	成績
1936秋	景浦將（大阪）	0.79
1937春	澤村榮治（巨人）	0.81
1937秋	西村幸生（大阪）	1.48
1938春	西村幸生（大阪）	1.52
1938秋	V. Starffin（巨人）	1.05
1939	若林忠志（大阪）	1.09
1940	野口二郎（翼）	0.93
1941	野口二郎（大洋軍）	0.88
1942	林安夫（朝日）	1.01
1943	藤本英雄（巨人）	0.73
1944	若林忠志（阪神）	1.56
1946	藤本英雄（巨人）	2.11
1947	白木義一郎（東急）	1.74
1948	中尾碩志（巨人）	1.84
1949	藤本英雄（巨人）	1.94

兩聯盟時期（1950-1988）

中央聯盟			太平洋聯盟	
球員	成績	年度	球員	成績
大昌信雄（松竹）	2.03	1950	荒巻淳（每日）	2.06
松田清（巨人）	2.01	1951	柚木進（南海）	2.08
梶岡忠義（大阪）	1.71	1952	柚木進（南海）	1.91
大友工（巨人）	1.85	1953	川崎德次（西鐵）	1.98
杉下茂（中日）	1.39	1954	宅和本司（南海）	1.58
別所毅彥（巨人）	1.33	1955	中川隆（每日）	2.08
渡邊省三（大阪）	1.45	1956	稻尾和久（西鐵）	1.06
金田正一（國鐵）	1.63	1957	稻尾和久（西鐵）	1.37
金田正一（國鐵）	1.30	1958	稻尾和久（西鐵）	1.42
村山實（大阪）	1.19	1959	杉浦忠（南海）	1.40
秋山登（大洋）	1.75	1960	小野正一（每映）	1.98
權藤博（中日）	1.70	1961	稻尾和久（西鐵）	1.69
村山實（阪神）	1.20	1962	久保田治（東映）	2.12
柿本實（中日）	1.70	1963	久保征弘（近鐵）	2.36
G. Bacque（阪神）	1.89	1964	妻島芳郎（東京）	2.15
金田正一（巨人）	1.84	1965	三浦清弘（南海）	1.57

兩聯盟時期（1950-1988）

中央聯盟		年度	太平洋聯盟	
球員	成績		球員	成績
堀內恒夫（巨人）	1.39	1966	稻尾和久（西鐵）	1.79
權藤正利（阪神）	1.40	1967	足立光弘（阪急）	1.75
外木場義郎（廣島）	1.94	1968	皆川睦男（南海）	1.61
江夏豐（阪神）	1.81	1969	木樽正明（羅德）	1.72
村山實（阪神）	0.98	1970	佐藤道郎（南海）	2.05
藤本和宏（廣島）	1.71	1971	山田久志（阪急）	2.37
安田猛（養樂多）	2.08	1972	清俊彥（近鐵）	2.36
安田猛（養樂多）	2.02	1973	米田哲也（阪急）	2.47
關本四十四（巨人）	2.28	1974	佐藤道郎（南海）	1.91
安仁屋宗八（阪神）	1.91	1975	村田兆治（羅德）	2.20
鈴木孝政（中日）	2.98	1976	村田兆治（羅德）	1.82
新浦壽夫（巨人）	2.32	1977	山田久志（阪急）	2.28
新浦壽夫（巨人）	2.81	1978	鈴木啓示（近鐵）	2.02
平松政次（大洋）	2.39	1979	山口哲治（近鐵）	2.49
松岡弘（養樂多）	2.35	1980	木田勇（火腿）	2.28
江川卓（巨人）	2.29	1981	岡部憲章（火腿）	2.70
齊藤明夫（大洋）	2.07	1982	高橋里志（火腿）	1.84
福間納（阪神）	2.62	1983	東尾修（西武）	2.92
小林誠二（廣島）	2.20	1984	今井雄太郎（阪急）	2.93
小松辰雄（中日）	2.65	1985	工藤公康（西武）	2.76
北別府學（廣島）	2.43	1986	佐藤義則（阪急）	2.83
桑田真澄（巨人）	2.17	1987	工藤公康（西武）	2.41
大野豐（廣島）	1.70	1988	河野博文（火腿）	2.38

附表十

年度最多勝投

單一聯盟時期（1936-1949）

年度	球員	成績
1936秋	澤村榮治（巨人）	13
1937春	澤村榮治（巨人）	24
1937秋	西村幸生（大阪） V. Starffin（巨人） 野口明（參議員）	15
1938春	V. Starffin（巨人）	14
1938秋	V. Starffin（巨人）	19
1939	V. Starffin（巨人）	42
1940	須田博（巨人）	38
1941	森弘太郎（阪急）	30
1942	野口二郎（大洋）	40
1943	藤本英雄（巨人）	34
1944	若林忠志（阪神）	22
1946	白木義一郎（參議員）	30
1947	別所昭（南海）	30
1948	川崎德次（巨人） 中尾碩志（巨人）	27
1949	V. Starffin（巨人）	27

兩聯盟時期（1950-1988）

中央聯盟			太平洋聯盟	
球員	成績	年度	球員	成績
真田重男（松竹）	39	1950	荒卷淳（每日）	26
杉下茂（中日）	28	1951	江藤正（南海）	24
別所毅彥（巨人）	33	1952	野口正明（西鐵）	23
大友工（巨人）	27	1953	川崎德次（西鐵）	24
杉下茂（中日）	32	1954	宅和本司（南海） 田中文雄（近鐵）	26
大友工（巨人） 長谷川良平（廣島）	30	1955	宅和本司（南海）	24
別所毅彥（巨人）	27	1956	三浦方義（大映）	29
金田正一（國鐵）	28	1957	稻尾和久（西鐵）	35
金田正一（國鐵）	31	1958	稻尾和久（西鐵）	33
藤田元司（巨人）	27	1959	杉浦忠（南海）	38
堀本律雄（巨人）	29	1960	小野正一（大每）	33
權藤博（中日）	35	1961	稻尾和久（西鐵）	42

兩聯盟時期（1950-1988）

中央聯盟		年度	太平洋聯盟	
球員	成績	年度	球員	成績
權藤博（中日）	30	1962	久保征弘（近鐵）	28
金田正一（國鐵）	30	1963	稻尾和久（西鐵）	28
G. Bacque（阪神）	29	1964	小山正明（東京）	30
村山實（阪神）	25	1965	尾崎行雄（東映）	27
村山實（阪神）	24	1966	米田哲也（阪急）	25
小川健太郎（中日）	29	1967	池永正明（西鐵）	23
江夏豐（阪神）	25	1968	皆川睦男（南海）	31
高橋一三（巨人）	22	1969	鈴木啓示（近鐵）	24
平松政次（大洋）	25	1970	成田文男（羅德）	25
平松政次（大洋）	17	1971	木樽正明（羅德）	24
堀內恒夫（巨人）	26	1972	山田久志（阪急） 金田留廣（東映）	20
江夏豐（阪神）	24	1973	成田文男（羅德）	21
松本幸行（中日） 金城基泰（廣島）	20	1974	金田留廣（羅德）	16
外木場義郎（廣島）	20	1975	東尾修（太平洋）	23
池谷公二郎（廣島）	20	1976	山田久志（阪急）	26
高橋里志（廣島）	20	1977	鈴木啓示（近鐵）	20
野村收（大洋）	17	1978	鈴木啓示（近鐵）	25
小林繁（阪神）	22	1979	山田久志（阪急）	21
江川卓（巨人）	16	1980	木田勇（火腿）	22
江川卓（巨人）	20	1981	今井雄太郎（阪急） 村田兆治（羅德）	19
北別府學（廣島）	20	1982	工藤幹夫（火腿）	20
遠藤一彥（大洋）	18	1983	東尾修（西武） 山內和宏（南海）	18
遠藤一彥（大洋）	17	1984	今井雄太郎（阪急）	21
小松振雄（中日）	17	1985	佐藤義則（阪急）	21
北別府學（廣島）	18	1986	渡邊久信（西武）	16
小松振雄（中日）	17	1987	山沖之彥（阪急）	19
小野和幸（中日） 伊東昭光（養樂多）	18	1988	渡邊久信（西武） 西崎幸廣（火腿） 松浦宏明（火腿）	15

附表十一 年度最多三振

單一聯盟時期（1936-1949）

年度	球員	成績
1936秋	内藤幸三（金鯱）	139
1937春	澤村榮治（巨人）	196
1937秋	澤村榮治（巨人）	129
1938春	龜田忠（鷲）	137
1938秋	V. Starffin（巨人）	146
1939	V. Starffin（巨人）	282
1940	龜田忠（黑鷲）	297
1941	中尾輝三（巨人）	179
1942	野口二郎（大洋）	264
1943	藤本英雄（巨人）	253
1944	藤本英雄（巨人）	113
1946	真田重藏（太平洋）	200
1947	別所昭（南海）	191
1948	中尾碩志（巨人）	187
1949	武末悉昌（南海）	183

兩聯盟時期（1950-1988）

中央聯盟			太平洋聯盟	
球員	成績	年度	球員	成績
杉下茂（中日）	209	1950	米川泰夫（東急）	207
金田正一（國鐵）	233	1951	阿部八郎（阪急）	150
金田正一（國鐵）	269	1952	柚木進（南海）	104
金田正一（國鐵）	229	1953	米川泰夫（東急）	180
杉下茂（中日）	273	1954	宅和本司（南海）	275
金田正一（國鐵）	350	1955	河村久文（西鐵）	225
金田正一（國鐵）	316	1956	梶本隆夫（阪急）	327
秋山登（大洋）	312	1957	梶本隆夫（阪急）	301
金田正一（國鐵）	311	1958	稻尾和久（西鐵）	334
金田正一（國鐵）	313	1959	杉浦忠（南海）	336
金田正一（國鐵）	284	1960	杉浦忠（南海）	317
權藤博（中日）	310	1961	稻尾和久（西鐵）	353
小山正明（阪神）	270	1962	米田哲也（阪急）	231
金田正一（國鐵）	287	1963	稻尾和久（西鐵）	226
金田正一（國鐵）	231	1964	尾崎行雄（東映）	197
村山實（阪神）	205	1965	尾崎行雄（東映）	259

兩聯盟時期（1950-1988）

中央聯盟			太平洋聯盟	
球員	成績	年度	球員	成績
村山實（阪神）	207	1966	田中勉（西鐵）	217
江夏豐（阪神）	225	1967	鈴木啓示（近鐵）	222
江夏豐（阪神）	401	1968	鈴木啓示（近鐵）	305
江夏豐（阪神）	262	1969	鈴木啓示（近鐵）	286
江夏豐（阪神）	340	1970	鈴木啓示（近鐵）	247
江夏豐（阪神）	267	1971	鈴木啓示（近鐵）	269
江夏豐（阪神）	233	1972	鈴木啓示（近鐵）	180
高橋一三（巨人）	238	1973	成田文男（羅德）	178
金城基泰（廣島）	207	1974	鈴木啓示（近鐵）	141
外木場義郎（廣島）	193	1975	東尾修（太平洋）	154
池谷公二郎（廣島）	207	1976	村田兆治（羅德）	202
池谷公二郎（廣島）	176	1977	村田兆治（羅德）	180
齊藤明雄（大洋）	162	1978	鈴木啓示（近鐵）	178
新浦壽夫（巨人）	223	1979	村田兆治（羅德）	230
江川卓（巨人）	219	1980	木田勇（火腿）	225
江川卓（巨人）	221	1981	村田兆治（羅德）	154
江川卓（巨人）	196	1982	松沼博久（西武）	152
遠藤一彥（大洋）	186	1983	山沖之彥（阪急）	143
遠藤一彥（大洋）	208	1984	佐藤義則（阪急）	136
小松振雄（中日）	172	1985	佐藤義則（阪急）	188
遠藤一彥（大洋）	185	1986	渡邊久信（西武）	178
川口和久（巨人）	184	1987	阿波野秀幸（近鐵）	201
槙原寬己（巨人）	187	1988	小川博（羅德）	204

附表十二 年度最高勝率

單一聯盟時期（1936-1949）

年度	球員	成績
1936秋	景浦將（大阪）	1.000
1937春	澤村榮治（巨人）	0.857
1937秋	御園生崇男（大阪）	1.000
1938春	御園生崇男（大阪）	0.909
1938秋	V. Starffin（巨人）	0.905
1939	若林忠志（大阪）	0.800
1940	須田博（巨人）	0.760
1941	森弘太郎（阪急）	0.789
1942	廣瀨習一（巨人）	0.778
1943	藤本英雄（巨人）	0.756
1944	若林忠志（阪神）	0.846
1946	藤本英雄（巨人）	0.778
1947	御園生崇男（大阪）	0.750
1948	別所昭（南海）	0.722
1949	藤本英雄（巨人）	0.774

兩聯盟時期（1950-1988）

中央聯盟			太平洋聯盟	
球員	成績	年度	球員	成績
大島信雄（松竹）	0.833	1950	野村武史（每日）	0.818
松田清（巨人）	0.885	1951	中谷信夫（南海）	0.875
藤村隆男（大阪）	0.806	1952	柚木進（南海）	0.731
大友工（巨人） 石川克彥（名古屋）	0.818	1953	大神武俊（南海）	0.704
杉下茂（中日）	0.727	1954	西村貞朗（西鐵）	0.815
大友工（巨人）	0.833	1955	中村大成（南海）	0.852
堀內庄（巨人）	0.778	1956	植村義信（每日）	0.792
木戶美摸（巨人）	0.708	1957	稻尾和久（西鐵）	0.854
藤田元司（巨人）	0.690	1958	秋本祐作（阪急）	0.778
藤田元司（巨人）	0.711	1959	杉浦忠（南海）	0.905
秋山登（大洋）	0.677	1960	小野正一（大每）	0.750
伊藤芳明（巨人）	0.684	1961	稻尾和久（西鐵）	0.750
小山正明（阪神）	0.711	1962	皆川睦男（南海）	0.826
山中巽（中日）	0.714	1963	田中勉（西鐵） 森中千香良（南海）	0.680

兩聯盟時期（1950-1988）

中央聯盟			太平洋聯盟	
球員	成績	年度	球員	成績
石川綠（阪神）	0.769	1964	J. Stanka（南海）	0.788
山中巽（中日）	0.857	1965	林俊彥（南海）	0.850
堀內恒夫（巨人）	0.889	1966	皆川睦男（南海）	0.720
堀內恒夫（巨人）	0.857	1967	石井茂雄（阪急）	0.692
島田源太郎（大洋）	0.700	1968	村上雅則（南海）	0.818
高橋一三（巨人）	0.815	1969	清俊彥（近鐵）	0.720
村山實（阪神）	0.824	1970	佐佐木宏一郎（近鐵）	0.773
坂井勝二（大洋）	0.692	1971	山田久志（阪急）	0.786
堀內恒夫（巨人）	0.743	1972	佐藤道郎（南海）	0.750
倉田誠（巨人）	0.667	1973	八木澤莊六（羅德）	0.875
松本幸行（中日）	0.690	1974	竹村一義（阪急）	0.750
星野仙一（中日）	0.773	1975	鈴木啓示（近鐵） 野村收（火腿）	0.786
加藤初（巨人）	0.789	1976	山田久志（阪急）	0.788
新浦壽夫（巨人）	0.786	1977	稻葉光雄（阪急）	0.739
鈴木康二朗（養樂多）	0.813	1978	山田久志（阪急）	0.818
藤澤公也（中日）	0.722	1979	山田久志（阪急）	0.808
福士敬章（廣島）	0.714	1980	木田勇（火腿）	0.733
江川卓（巨人）	0.769	1981	間柴茂有（火腿）	1.000
都裕次郎（中日）	0.762	1982	工藤幹夫（火腿）	0.833
津田恒美（廣島）	0.750	1983	高橋直樹（西武）	0.813
江川卓（巨人）	0.750	1984	石川賢（羅德）	0.789
北別府學（廣島）	0.727	1985	石本貴昭（近鐵）	0.864
北別府學（廣島）	0.818	1986	渡邊久信（西武）	0.727
川端順（廣島）	0.833	1987	工藤公康（西武）	0.789
小野和幸（中日）	0.818	1988	郭泰源（西武）	0.813

附表十三 年度最多救援

中央聯盟			太平洋聯盟	
球員	成績	年度	球員	成績
星野仙一（中日）	10	1974	佐藤道郎（南海）	13
鈴木孝政（中日）	21	1975	村田兆治（羅德）	13
鈴木孝政（中日）	26	1976	佐藤道郎（南海）	16
新浦壽夫（巨人） 鈴木孝政（中日） 山本和行（阪神）	9	1977	江夏豐（南海）	19
新浦壽夫（巨人）	15	1978	山口高志（阪急）	14
江夏豐（廣島）	22	1979	金城基泰（南海）	16
江夏豐（廣島）	21	1980	倉持明（羅德）	18
角三男（巨人）	20	1981	江夏豐（火腿）	25
齊藤明夫（大洋）	30	1982	江夏豐（火腿）	29
齊藤明夫（大洋）	22	1983	森繁和（西武） 江夏豐（火腿）	34
牛島和彦（中日）	29	1984	鈴木康二朗（近鐵）	18
中西清起（阪神）	19	1985	鈴木康二朗（近鐵）	12
齊藤明夫（大洋）	23	1986	石本貴昭（近鐵）	32
郭源治（中日）	26	1987	牛島和彥（羅德）	24
郭源治（中日）	37	1988	牛島和彥（羅德）	25

備註1：1974-1975年為最多救援。
備註2：1976年央聯改為最優秀救援投手（到2004年）。
備註3：1977年洋聯改為最優秀救援投手（到2004年）。
備註4：以上數據僅為救援成功的次數，不包含救援勝利。

附表十四 澤村榮治獎（澤村獎）

年度	得獎者	登板	完投	勝利	勝率	局數	三振	防禦率
1947	別所昭（南海）	55	**47**	**30**	0.612	**448.1**	**191**	1.86
1948	中尾碩志（巨人）	47	25	**27**	0.692	343	**187**	**1.84**
1949	藤本英雄（巨人）	39	29	24	**0.774**	288	137	**1.94**
1950	真田重男（松竹）	61	28	**39**	0.765	**395.2**	191	3.05
1951	杉下茂（名古屋）	**58**	15	**28**	0.683	290.1	147	2.35
1952	杉下茂（名古屋）	61	25	32	0.696	355.2	160	2.33
1953	大友工（巨人）	43	22	**27**	**0.818**	281.1	173	**1.85**
1954	杉下茂（名古屋）	**63**	27	**32**	**0.727**	**395.1**	**273**	**1.39**
1955	別所毅彥（巨人）	50	17	23	0.742	312	152	**1.33**
1956	金田正一（國鐵）	**68**	24	25	0.556	**367.1**	**316**	1.74
1957	金田正一（國鐵）	61	25	**28**	0.636	353	306	**1.63**
1958	金田正一（國鐵）	56	22	**31**	0.689	332.1	311	**1.30**
1959	村山實（大阪）	54	19	18	0.643	295.1	294	**1.19**
1960	堀本律雄（巨人）	**69**	**26**	**29**	0.617	**364.2**	210	2.00
1961	權藤博（中日）	**69**	**32**	**35**	0.648	**429.1**	**310**	**1.70**
1962	小山正明（阪神）	**47**	**26**	27	**0.711**	352.2	**270**	1.66
1963	伊藤芳明（巨人）	39	18	19	0.704	236.1	166	1.90
1964	G. Bacque（阪神）	46	**24**	**29**	0.763	**353.1**	200	**1.89**
1965	村山實（阪神）	39	**26**	25	0.676	**307.2**	**205**	1.96
1966	村山實（阪神） 堀内恒夫（巨人）	38 33	**24** 14	**24** 16	0.727 **0.889**	**290.1** 181	**207** 117	1.55 **1.39**
1967	小川健太郎（中日）	55	16	**29**	0.707	**279.2**	178	2.51
1968	江夏豐（阪神）	49	**26**	**25**	0.676	**329**	**401**	2.13
1969	高橋一三（巨人）	45	**19**	**22**	**0.815**	256	221	2.21
1970	平松政次（大洋）	51	23	**25**	0.568	332.2	182	1.95
1971	無							
1972	堀内恒夫（巨人）	48	**26**	**26**	**0.743**	**312**	203	2.91
1973	高橋一三（巨人）	45	**24**	23	0.639	306.1	**238**	2.21
1974	星野仙一（中日）	49	7	15	0.625	188	137	2.87
1975	外木場義郎（廣島）	41	**17**	**20**	0.606	**287**	**193**	2.95
1976	池谷公二郎（廣島）	51	**18**	**20**	0.571	**290.1**	**207**	3.26
1977	小林繁（巨人）	42	11	18	0.692	216.1	155	2.92
1978	松岡弘（養樂多）	43	11	16	0.593	199.1	119	3.75
1979	小林繁（阪神）	37	**17**	**22**	0.710	**273.2**	200	2.89
1980	無							
1981	西本聖（巨人）	34	14	17	0.600	**257.2**	126	2.58

年度	得獎者	登板	完投	勝利	勝率	局數	三振	防禦率
1982	北別府學（廣島）	36	19	**20**	0.714	**267.1**	184	2.43
1983	遠藤一彥（大洋）	36	**16**	**18**	0.667	238.1	**186**	2.87
1984	無							
1985	小松振雄（中日）	33	14	**17**	0.680	210.1	**172**	**2.65**
1986	北別府學（廣島）	30	**17**	**18**	**0.818**	230	123	**2.43**
1987	桑田真澄（巨人）	28	14	15	0.714	**207.2**	151	**2.17**
1988	大野豐（廣島）	24	**14**	13	0.650	185	183	**1.70**

備註：粗體字為當年度最高。

附表十五 無安打無失分一覽表

單一聯盟時期（1936-1949）

順序	選手（球隊）	時間	對手	球場	比分	球數	打者	四死球	三振	備註
1	澤村榮治（巨人）	1936.9.25	大阪	甲子園	1-0		31	4	7	
2	澤村榮治（巨人）	1937.5.1	大阪	洲崎	4-0		30	3	11	兩年連續第2次
3	V. Starffin（巨人）	1937.7.3	鷲	洲崎	4-0		31	3	6	
4	石田光彥（阪急）	1937.7.16	參議員	洲崎	6-0		30	1	6	
5	中尾輝三（巨人）	1939.11.3	參議員	後樂園	1-0		35	10	6	
6	龜田忠（鷲）	1940.3.18	獅王	西宮	5-0		34	9	6	
7	淺野勝三郎（阪急）	1940.4.14	大阪	甲子園	9-0		28	1	4	
8	澤村榮治（巨人）	1940.7.6	名古屋	西宮	4-0		32	5	3	第3次
9	三輪八郎（虎）	1940.8.3	巨人	大連	1-0		33	4	4	
10	石田光彥（阪急）	1940.8.22	獅王	大連	9-0		32	4	6	第2次
11	龜田忠（鷲）	1941.4.14	阪神	後樂園	1-0	117	33	6	2	兩年連續第2次
12	中尾輝三（巨人）	1941.7.16	名古屋	後樂園	3-0	144	33	8	5	第2次
13	森弘太郎（阪急）	1941.10.27	名古屋	西宮	2-0		32	5	3	
14	西澤道夫（名古屋）	1942.7.18	阪急	後樂園	2-0	112	28	3	2	
15	天保義夫（阪急）	1943.5.2	南海	甲子園	3-0	103	32	6	5	
16	藤本英雄（巨人）	1943.5.22	名古屋	後樂園	3-0	114	30	4	4	
17	別所昭（南海）	1943.5.26	大和	神戶	2-0	104	28	2	7	
18	石丸進一（名古屋）	1943.10.12	大和	後樂園	5-0	95	29	1	5	
19	吳昌征（阪神）	1946.6.16	參議員	西宮	11-0	122	30	5	5	
20	梶岡忠義（阪神）	1948.8.24	南海	神宮	3-0	95	29	2	2	
21	真田重藏（大陽）	1948.9.6	阪神	甲子園	3-0	98	28	0	5	失誤上壘1個

兩聯盟時期（1950-1988）

順序	選手（球隊）	時間	對手	球場	比分	球數	打者	四死球	三振	備註
22央1*	藤本英雄（巨人）	1950.6.28	西日本	青森	4-0	92	27	0	7	第2次，首場完全比賽且最年長達成者（32歲1個月）
23央2	金田正一（國鐵）	1951.9.5	阪神	大阪	1-0	121	32	5	4	最年輕（18歲1個月）
24洋1	林義一（大映）	1952.4.27	阪急	高崎	2-0	87	28	1	2	
25央3	真田重男（阪神）	1952.5.7	廣島	甲子園	12-0	94	28	1	4	第2次
26央4	大友工（巨人）	1952.7.26	松竹	大阪	17-0	100	28	1	13	
27洋2	山下登（近鐵）	1954.8.7	高橋	中日	4-0	119	30	3	8	洋聯最年輕（19歲7個月）
28央5	杉下茂（中日）	1955.5.10	國鐵	川崎	1-0	98	28	1	13	
29洋3	大津守（西鐵）	1955.6.4	近鐵	平和台	8-0	111	30	4	8	
30洋4*	武智文雄（近鐵）	1955.6.19	大映	大阪	1-0	89	27	0	6	
31央6	大脇照夫（國鐵）	1956.5.3	中日	中日	5-0	80	30	2	0	沒有三振
32央7*	宮地惟友（國鐵）	1956.9.19	廣島	金澤	6-0	79	27	0	3	
33央8	金田正一（國鐵）	1957.8.21	中日	中日	1-0	88	27	0	10	第2次
34央9	大矢根博臣（中日）	1957.10.12	阪神	甲子園	3-0	97	29	3	2	
35洋5*	西村貞朗（西鐵）	1958.7.19	東映	駒澤	1-0	101	27	0	6	
36央10*	島田源太郎（大洋）	1960.8.11	阪神	川崎	1-0	108	27	0	3	
37央11*	森瀧義巳（國鐵）	1961.6.20	中日	後樂園	1-0	113	27	0	4	
38洋6	井上善夫（西鐵）	1964.5.16	阪急	平和台	2-0	101	28	1	1	
39央12	中山義朗（中日）	1964.8.18	巨人	中日	3-0	120	29	2	4	
40央13	G. Bacque（阪神）	1965.6.28	巨人	甲子園	7-0	118	29	2	3	

順序	選手（球隊）	時間	對手	球場	比分	球數	打者	四死球	三振	備註
41央14	外木場義郎（廣島）	1965.10.2	阪神	甲子園	2-0	96	28	1	3	生涯第一勝
42央15*	佐佐木吉郎（大洋）	1966.5.1	廣島	廣島	1-0	102	27	0	7	
43洋7*	田中勉（西鐵）	1966.5.12	南海	大阪	2-0	117	27	0	7	
44洋8	清俊彥（西鐵）	1966.6.12	近鐵	小倉	8-0	123	28	3	6	
45洋9	若生忠男（西鐵）	1967.9.17	阪急	西宮	4-0	117	31	4	4	
46央16	堀内恒夫（巨人）	1967.10.10	廣島	後樂園	11-0	117	31	4	3	自己連3打席全壘打
47央17	城之内邦雄（巨人）	1968.5.16	大洋	後樂園	16-0	118	28	2	5	
48洋10	鈴木啓示（近鐵）	1968.8.8	東映	日生	4-0	111	29	2	11	
49央18*	外木場義郎（廣島）	1968.9.14	大洋	廣島	2-0	114	27	0	16	第2次 平央聯16次三振
50洋11	成田文男（羅德）	1969.8.16	阪急	西宮	1-0	129	30	3	10	
51央19	渡邊秀武（巨人）	1970.5.18	廣島	後樂園	2-0	125	28	2	6	
52央20	鬼頭洋（大洋）	1970.6.9	養樂多	川崎	1-0	113	30	3	8	
53洋12*	佐佐木宏一郎（近鐵）	1970.10.6	南海	大阪	3-0	99	27	0	4	
54央21	藤本和宏（廣島）	1971.8.19	中日	廣島	6-0	106	27	2	9	
55洋13*	高橋善正（東映）	1971.8.21	西鐵	後樂園	4-0	86	27	0	1	
56洋14	鈴木啓示（近鐵）	1971.9.9	西鐵	日生	4-0	118	29	4	12	第2次
57央22	外木場義郎（廣島）	1972.4.29	巨人	廣島	3-0	93	28	1	2	第3次
58洋15	高橋直樹（日拓）	1973.6.16	近鐵	後樂園	1-0	100	27	1	5	
59央23	江夏豐（阪神）	1973.8.30	中日	甲子園	1-0	142	34	2	7	延長11局 自己打再見全壘打

順序	選手 （球隊）	時間	對手	球場	比分	球數	打者	四死球	三振	備註
60洋16*	八木澤莊六 （羅德）	1973.10.10	太平洋	仙台	1-0	94	27	0	6	
61洋17	神部年男 （近鐵）	1975.4.20	南海	藤井寺	1-0	104	30	4	1	首次DH制
62央24	加藤初 （巨人）	1976.4.18	廣島	廣島	5-0	117	29	2	8	
63洋18	戶田善紀 （阪急）	1976.5.11	南海	大阪	1-0	114	31	3	5	
64洋19*	今井雄太郎 （阪急）	1978.8.31	羅德	仙台	5-0	100	27	0	3	
65洋20	郭泰源 （西武）	1985.6.4	日本火腿	平和台	7-0	103	30	2	4	
66洋21	田中幸雄 （日本火腿）	1985.6.9	近鐵	後樂園	12-0	134	32	6	11	
67央25	近藤真一 （中日）	1987.8.9	巨人	名古屋	6-0	116	30	2	13	初登板初勝利

備註：*代表完全比賽。

附表十六

正力松太郎獎（正力獎）

年度	得獎人（球隊）	位置	備註
1977	王貞治（巨人）	内野手	生涯全壘打世界記錄
1978	廣岡達朗（養樂多）	監督	「日本一」優勝監督
1979	西本幸雄（近鐵）	監督	洋聯優勝監督
1980	古葉竹識（廣島）	監督	「日本一」優勝監督
1981	藤田元司（巨人）	監督	「日本一」優勝監督
1982	廣岡達朗（西武）	監督	「日本一」優勝監督
1983	田淵幸一（西武）	指定打擊	「日本一」優勝選手
1984	衣笠祥雄（廣島）	内野手	央聯MVP
1985	吉田義男（阪神）	監督	「日本一」優勝監督
1986	森祇晶（西武）	監督	「日本一」優勝監督
1987	工藤公康（西武）	投手	「日本一」MVP
1988	門田博光（南海）	指定打擊	洋聯MVP

附表十七

全明星賽對戰表（1951-1988）

年	場次	球場	中央	比分	太平洋	MVP
1951	1	甲子園	○	2：1	●	川上哲治（巨人）
	2	後樂園	○	4：2	●	野口明（名古）
	3	後樂園	●	3：4	○	林義一（大映）
1952	1	西宮	△	2：2	△	無
	2	後樂園	●	1：8	○	飯島滋彌（大映）
1953	1	後樂園	●	0：2	○	飯田德治（南海）
	2	甲子園	○	2：0	●	平井三郎（巨人）
	3	中日	●	0：3	○	崛井數男（南海）
1954	1	西宮	●	2：5	○	中西太（西鐵）
	2	後樂園	●	1：2	○	山內和弘（每日）
1955	1	大阪	●	0：2	○	山內和弘（每日）
	2	甲子園	○	9：4	●	西澤道夫（中日）
1956	1	後樂園	●	0：8	○	森下正夫（南海）
	2	後樂園	○	2：0	●	吉田義男（大阪）
1957	1	中日	●	2：5	○	大下弘（西鐵）
	2	中日	○	5：4	●	宮本敏雄（巨人）
1958	1	平和台	○	5：2	●	宮本敏雄（巨人）
	2	廣島	●	3：8	○	中西太（西鐵）
1959	1	西宮	●	0：9	○	山內和弘（每日）
	2	大阪	○	6：4	●	中利夫（中日）
1960	1	川崎	●	1：3	○	森下整鎮（南海）
	2	後樂園	○	5：4	●	金田正一（國鐵）
	3	後樂園	●	5：6	○	張本勳（東映）
1961	1	中日	●	0：3	○	廣瀨叔功（南海）
	2	甲子園	●	2：4	○	田宮謙次郎（每日）
1962	1	平和台	●	0：7	○	J. Bloomfield（近鐵）
	2	廣島	●	4：5	○	張本勳（東映）
1963	1	後樂園	○	6：4	●	近藤和彥（大洋）
	2	東京	○	11：9	●	王貞治（巨人）
	3	神宮	○	8：5	●	古葉竹識（廣島）
1964	1	川崎	○	1：0	●	金田正一（國鐵）
	2	中日	○	5：1	●	J. Marshall（中日）
	3	大阪	●	2：10	○	J. Stanka（南海）
1965	1	後樂園	●	2：5	○	D. Spencer（阪急）
	2	西宮	●	3：6	○	高倉照幸（西鐵）
	3	平和台	○	1：1	●	江藤慎一（中日）

年	場次	球場	中央	比分	太平洋	MVP
1966	1	東京	●	2：6	○	廣瀨叔功（南海）
	2	甲子園	●	3：6	○	榎本喜八（東京）
	3	廣島	○	5：1	●	古葉竹識（廣島）
1967	1	神宮	●	4：9	○	土井正博（近鐵）
	2	中日	●	3：7	○	長池德二（阪急）
	3	大阪	●	6：9	○	大杉勝男（東映）
1968	1	川崎	○	2：1	●	江藤慎一（中日）
	2	後樂園	○	8：3	●	柴田勳（巨人）
	3	西宮	●	4：5	○	小池兼司（南海）
1969	1	東京	●	6：7	○	土井正博（近鐵）
	2	甲子園	●	3：6	○	船田和英（西鐵）
	3	平和台	△	4：4	△	無
1970	1	神宮	●	9：13	○	長池德二（阪急）
	2	大阪	○	4：1	●	江夏豐（阪神）
	3	廣島	○	8：6	●	遠井吾郎（阪神）
1971	1	西宮	○	5：0	●	江夏豐（阪神）
	2	中日	●	0：4	○	長池德二（阪急）
	3	後樂園	●	2：3	○	加藤秀司（阪急）
1972	1	東京	●	2：5	○	野村克也（南海）
	2	川崎	●	0：4	○	阪本敏三（東映）
	3	後樂園	○	1：0	●	池田祥浩（阪神）
1973	1	神宮	○	9：3	●	若松勉（養樂）
	2	大阪	●	0：1	○	福本豐（阪急）
	3	平和台	●	1：2	○	山崎裕之（羅德）
1974	1	後樂園	●	2：3	○	高井保弘（阪急）
	2	西宮	●	3：6	○	福本豐（阪急）
	3	廣島	●	0：1	○	張本勳（火腿）
1975	1	甲子園	○	8：0	●	山本浩二（廣島）
	2	中日	○	4：3	●	松原誠（大洋）
	3	神宮	●	0：3	○	土井正博（太平洋）
1976	1	川崎	●	1：3	○	有藤道世（羅德）
	2	後樂園	●	1：11	○	門田博光（南海）
	3	大阪	○	5：1	●	吉田孝司（巨人）
1977	1	平和台	○	2：1	●	若松勉（養樂）
	2	西宮	●	0：4	○	野村克也（南海）
	3	神宮	○	4：3	●	王貞治（巨人）

年	場次	球場	中央	比分	太平洋	MVP
1978	1	廣島	○	7：5	●	A. Garrett（廣島）
	2	甲子園	●	0：9	○	簑田浩二（阪急）
	3	後樂園	○	8：5	●	掛布雅之（阪神）
1979	1	大阪	○	11：2	●	王貞治（巨人）
	2	名古屋	●	1：3	○	B. Marcano（阪急）
	3	神宮	○	7：5	●	山本浩二（廣島）
1980	1	西宮	○	7：6	●	岡田彰布（阪神）
	2	川崎	●	1：3	○	平野光泰（近鐵）
	3	後樂園	○	2：1	●	江夏豐（廣島）
1981	1	甲子園	●	3：5	○	藤原滿（南海）
	2	橫濱	○	6：3	●	掛布雅之（阪神）
	3	神宮	○	6：0	●	山倉和博（巨人）
1982	1	後樂園	●	2：7	○	福本豐（阪急）
	2	西武	△	5：5	△	柏原純一（火腿）
	3	大阪	○	3：2	●	掛布雅之（阪神）
1983	1	神宮	●	3：5	○	門田博光（南海）
	2	西宮	●	3：4	○	梨田昌崇（近鐵）
	3	廣島	●	1：4	○	落合博滿（羅德）
1984	1	後樂園	●	5：14	○	簑田浩二（阪急）
	2	甲子園	●	5：6	○	Boomer（阪急）
	3	名古屋	○	4：1	●	江川卓（巨人）
1985	1	神宮	○	2：0	●	高木豐（大洋）
	2	川崎	○	6：5	●	W. Cromartie（巨人）
	3	藤井寺	●	2：10	○	松永浩美（阪急）
1986	1	後樂園	●	4：6	○	山本和範（南海）
	2	大阪	●	3：4	○	清原和博（西武）
	3	廣島	○	5：3	●	吉村禎章（巨人）
1987	1	西武	●	4：7	○	高澤秀昭（羅德）
	2	橫濱	●	3：8	○	石毛宏典（西武）
	3	甲子園	●	7：9	○	清原和博（西武）
1988	1	西宮	●	1：3	○	Boomer（阪急）
	2	名古屋	○	4：1	●	岡田彰布（阪神）
	3	東京巨蛋	○	4：3	●	正田耕三（廣島）

附表十八 大事年表（1920-1988）

時間	事件
1920	日本第一個職業棒球組織「日本運動協會」（芝浦協會）成立
1921	「天勝棒球團」成立
1924	「日本運動協會」與「天勝棒球團」因關東大地震解散 「寶塚運動協會」於關西成立
1929	「寶塚運動協會」解散
1931	「全美選拔隊」到日本
1932	3.28 《棒球統制令》的發佈
1934	11.2 以Babe Ruth為首的「全美選拔隊」到日本 12.26 「大日本東京棒球俱樂部」成立
1935	2.14 「大日本東京棒球俱樂部」遠征美國 3.2 「大日本東京棒球俱樂部」將隊名改為「東京巨人」
1936	2.5 「日本職業棒球聯盟」創立 4.29 第一場聯盟戰「第1回日本職業棒球聯盟戰」 7.1 「日本職業棒球聯盟結成紀念大會」（NHK首次收音機實況轉播） 9.25 澤村榮治（巨人）投出第一場「無安打無失分」比賽 12.9 連續三天的「洲崎決戰」，由巨人對上大阪虎，最終由巨人獲勝
1937	3.26 春季聯盟戰 7.14 第一位MVP澤村榮治（巨人） 11.20 「第一回全明星東西對抗戰」
1938	1.10 全球團共19人兵役徵召 11.17 中島治康（巨人）成為第一位打擊三冠王（戰後承認） 11.26 首次七戰四勝制的冠軍決定戰，由大阪虎獲得
1939	3.1 日本職業棒球聯盟改名為「日本棒球聯盟」 11.1 Starffin（巨人）成為首位達成100勝的選手 11.12 Starffin（巨人）投出單季最高的42勝
1940	7.31 滿洲聯盟戰開打（8月31日回日本） 9.12 改正聯盟綱領，球團名稱日本語化、禁止使用英語 12.8 秋季聯盟戰結束，總結全年付費進場觀眾達87萬6826人，為戰前最高
1941	6.14 日美關係惡化，四位日裔美籍選手回國 6.22 須田博（巨人）成為首位達成1000次三振的選手
1942	4.18 美國空軍首次空襲東京，巨人與黑鷲戰停賽 5.24 大洋與名古屋之戰延長賽28局平手
1943	3.2 棒球用語全面日本語化 3.14 規定球衣顏色需與軍裝的卡其色相同、球帽改為戰鬥帽，並取消背號 3.27 「產業戰士慰問」大會（後樂園球場） 11.7 藤本英雄（巨人）投出單季最高0.73防禦率
1944	1.12 日本棒球聯盟改名為「日本棒球報國會」 3.26 原有8支球隊改為6支球隊 6.17 因空襲而取消在後樂園球場舉辦的「東西對抗」 11.13 職業棒球的中止
1945	11.6 在6球團代表會議上宣示日本棒球的復活 11.23 在神宮球場舉行戰後首次的東西對抗賽

時間	事件
1946	4.27 戰後首次例行賽開始 6.19 駐日美軍接收後樂園球場 9.1 文部省廢止《棒球統制令》 10.5 聯盟首次進場觀衆人數突破一百萬人 10.20 Starffin（巨人）成為首位達成200勝選手 11.21 「日本棒球聯盟選手會」成立
1947	3.19 新聯盟「國民棒球聯盟」成立 5.3 制定保障選手自由的《自由憲章》 7.3 「國民棒球聯盟」開幕 11.29 聯盟與選手會締結《棒球協約》
1948	1.19 創立「株式會社　日本棒球聯盟」 2.26 「國民棒球聯盟」解散 3.1 日本棒球聯盟成為「社團法人」 5.1 聯盟發行《週刊日本棒球》 9.12 坪内道則（金星）成為首位達成1000場出賽選手 9.28 坪内道則（金星）成為首位達成1000支安打選手 10.2 藤村富美男（大阪）完成首次完全打擊
1949	3.28 從南海轉隊至巨人而引起騷動的別所毅彥受「兩個月禁賽」的處分 7.24 水原茂（巨人）從西伯利亞回到球場 9.1 採用全壘打獎勵的彈力球 10.12 舊金山海豹隊來到日本 11.19 大下弘（東急）單場7支安打 11.26 發表從下一個球季開始實施兩聯盟制 12.19 日本棒球聯盟解散 12.31 發生大阪虎主力球員集體轉隊至每日的事件
1950	3.10 中央聯盟開幕 3.11 太平洋聯盟開幕 4.29 川上哲治（巨人）成為首位擊出100支全壘打的選手 6.28 藤本英雄（巨人）對西日本投出首場完全比賽 11.6 小鶴誠（松竹）成為首位單季50支全壘打的選手 11.22 首次「日本一」由每日獲得 12.17 兩聯盟協議自4月1日到11月30日不得與業餘球界選手簽約
1951	1.30 西日本與西鐵合併，從中央聯盟轉到太平洋聯盟 2.25 川上哲治（巨人）、藤村富美男（大阪）、小鶴誠（松竹）、杉下茂（中日）四位選手赴美參加海豹隊春訓 4.5 前檢事總長福井盛太出任第一代委員長 6.3 NHK首次進行電視實況轉播（東急－每日戰） 7.4 首次全明星賽（甲子園） 8.19 中日球場在比賽中發生火災，造成3人死亡、400人受傷慘案 10.17 戰後首次大聯盟選拔隊到日本 11.24 通過《統一契約書》
1952	4.15 關西農場聯盟誕生 6.7 南海史上首次每局得分 12.10 十年選手享有轉隊自由的權利

時間	事件
1953	1.10 松竹與大洋合併，央聯成為六球團制 4.26 川上哲治（巨人）成為首位達成1500支安打選手 7.8 全明星賽首次的夜間比賽（第3場） 10.16 巨人成為「日本一」3連霸球隊 12.4 太平洋聯盟規定下一季勝率未滿0.35的球隊要被罰500萬圓
1954	1.17 中央聯盟二軍成立新日本聯盟 5.22 川上哲治（巨人）成為首位達成1000分打點選手 7.7 白石勝巳（廣島）成為首位達成1500場出賽選手 10.27 大映全年勝率僅0.319所以被罰500萬圓
1955	2.23 東部聯盟成立 3.1 西部聯盟成立 3.15 決議「日本一」的分配金由勝負雙方平分 4.12 藤村富美男（大阪）成為首位擊出200支全壘打的選手 7.28 Starffin（蜻蜓）成為首位投出300勝的選手 9.16 高校棒球聯盟擬定與職業棒球相關規定 12.4 高校棒球聯盟公告與職業棒球接觸的選手會失去業餘資格
1956	1.16 前最高裁判所審判官井上登就任委員長 5.12 甲子園球場舉行夜間比賽（巨阪戰），進場觀衆人數達7萬人 5.31 川上哲治（巨人）成為首位擊出2000支安打的選手
1957	1.12 通算303勝投手Starffin因車禍過世 3.30 岸信介以首相身份初次為職棒開球 7.7 權藤正利（大洋）中止跨季28連敗記錄 7.15 金田正一（國鐵）成為首位投出2000次三振的選手 7.23 梶本隆夫（阪急）創下連續三振9名打者記錄 10.1 稻尾和久（西鐵）創下連續20場勝利記錄 12.7 立教大學的長嶋茂雄與巨人簽約
1958	4.5 新人長嶋茂雄（巨人）開幕戰遭金田正一（國鐵）連續四打席三振 5.24 飯田德治（國鐵）連續1246場出賽 5.27 金田正一（國鐵）連續64.1局無法分 5.31 土橋正幸（東映）單場16次、並包含連續三振9名打者 9.16 鶴岡一人（南海）監督同一球隊1000勝 10.4 早稻田實業高中的王貞治與巨人簽約 10.21 西鐵在「日本一」對上巨人先是3連敗後又4連勝，完成3連霸 11.24 大映與每日合併，洋聯成為六球團制
1959	5.1 澤村榮治等9人獲選進入第一屆棒球殿堂 6.12 棒球殿堂博物館開館 6.25 首次天覽試合（巨人對阪神），長嶋茂雄（巨人）擊出再見全壘打 10.14 別所毅彥（巨人）完成300勝 10.29 南海成為史上第一支在「日本一」直落四擊敗對手的球隊
1960	9.21 金田正一（國鐵）成為首位投出3000次三振的選手
1961	5.13 日本社會人棒球協會表明因選手惡性挖角與職棒斷絕關係 10.8 權藤博（中日）新人單季最高35勝 10.11 稻尾和久（西鐵）平單季最高42勝

時間	事件
1962	7.1 王貞治（巨人）開始使用「一本足打法」 7.23 聯盟決定隔年開始導入「新人研修制度」 9.5 金田正一（國鐵）投出生涯超越當時大聯盟記錄的3509次三振 11.16 聯盟決定從隔年開始使用「馬皮球」
1963	3.18 「最高殊勳選手」獎改為「最優秀選手」獎，同時也不一定要從冠軍隊選出 6.30 金田正一（國鐵）生涯311勝為聯盟新記錄 10.17 野村克也（南海）單季52支全壘打新記錄 12.26 山内一弘（大每）與小山正明（阪神）的「世紀交易」
1964	5.3 王貞治（巨人）創下首次一場比賽擊出4支全壘打 7.16 金田正一（國鐵）成為首位生涯投出4000次三振的選手 7.30 金田正一（國鐵）連續14年投出20勝 9.1 赴美進行棒球留學的村上雅則（南海）成為第一位登上大聯盟的日本選手 9.23 王貞治（巨人）單季55支全壘打新記錄 9.29 村上雅則（南海）投出日本選手在大聯盟的第一場勝利
1965	6.11 鶴岡一人（南海）監督生涯1500勝 7.4 山内一弘（阪神）成為首位擊出300支全壘打的選手 9.8 金田正一（巨人）生涯5000局投球 9.30 認可中島治康（巨人）為首位打擊三冠王（1938年秋） 10.24 野村克也（南海）成為戰後首位三冠王 11.17 首次的選秀會議
1966	11.6 天皇與皇后觀看日美棒球對抗賽 11.18 日美兩國職棒委員長對談
1967	7.20 日本衆議院法務委員會討論職棒選秀制度
1968	7.20 野村克也（南海）成為首位擊出400支全壘打的選手 8.2 山内一弘（廣島）成為首位2000場出賽的選手 9.17 江夏豐（阪神）單季354次三振新紀錄（最終401次） 12.5 日本職業棒球選手會成立
1969	10.7 「黑霧事件」的爆發 10.10 金田正一（巨人）成為首位400勝投手 11.28 永將易之（西鐵）因假球案被職業球界「永久驅逐」
1970	8.4 山内一弘（廣島）成為首位擊出4000壘打數的選手
1971	5.5 廣瀨叔功（南海）成為首位500次盜壘成功的選手 7.2 野村克也（南海）成為首位擊出500支全壘打的選手 7.17 江夏豐（阪神）明星賽第一場完成連續三振9名打者
1972	8.4 中日與巨人（中日）出現爆炸預告事件 9.19 阪神對巨人（甲子園）出現爆炸預告事件 10.5 福本豐（阪急）單季106次盜壘成功 11.20 太平洋聯盟從下一個球季施實前後期制度
1973	1.24 社會人棒球協會接受有職棒經驗的教練 10.24 首次洋聯季後賽由南海獲勝 11.1 巨人完成「日本一」九連霸

時間	事件
1974	1.10 採用救援記錄，設置「最多救援」獎 5.23 太平洋與羅德爆發「平和台騷動」 10.14 長嶋茂雄（巨人）在後樂園球場舉行引退儀式 11.12 王貞治（巨人）與Hank Aaron進行全壘打大賽 11.18 洋聯決議下一球季引進指定打擊（DH）制度
1975	5.5 王貞治（巨人）成為首位完成1000支長打的選手 5.13 野村克也（南海）成為首位完成2500支安打選手 6.5 野村克也（南海）成為首位完成2500場出賽的選手 8.5 王貞治（巨人）成為首位完成1500得點的選手
1976	3.1 後樂園球場首次引進人工草皮 5.30 王貞治（巨人）成為首位完成2000次四死球的選手 7.23 王貞治（巨人）成為首位完成700支全壘打的選手 8.24 野村克也（南海）成為首位完成5000壘打數的選手
1977	5.12 基於選手安全考量在球場圍欄上加裝橡膠 7.19 福本豐（阪急）成為首位完成600次盜壘成功的選手 7.31 米田哲也（近鐵）完成生涯945場登板新記錄 8.26 野村克也（南海）成為首位完成10000次打數的選手 9.3 王貞治（巨人）擊出生涯破大聯盟記錄的756支全壘打 9.5 王貞治（巨人）獲得「國民榮譽獎」
1978	7.24 「名球會」成立（會員為有2000支安打或200勝，且為昭和時期出生者） 8.30 王貞治（巨人）成為首位完成800支全壘打的選手 9.22 王貞治（巨人）成為首位完成2000分打點的選手 11.21 巨人與江川卓引發「空白一日」事件
1979	4.10 福本豐（阪急）成為首位完成700次盜壘成功的選手 7.31 高橋慶彥（廣島）完成連續33場比賽擊出安打的新記錄 11.4 「江夏21球」劇場
1980	5.28 張本勳（羅德）成為首位完成3000支安打的選手 7.30 下田武三委員長下令職棒禁用壓縮棒 8.1 野村克也（西武）成為首位完成3000場出賽的選手 8.15 文部省認可「社團法人日本職業棒球選手會」的設立 9.13 福本豐（阪急）成為首位完成800次盜壘成功的選手 10.2 王貞治（巨人）成為首位完成2500次四死球的選手 10.12 王貞治（巨人）達成868支全壘打
1981	4.3 為戰爭死亡的職棒球員建立「鎮魂碑」 5.6 江夏豐（日本火腿）成為首位完成100次救援的選手。
1982	8.6 福本豐（阪急）成為首位完成900次盜壘成功的選手
1983	1.13 洋聯恢復到單一球季制 6.3 福本豐（阪急）跑出生涯破大聯盟記錄的939次盜壘成功。
1984	3.16 下田武三委員長提出「應援三原則」 5.5 鈴木啓示（近鐵）成為首位透過選秀完成300勝的選手 8.7 福本豐（阪急）成為首位完成1000次盜壘成功的選手
1985	11.5 職業棒球選手會被認定為「工會」 11.16 洋聯理事會從1986年球季廢除季後賽制度

時間	事件
1986	6.7 衣笠祥雄（廣島）成為首位連續2000場出賽的選手 10.14 Randy Bass（阪神）創下單季0.389的打擊率 10.19 落合博滿（羅德）成為首位三度三冠王的選手
1987	6.13 衣笠祥雄（廣島）打破當時大聯盟連續2131場出賽的記錄 6.22 衣笠祥雄（廣島）獲得「國民榮譽獎」
1988	3.18 東京巨蛋落成紀念賽（巨人－阪神） 8.22 聯盟決議禁止球員在季後聯合自主訓練 9.14 南海轉賣給大榮 10.19 阪急轉賣給歐力士

主要參考資料

（一）資料庫

《朝日新聞》資料庫。

《讀賣新聞》資料庫。

（二）資料集、雜誌

週刊ベースボール編集部，《週刊ベースボール》，1958-2024年。

ベースボール・マガジン社編，《プロ野球70年史（歴史編）》，2004年。

ベースボール・マガジン社編，《日本プロ野球事件史：1934-2013》，2013年。

ベースボール・マガジン社編，《日米野球交流史：永久保存版》，2004年。

ベースボール・マガジン社編，《プロ野球90年名勝負・名場面》，2024年。

ベースボール・マガジン社編，《日米野球80年史：1934-2014》，2014年。

ベースボール・マガジン社編，《セ・パ誕生50年の歩み》，2000年。
阪神タイガース，《阪神タイガース昭和のあゆみ》，1991年。
読売巨人軍75年史編纂委員会，《読売巨人軍75年史：1934~2009》，2010年。
宇佐美博幸著、ベースボール・マガジン社編，《日本プロ野球事件史》，2014年。
広瀬謙三編集，《日本の野球発達史》，1957年。
宝島社，《懐かしの昭和プロ野球》，2011年。

(三) 專著

中文

李承曄，《日本職棒入門聖經》，2014年。
劉建偉，《野球場就是戰場！——美國陰影下的日本職棒發展1934-1949》，2020年。

日文

ロバート・K・フィッツ著、山田美明翻訳，《大戦前夜のベーブ・ルース：野球と戦争と暗殺者》，2013年。
浦田盛一、吉田亮太，《日本プロ野球犯罪事典：球界刑事事件史》，2021年。
永井良和著、ベースボール・マガジン社編集部編集，《南海ホークス1938年~1988年：「反発」の力が生む輝きと挫折》，2023年。
菊幸一，《「近代プロ・スポーツ」の歴史社会学：日本プロ野球の成立を中心に》，1993年。
広岡達朗，《プロ野球激闘史》，2020年。

佐野慎輔著、ベースボール・マガジン編集部編集，《西武ライオンズ創世記1979年–1983年》，2022年。
坂上康博，《にっぽん野球の系譜学》，2001年。
坂本邦夫，《紀元2600年の満州リーグ——帝国日本とプロ野球》，2020年。
山際康之，《プロ野球オーナーたちの日米開戦》，2021年。
山際康之，《プロ野球選手の戦争史——122名の戦場記録》，2024年。
山際康之，《兵隊になった沢村栄治：戦時下職業野球連盟の偽装工作》，2016年。
山際純司，《江夏の21球》，2017年。
山室寛之，《1988年のパ・リーグ》，2019年。
山室寛之，《プロ野球復興史：マッカーサーから長嶋4三振まで》，2012年。
山室寛之，《背番号なし戦闘帽の野球：戦時下の日本野球史1936-1946》，2016年。
山室寛之，《野球と戦争：日本野球受難小史》，2010年。
出野哲也，《プロ野球：常勝球団の方程式》，2017年。
菅谷齊，《日本プロ野球の歴史—激動の時代を乗り越えて》，2023年。
池井優，《白球太平洋を渡る——日米野球交流史》，1976年。
池井優，《野球と日本人》，1991年。
中川右介，《プロ野球「経営」全史：球団オーナー55社の興亡》，2021年。
中川右介，《阪神タイガース 1965-1978》，2016年。
中川右介，《阪神タイガース 1985-2003》，2019年。
中沢不二雄，《プロ野球》，1953年。
長谷川晶一，《プロ野球ヒストリー大事典》，2021年。
二宮清純，《プロ野球「衝撃の昭和史」》，2015年。
二宮清純，《証言：昭和平成プロ野球～語り継ぎたいあの伝説と事件の真相》，2021年。
波多野勝，《日米野球の架け橋：鈴木惣太郎の人生と正力松太郎》，2013年。
波多野勝，《日米野球史：メジャーを追いかけた70年》，2001年。

野村克也，《私のプロ野球80年史》，2017年。
有山輝雄，《甲子園野球と日本人：メディアのつくったイベント》，1997年。
鈴木惣太郎、氏田秀男，《ベーブ・ルース OHTANIがめざす二刀流ホームラン王》，2018。
鈴木龍二，《プロ野球と共に五十年：私のプロ野球回顧録》（上、下），1984年。
澤宮優，《ニックネームで振り返る野球昭和史》，2016年。
髙橋大司著、ベースボール・マガジン編集部編集，《オリオンズ さすらいの旅路 1950年~1991年 激動の時代を生きた男たちの光と影》，2022年。

球團變遷圖

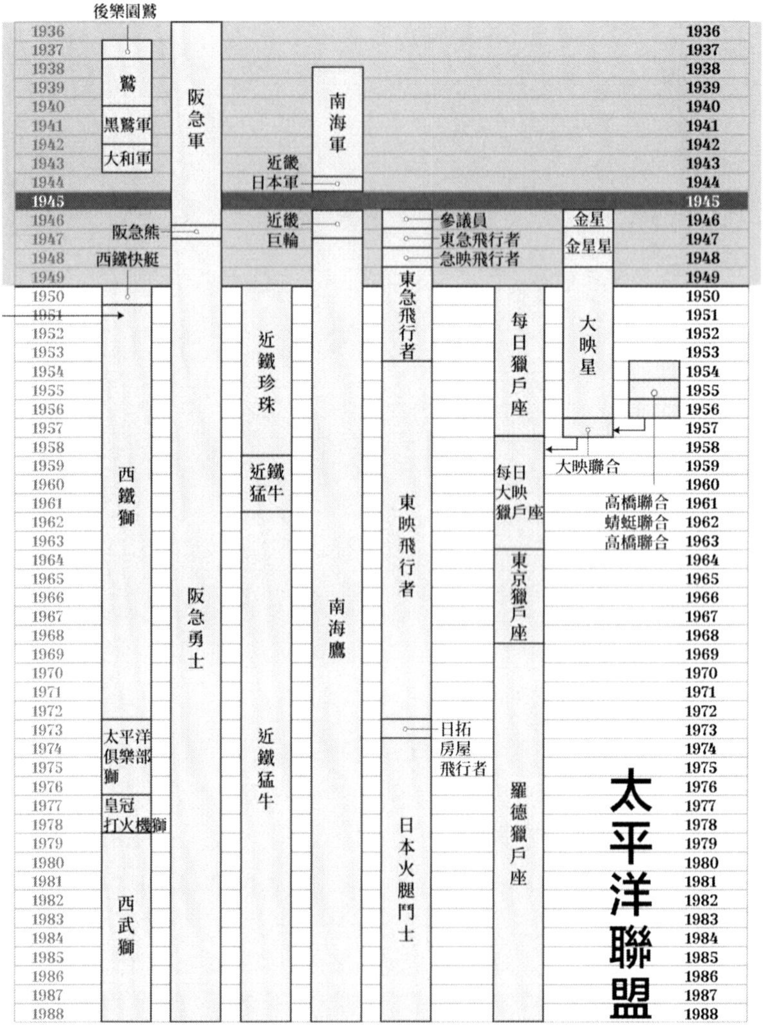
後樂園鷲
鷲
黑鷲軍
大和軍
阪急軍
南海軍
近畿日本軍
阪急熊
西鐵快艇
近畿巨輪
參議員
東急飛行者
急映飛行者
金星
金星星
東急飛行者
每日獵戶座
大映星
近鐵珍珠
近鐵猛牛
大映聯合
每日大映獵戶座
高橋聯合
蜻蜓聯合
高橋聯合
西鐵獅
東映飛行者
東京獵戶座
阪急勇士
南海鷹
日拓房屋飛行者
太平洋俱樂部獅
皇冠打火機獅
近鐵猛牛
羅德獵戶座
西武獅
日本火腿鬥士
太平洋聯盟
1936
1937
1938
1939
1940
1941
1942
1943
1944
1945
1946
1947
1948
1949
1950
1951
1952
1953
1954
1955
1956
1957
1958
1959
1960
1961
1962
1963
1964
1965
1966
1967
1968
1969
1970
1971
1972
1973
1974
1975
1976
1977
1978
1979
1980
1981
1982
1983
1984
1985
1986
1987
1988

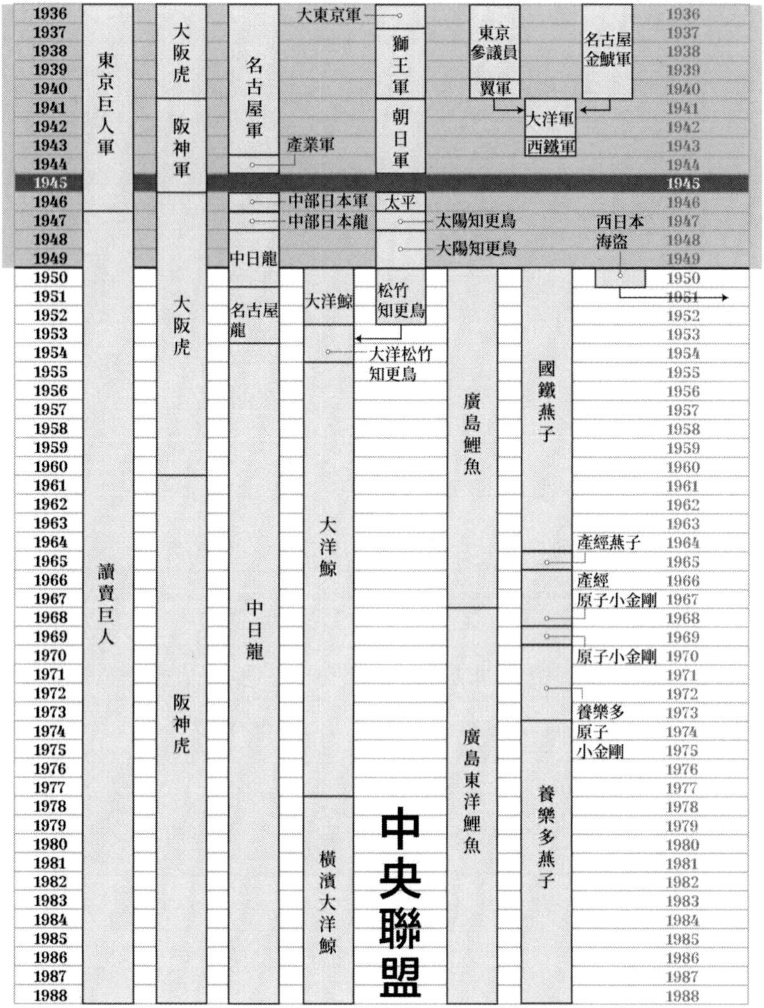
1936
1937
1938
1939
1940
1941
1942
1943
1944
1945
1946
1947
1948
1949
1950
1951
1952
1953
1954
1955
1956
1957
1958
1959
1960
1961
1962
1963
1964
1965
1966
1967
1968
1969
1970
1971
1972
1973
1974
1975
1976
1977
1978
1979
1980
1981
1982
1983
1984
1985
1986
1987
1988
東京巨人軍
讀賣巨人
大阪虎
阪神軍
大阪虎
阪神虎
名古屋軍
產業軍
中部日本軍
中部日本龍
中日龍
名古屋龍
中日龍
大東京軍
獅王軍
朝日軍
太平
太陽知更鳥
大陽知更鳥
松竹知更鳥
大洋鯨
大洋松竹知更鳥
大洋鯨
橫濱大洋鯨
東京參議員
翼軍
名古屋金鯱軍
大洋軍
西鐵軍
西日本海盜
廣島鯉魚
廣島東洋鯉魚
國鐵燕子
產經燕子
產經原子小金剛
原子小金剛
養樂多原子小金剛
養樂多燕子
中央聯盟

BOD Books on Demand

史地傳記類　PC1155　讀歷史175

日本職業棒球史・昭和篇

作　　者 / 劉建偉
責任編輯 / 邱意珺
圖文排版 / 楊家齊
封面設計 / 王嵩賀

出版策劃 / 秀威資訊科技股份有限公司
法律顧問 / 毛國樑　律師
製作發行 / 秀威資訊科技股份有限公司
114台北市內湖區瑞光路76巷65號1樓
電話：+886-2-2796-3638　傳真：+886-2-2796-1377
http://www.showwe.com.tw
劃撥帳號 / 19563868　戶名：秀威資訊科技股份有限公司
讀者服務信箱：service@showwe.com.tw
展售門市 / 國家書店（松江門市）
104台北市中山區松江路209號1樓
電話：+886-2-2518-0207　傳真：+886-2-2518-0778
網路訂購 / 秀威網路書店：https://store.showwe.tw
國家網路書店：https://www.govbooks.com.tw
經　　銷 / 聯合發行股份有限公司
231新北市新店區寶橋路235巷6弄6號4F
電話：+886-2-2917-8022　傳真：+886-2-2915-6275

2025年7月　BOD一版
定價：450元

讀者回函卡

國家圖書館出版品預行編目

日本職業棒球史・昭和篇/劉建偉著. -- 一版. -- 臺北市 : 秀威資訊科技股份有限公司, 2025.07
面；　公分. -- (史地傳記類 ; PC1155)(讀歷史 ; 175)
BOD版
ISBN 978-626-7511-77-0(平裝)

1. CST: 職業棒球 2. CST: 歷史 3. CST: 日本

528.955　　114002862